Knaur.

Über den Autor:

Wolfgang Müller, geboren 1948, lebt in München, ist verheiratet und hat drei Söhne. Der studierte Sozialwissenschaftler hat zwei Jahre in China gelebt und war sechzehn Jahre in US-Computerfirmen beschäftigt. Seit Ende der 90er Jahre arbeitet er bei der IG Metall. Er kennt das »Innenleben« von Konzernen und war u. a. bis 2007 Mitglied im Siemens-Aufsichtsrat.

Wolfgang Müller

Die großen Wirtschaftslügen

Raffgier mit System

Knaur Taschenbuch Verlag

Herausgegeben von Hans Christian Meiser

Besuchen Sie uns im Internet:
www.knaur.de

Vollständige Taschenbuchausgabe Januar 2009
Knaur Taschenbuch.
Ein Unternehmen der Droemerschen Verlagsanstalt
Th. Knaur Nachf. GmbH & Co. KG, München
Redaktion: Thomas Menzel
Umschlaggestaltung: ZERO Werbeagentur, München
Satz: Adobe InDesign im Verlag
Druck und Bindung: CPI – Clausen & Bosse, Leck
Printed in Germany
ISBN 978-3-426-78165-4

2 4 5 3 1

Inhalt

3. Die Lügen der Berater und die Profitinteressen der Wirtschaftsprüfer

4. Die große Verlagerungslüge

5. Die große Steuerlüge

9. Die Lüge von den Vorzügen der Deregulierung

Einleitung

Mit etwa 500 Euro (Stand: 5. Oktober 2008) bürgt jeder deutsche Staatsbürger für die Spekulationsverluste der Tochter einer Münchner Bank. Die Banktochter zahlt in Deutschland keinen Cent Steuern, sondern hat sich ins Steuerparadies Dublin abgesetzt. Die Terroristen der Finanzbranche haben ganze Länder in Geiselhaft genommen. Regierungen und gewählte Parlamente parieren.

Davon handelt dieses Buch. Von Unternehmen, von denen wir alle abhängen, die arbeitsteilig die Produktion von Gütern und Dienstleistungen organisieren. Von Unternehmen, die mit ihrer Wirtschaftskraft mächtiger sind als viele Staaten und die global Politik machen, oft aber über den Gesetzen stehen. Von der systematischen Raffgier, die viele Unternehmen und das ganze Wirtschaftssystem pervertiert.

Dieses Buch handelt auch von angestellten Unternehmensvorständen, die sich wie Potentaten aufführen. Von Beratern, die mit ihren Rezepten Unternehmen zu Gewinnmaschinen trimmen – ohne Rücksicht auf Arbeitsplätze und soziale Folgen. Von Vordenkern, die auch Staatsaufgaben privatisieren wollen, von der Bildung über die Gesundheitsversorgung bis zur Infrastruktur, um Goldgruben daraus zu machen.

Und dieses Buch handelt von den Eigentümern der Wirtschaft und unserer Welt, von der Kaste der Superreichen. Von ihrem Steuersatz, der niedriger ist als der ihres Hauspersonals, und von ihren Geschäften mit der Wohltätigkeit.

Dieses Buch enthüllt gängige Lügen, mit deren Hilfe Beschäftigte, Kleinaktionäre und die Öffentlichkeit, aber auch Aufsichtsräte an der Nase herumgeführt werden. Es zeigt, wie Unternehmenschefs Zahlen schönen, unsinnige Entscheidungen als Sachzwang verkaufen und dabei die eigenen Bezüge optimieren.

In dieses Buch sind meine Erfahrungen als Entwickler und Betriebsrat in US-Computerfirmen und als IG-Metall-Betreuer und Aufsichtsratsmitglied bei Siemens und anderen Unternehmen eingegangen.

Für kritische Anregungen und die viele Geduld danke ich vor allem Silke Stadler, aber auch Hagen Reimer und Albrecht Müller.

Besonders bedanken möchte ich mich beim Droemer Knaur Verlag, der mich zu diesem Buch ermutigt hat, und bei Thomas Menzel, der mich als Lektor bei der Überarbeitung des Manuskripts sehr unterstützt hat.

Unternehmen als Gewinnmaschinen

1

Die Lüge von ihrem gesellschaftlichen Auftrag

> »Wir haben immer gewusst,
> dass rücksichtsloser Eigennutz moralisch verwerflich ist.
> Jetzt wissen wir, dass er der Wirtschaft schadet.«
> FRANKLIN D. ROOSEVELT,
> US-Präsident 1932 bis 1945

Die Wahrheit über die Gewinnexplosion der Unternehmen

Große und kleine Unternehmen sind für uns eine Selbstverständlichkeit, fast ein Naturgesetz. Sie sind aus der modernen Welt, ob in Brasilien, China oder Deutschland, nicht wegzudenken. Unser ganzes Leben und unsere gesamte Daseinsvorsorge hängen an Unternehmen, die jeweils eine bestimmte Funktion in der gesellschaftlichen Arbeitsteilung haben. Doch viele Großunternehmen und internationale Konzerne haben als wirtschaftliche Organisationen mehr Einfluss und Macht als gewählte Parlamente und Regierungen, aber ihr Wirken ist intransparent und bleibt im Dunkeln. Dabei sind von Konzernentscheidungen nicht nur Arbeitsplätze und damit Existenzen abhängig. Konzerne stellen auch die Weichen für die zukünftige Entwicklung – ob es um den Klimaschutz geht oder die Aids-Forschung.

Dass Unternehmen nicht nur Güter produzieren oder Dienste erbringen, sondern auch gewinnorientiert wirtschaften, nehmen wir als Selbstverständlichkeit hin. Denn die wirtschaftliche Tätigkeit soll am Ende mehr einbringen als nur den Ersatz der verbrauchten Ressourcen. Aber längst sind die Unternehmen zu Gewinnmaschinen mutiert, deren erster, eigentlicher und vornehmster Zweck die maximale Steigerung des Gewinns ist. Sogar für Unternehmen im gesellschaftlichen Eigentum, die Dienste der Daseinsvorsorge erbringen sollen, gilt die Gewinnmaximierung als oberstes Prinzip. Ein krasses Beispiel für die Dominanz dieses Denkens ist die aus Steuermitteln aufgebaute und finanzierte Deutsche Bahn, die eigentlich im gesellschaftlichen Auftrag für jeden Bürger Transportdienste zu möglichst günstigen Preisen erbringen sollte.

Die eigentliche Rolle der Unternehmen, als wirtschaftliche Organisationen im Rahmen der gesellschaftlichen Arbeitsteilung Gebrauchswerte zu produzieren, tritt dagegen immer mehr in den Hintergrund. Da verwundert es nicht, dass vom gesellschaftlichen Auftrag nur noch in Sonntagsreden und Abhandlungen über Unternehmensethik zu hören ist, ansonsten aber Gewinnstreben dominiert. Das hat perverse Folgen:

So besteht der eigentliche Zweck von Banken in der gesellschaftlichen Arbeitsteilung darin, die benötigte Liquidität, das Schmiermittel für die Produktion und den Austausch von Gütern und Dienstleistungen, bereitzustellen. Doch während der Sparer auf seinem Sparkonto kaum den Inflationsausgleich und auf dem Festgeldkonto vielleicht ein bisschen mehr bekommt, weisen die Banken Jahr für Jahr fette Gewinne aus. Zwischen 2000 und 2006, also in einem Zeitraum von nur sieben Jahren, hat die globale Bankenindustrie ihre Gewinne nach Steuern von 372 Milliarden auf 788 Milliarden Dollar mehr als verdoppelt.[1] Die Finanzindustrie war weltweit die Branche mit den höchsten Profiten, noch vor der Ölindustrie. Den größten Reibach machte sie in den letzten Jahren bis 2007. Die Deutsche Bank etwa hat ihren Nettogewinn in den drei Jahren von 2003 bis 2006 fast vervierfacht – von 1,7 auf 6 Milliarden Euro. Umgerechnet ist das eine jährliche Steigerung um über 50 Prozent. 2007 erhöhte die Deutsche Bank trotz Krise im Finanzsektor den Nettogewinn nochmals um 7 Prozent auf immerhin 6,5 Milliarden Euro. Und die Schweizer UBS konnte zwischen 2003 und 2006 ihren Nettogewinn von 1,8 auf 7,4 Milliarden Euro ausweiten. Und Josef Ackermann, der Chef der Deutschen Bank, stand trotz Finanzkrise auch im Sommer 2008 noch zu seiner früheren Ankündigung, den Gewinn auf das eingesetzte Kapital auf 25 Prozent zu steigern. Wie machen die Banken das? Sind Banker tüchtiger? Schaffen Ackermann & Co. mehr Werte?

Nein, die Ursache für die exorbitanten Gewinne ist eine andere. Spätestens seit dem Ausbruch der Finanzkrise im Spätsommer 2007 wissen wir, dass die Gewinnexplosion der Finanzindustrie sich vom Wachstum der Realwirtschaft abgekoppelt hatte. Die Banken drehten an dem riesigen Rad der Spekulation, und Großbanken haben operiert wie Hedgefonds, deren alleiniger Geschäftszweck die Spekulation ist.

Auch Industrieunternehmen versprechen heute ihren Anlegern 10, 15 oder sogar 25 Prozent Rendite auf das eingesetzte Kapital. Die Unternehmen, die um das Geld der Anleger werben, begründen ihre Renditeversprechen mit dem unternehmerischen Risiko. Das Unternehmen kann im Extremfall pleitegehen, dann ist das Geld der Anleger futsch. Die Extra-

Rendite soll eine Risikoprämie sein, ein Aufschlag gegenüber dem Zinssatz, beispielsweise risikoarmer Staatsanleihen. Peter von Siemens, der für die weit verzweigte Siemens-Gründerfamilie mit ca. 6 Prozent der Siemens-Aktien bis 2008 im Siemens-Aufsichtsrat saß, klagte denn auch in den neunziger Jahren über die damals magere Siemens-Dividende: »Für diese Dividende sperrt kein Milchmann seinen Laden auf.« Und er hat recht behalten. Die Dividenden sind tatsächlich gewachsen – nicht nur bei Siemens.

Zwar konnten Industrie und Handel in den letzten zehn Jahren nicht mit solch astronomischen Renditen wie die amerikanischen und europäischen Großbanken prunken. Dennoch konnte sich die Gewinnentwicklung sehen lassen: Die Gewinne der börsennotierten Unternehmen der deutschen Metall- und Elektroindustrie sind von 2002 bis 2007 Jahr für Jahr zweistellig gewachsen und in den Aufschwungjahren 2004 bis 2007 regelrecht explodiert. Nach Angaben der Bundesbank lagen in der Metall- und Elektroindustrie die Gewinne nach Steuern 2007 um 220 Prozent höher als 2003.

2007 konnten die im Dax notierten Konzerne ihre Gewinne nach Steuern im Schnitt um knapp 15 Prozent steigern. Dagegen schaffte die europäische und nordamerikanische Konkurrenz nur eine halb so große Steigerung. »Insgesamt erhöhten die Dax-Konzerne ihre Margen binnen fünf Jahren um mehr als 60 Prozent. Das schaffte kein anderes etabliertes Industrieland«, notierte das *Handelsblatt* am 21.12.2007 zufrieden.

Und die 100 größten Industrie-, Handels- und Dienstleistungsunternehmen steigerten ihre durchschnittliche Umsatzrendite 2007 nach Berechnungen des *Handelsblatts* von 4,4 Prozent auf den neuen historischen Rekordwert von 5,4 Prozent. Die Großkonzerne haben dabei überdurchschnittlich zugelegt, verglichen mit den börsennotierten Firmen aus der zweiten Reihe.[2] Die börsennotierten Unternehmen der Metall- und Elektroindustrie erzielten 2007 sogar eine Umsatzrendite von 8,3 Prozent.

Woher kommt diese Gewinnexplosion? Ist sie durch ein entsprechendes Wachstum der Volkswirtschaft getragen? Das Bruttoinlandsprodukt, die Gesamtsumme der von einer Volkswirtschaft erstellten Güter und Dienstleistungen, ist in Deutschland von 2000 bis 2007 um 12 Prozent gewachsen. Das ist ein Durchschnittswert. Einzelne Firmen und Branchen wachsen stärker als die Gesamtwirtschaft und können meist wesentlich höhere Gewinne einfahren, während andere Branchen schwächeln. Die deutsche Industrie mit ihren Schwerpunkten in der Automobilindustrie, im Maschinen- und Anlagenbau und der Elektroindustrie hat vom Weltwirtschaftsboom der letzten Jahre sicher überproportional profitiert, denn der war vor allem von Investitionen, der Nachfrage nach Maschinen und Anlagen getrieben. Sie kam mit Lieferungen kaum nach und konnte höhere Preise durchsetzen, also höhere Gewinne einstreichen. Das ist *ein* Faktor für die Gewinnrekorde der deutschen Industrie.

Aber wenn die Unternehmensgewinne überall, in Deutschland wie in der ganzen Welt, wesentlich stärker gewachsen sind als die Gesamtwirtschaft, kommen weitere Faktoren hinzu: Erstens ist ein unverhältnismäßig großer Teil des von den Volkswirtschaften erzeugten Mehrprodukts, des Zuwachses an Gütern und Dienstleistungen, bei den Unternehmen, ihren Eigentümern und Investoren hängen geblieben. Zweitens sind Gewinne durch Finanzspekulation, allein durch Geldtransaktionen erzielt worden. Auch ehrbare Industriefirmen mit Produkten wie Autos oder Elektrogeräten erzielen inzwischen einen erheblichen Teil ihrer Gewinne mit Finanzgeschäften. Beide Effekte haben die Gewinnexplosion getrieben. So hat General Electric, einer der größten Industriekonzerne der Welt, in den vergangenen zehn Jahren regelmäßig einen großen Teil des Konzerngewinns mit seiner Finanztochter gemacht, der VW-Konzern verdiente viel Geld mit der VW-Bank, und BMW baut zwar Premium-Autos, Premium-Gewinne brachte bis 2007 aber das Leasinggeschäft.

Fehlsteuerung: Spekulation statt Investition

In unserer Wirtschaftswelt hat also eine wundersame Geldvermehrung stattgefunden. Geld ist nicht mehr nur ein Tauschmittel, sondern es ist zur Ware geworden, mit der Banken wie Industrieunternehmen wiederum Geld verdienen. Die vielen Kreationen, die die Finanzindustrie in den letzten Jahrzehnten zur Geldvermehrung entworfen hat, sind die eigentliche Ursache der Gewinnexplosion – und das hat neue Zwänge geschaffen:

Der Druck, die Gewinne ständig weiter zu steigern, hat längst die gesamte Wirtschaft erfasst. Die Unternehmen stecken in einem Dilemma. George Soros, in Ungarn geborener amerikanischer Spekulant, der 1980 mit seiner Wette gegen die Bank von England und das überbewertete britische Pfund Milliarden verdiente, beschreibt dieses Dilemma, in dem die Manager börsennotierter Konzerne stecken, so:

»Die Geschäftsführung (…) kümmert sich genauso intensiv um den Markt für ihre Aktien wie um den für ihre Produkte. Muss eine Wahl getroffen werden, zählen die Signale der Finanzmärkte.«[3]

Grund: Investitionen in die Kapazitätsausweitung und zur Produktivitätssteigerung des Geschäfts haben in den letzten Jahren weniger Ertrag gebracht als die Geldanlage an den Finanzmärkten. Zwar wird der für Investitionen benötigte Anteil des Profits immer geringer, weil neue Technologien und die vertiefte internationale Arbeitsteilung die Kapitalproduktivität erhöht haben. Um eine bestimmte Produktion auf einem gegebenen Niveau aufrechtzuerhalten oder auszuweiten, reicht also heutzutage relativ weniger Kapital, ein geringerer Teil des erzielten Profits als vor zwei Jahrzehnten. Trotz beschleunigten Wachstums ist die globale Investitionsquote deshalb seit 1980 von 24 auf 22 Prozent zurückgegangen.[4] Aber dennoch ist es nicht unproblematisch, dass von den rasant gestiegenen Gewinnen der großen deutschen Konzerne vor allem die Finanzmärkte profitieren. Denn der Finanzsektor konkurriert mit der Realwirtschaft um Kapital, statt sie mit Investitionsmitteln zu versorgen. Das Gewinnstreben der Unternehmen verlagert sich von der Realwirtschaft in die Finanzsphäre. Aber das Geld, das in Finanzanlagen fließt, fehlt für Investitionen und neue Arbeitsplätze. Investitionspläne, die ein Unternehmensvorstand vor über dreißig Jahren ohne Zögern umgesetzt hätte, landen heute in der Ablage – so jedenfalls die Analyse von Stephan Schulmeister vom Österreichischen Institut für Wirtschaftsforschung.[5]

Die gestiegenen Profite werden immer weniger für reale Investitionen gebraucht. Denn die lassen sich größtenteils aus den Abschreibungen finanzieren. In Erweiterungsinvestitionen über den Ersatzbedarf hinaus flossen Anfang der neunziger Jahre noch ca. 30 Prozent der Nettoprofite, im Jahr 2000 waren es nur noch 20 Prozent und in den letzten Jahren weniger als 10 Prozent.[6] Zwei Drittel der Nettoprofite der Kapitalgesellschaften gehen an den Mutterkonzern, die Holding, und damit im Wesentlichen in den Finanzmarkt. Rund 40 Prozent ihrer Gewinne schütten die Dax-Konzerne als Dividende an die Aktionäre aus. Im internationalen Durchschnitt werden sogar 50 Prozent der Gewinne als Dividende ausgezahlt.

2005 haben die 30 im Dax notierten Konzerne nach Angaben der HypoVereinsbank rund 17,5 Milliarden Euro an ihre Aktionäre ausgeschüttet – das waren immerhin stolze 7 Milliarden mehr als 2002. Die Spirale drehte sich immer schneller: 2007 schütteten die Dax-Konzerne bereits 28 Milliarden Euro aus.

Dagegen wurde relativ weniger produktiv investiert. In den Jahren 2002 bis 2004 wurden etwa von BMW, DaimlerChrysler, Siemens, ThyssenKrupp, VW, MAN und Linde nur knapp zwei Drittel der erwirtschafteten liquiden Mittel wieder investiert. Der Rest blieb in der Kasse und wurde für die Schuldentilgung verwandt oder ging an die Aktionäre. Wenn Industriekonzerne einen immer größeren Teil ihrer Gewinne am Finanzmarkt und nicht mehr in ihrem Kerngeschäft, der Produktion von Gütern und Dienstleistungen, erzielen, können sie auf diese Weise auch dem Margendruck entgegenwirken, der Tendenz, dass zusätzliche Investitionen zur Produktionsausweitung und Produktivitätssteigerung in neue Produkte und Geschäftsfelder relativ abnehmende Erträge liefern.

Das zeigt das Beispiel Porsche: Die exorbitante Steigerung des Porsche-Gewinns von 2,1 auf 5,8 Milliarden Euro vor Steuern im Geschäftsjahr 2006 bis 2007 und die Übernahme von 30 Prozent der Anteile des VW-Konzerns durch Porsche sind ein Lehrstück darüber, wie aus Geld mehr Geld gemacht wird – mit Mitteln der Finanz-Alchemie, nicht mit der Produktion von Carreras und Entwicklungstüftelei. Es zeigt auch, dass die spekulative Jagd nach der Super-Rendite nicht nur eine Eigenschaft von ausländischen »Heuschrecken« ist.

Im September 2005 verkündete Porsche-Chef Wiedeking, die Porsche AG, deren mit Stimmrecht ausgestattete Stammaktien zu 100 Prozent im Besitz der Familien Porsche und Piëch sind, werde sich am VW-Konzern beteiligen. Im Herbst 2007 hatte die Porsche AG schon über 30 Prozent der Aktien am VW-Konzern erworben. Inzwischen hat der Porsche-Aufsichtsrat die Genehmigung erteilt, den Anteil an VW auf über 50 Prozent aufzustocken und dafür gegebenenfalls auch Kreditlinien in Anspruch zu nehmen. Aber dieser Kredite bedarf es kaum, wenn der Porsche-Vorstand weiter so erfolgreich agiert wie beim Erwerb des 30-Prozent-Anteils der stimmberechtigten Stammaktien von VW. Denn der Sportwagenhersteller wettete erfolgreich auf den Kursanstieg der VW-Aktien. Und tatsächlich hat der Einstieg bei VW den Konzern bislang insgesamt nur ca. 5 Milliarden Euro Cash gekostet. Die Übernahme hat sich fast selbst finanziert. Porsche hat damit das unternehmerische Wunder vollbracht, im Geschäftsjahr 2007 bis 2008 mehr (Finanz-)Gewinn als Umsatz zu machen. Nämlich ca. 11 Milliarden Euro Gewinn bei 8 Milliarden Euro Umsatz.

Man kann den Finanzcoup, mit dem die Porsche-Eigentümer ihren Einstieg bei VW zum Schnäppchenpreis finanzierten und die Macht über diesen Konzern bekamen, als Einzelfall abtun. Aber dahinter steht der Trend zur zunehmenden Finanzorientierung der Industriekonzerne.

Diese Verschiebung des unternehmerischen Gewinnstrebens wird zusätzlich von der Eigendynamik der Börsen, den hohen Kursschwankungen, die Spekulanten anziehen und die Spekulation fördern, sowie der modernen IT-Technologie gefördert, die die Umschlagshäufigkeit bei den Transaktionen potenziert und die Kosten einer Transaktion dramatisch senkt. Verantwortlich ist aber auch eine Geldpolitik, bei der besonders in Europa seit Jahren der Realzins über der realen Wachstumsrate liegt.

Die Umsätze mit Devisen, Aktien, Anleihen und Derivaten, das sind Wetten auf zukünftige Kurse, und mit anderen Finanzprodukten summierten sich weltweit schon 2006 auf 13 Billionen Dollar – pro Tag! Der allergrößte Teil der Transaktionen entfällt auf die Finanzmärkte in den Industrieländern. Ihr Volumen war 2006 100-mal größer als das nominale Bruttoinlandsprodukt dieser Länder.

Den größten Anteil haben dabei kurzfristige spekulative Geschäfte mit Derivaten wie Futures und Optionen. Diese Papiere hatten ursprünglich einen ganz praktischen Zweck: Stark exportorientierte Unternehmen wie die Autohersteller sichern sich damit zum Beispiel gegen Währungskursschwankungen ab, die trotz erfolgreicher Unternehmensentwicklung leicht den ganzen Jahresgewinn zunichtemachen können. Sie dienten also als Versicherung gegen Währungsrisiken. Daraus ist inzwischen ein riesiger Geschäftszweig der Finanzbranche entstanden, nämlich ein Wettgeschäft auf die künftige Entwicklung von Währungen, Aktienkursen und Rohstoffpreisen, das umso mehr boomt, je mehr die Tagespreise schwanken. Und die deutsche Wirtschaft wettet besonders heftig, wie Stephan Schulmeister zeigt:[7]

- 2006 war das Handelsvolumen allein an der Derivatenbörse Eurex in Frankfurt 46-mal höher als das deutsche Bruttoinlandsprodukt.
- Der Handel mit Zinsderivaten war 1600-mal höher als die gesamten Bruttoinvestitionen.

• Der Handel mit Aktienderivaten war 80-mal höher als die gesamten Unternehmensinvestitionen.

Doch damit nicht genug: Die zunehmende Finanzmarktorientierung verführt auch zum Monopoly-Spiel mit Unternehmensübernahmen. Die Vorstände stecken in der Zwangsjacke der Geld-Geld-Wirtschaft. Sie haben durch die Gewinnexplosion der letzten Jahre sehr viel Geld in der Kasse. Sie müssen damit ein großes Rad drehen oder das Geld an die Eigentümer oder Aktionäre ausschütten. Sie müssen zudem Jahr für Jahr den Gewinn deutlich steigern. Kontinuierliches Wachstum aus eigener Kraft, inneres oder organisches Wachstum reicht dafür in der Regel nicht. Übernahmen sollen für den Wachstums- und Gewinnschub sorgen. Weil angeblich nur die größten drei Anbieter in einem bestimmten Markt richtig Geld verdienen, weil nur das Monopol oder Quasi-Monopol die von den Finanzmärkten und Shareholdern geforderten Superrenditen erwirtschaften kann, setzen viele Vorstände auf Übernahmen, um zu wachsen und die nötige Größe zu erreichen. Das sichert auch die Chefsessel.

Nebenbei: Da die Kaufpreise bei Übernahmen in den letzten Jahren großteils über billige Kredite finanziert wurden, droht bei steigenden Zinsen wie in der jetzigen Finanzkrise ein böses Ende dieser Geschäfte – nicht für die Vorstände, aber für die Unternehmen und ihre Beschäftigten. Dass bei solchem »Wachstum« die Steigerung der Substanz unterbleibt, die allein den langfristigen Erfolg eines Unternehmens garantieren kann, wird in Kauf genommen. Mehr noch: Die Jagd nach immer höheren Renditen jenseits des realwirtschaftlich Machbaren treibt das Management vieler Industriekonzerne zu denselben Rezepten, die auch Finanzinvestoren, die vielgeschmähten »Heuschrecken«, praktizieren. Firmen oder Firmenteile werden maximal ausgepresst. Das Motto in diesem Haifischbecken ist: Fressen oder gefressen werden!

Continental: Günstig übernommen, weil die Gewinnmaschine stotterte

Continental ist ein börsennotiertes Unternehmen. Der Conti-Konzern hat sich vom Reifenhersteller in den letzten zehn Jahren zu einem der weltgrößten Automobilzulieferer gemausert, der nicht nur Reifen, sondern auch Bremssysteme, Einspritztechnik und die komplexe Elektronik liefert, die ein Auto heute steuert. Conti hat sich in den letzten Jahren stets der besonderen Wertschätzung des Kapitalmarkts erfreut. Die Aktien des Unternehmens entwickelten sich von 17,55 Euro Anfang 2001 auf über 104 Euro im November 2007, die Dividende pro Aktie von 52 Cent für 2004 auf 2 Euro für 2007. Regelmäßig hatte der Konzern die selbst gesteckten Renditeziele übertroffen und gehörte zu den weltweit rentabelsten Unternehmen der Branche. Zwischen 2000 und 2007 verdoppelte Continental seine Gewinnmargen am Umsatz von 5,3 auf 10,1 Prozent.

Vielleicht gerade wegen seiner Erfolge ist der Fall Continental aber auch ein Paradebeispiel, wie die ständige Jagd nach Gewinnsteigerung die Aktionäre zwar zeitweilig beglückt, aber mittelfristig perverse Konsequenzen hat. Denn die ausschließlich auf Gewinnmaximierung orientierte Konzernführung produziert fast zwangsläufig Fehlsteuerungen und falsche Anreize. Die produktive und technologische Substanz des Unternehmens gerät dabei ebenso in Gefahr wie die wirtschaftliche Basis. Auf die von Personalabbau oder gar Schließungen bedrohten Standorte und Regionen kommen hohe soziale Kosten zu.

Der inzwischen ausgeschiedene Continental-Chef Manfred Wennemer erklärte schon 2004, dass sein Unternehmen »zwischen 15 und 18 Prozent auf das investierte Kapital verdienen muss, weil wir sonst weder Banken noch Aktionäre finden, die bereit sind, uns zu finanzieren« (*Die Zeit*, 11.10.2004). 2007 erwirtschaftete Continental denn auch knapp 19 Prozent. Zwar waren die bis 2007 beständig steigenden Renditen auch durch innovative Produkte zu erklären, die höhere Preise und damit höhere Margen erzielten. Doch die stolzen Renditen waren überwiegend der Gnadenlosigkeit des Managements zu verdanken. Die Zahl der Arbeitsplätze errechneten die Conti-Manager aus der Zielrendite. Jedes Geschäftsfeld wurde ständig auf Rentabilität geprüft. Was unterdurchschnittlich war, wurde abgewickelt oder mit Kostensenkungsprogrammen fit gemacht. Die Arbeitsprozesse wurden mit deutlich weniger und deutlich billigeren Beschäftigten effizienter gemacht. Nur noch vier von zehn Conti-Beschäftigten arbeiteten Ende 2007 in Deutschland, aber auf sie entfielen 60 Prozent der Personalkosten. Wo Verlagerungen keinen Sinn machten, versuchte das Conti-Management, wenigstens längere, natürlich unbezahlte Arbeitszeiten zu erzwingen und den Druck auf die Beschäftigten in Deutschland zu erhöhen. Im Werk Hannover-Stöcken ließ Wennemer bereits Ende 2006 die Produktion von Pkw-Reifen auslaufen, obwohl das Werk profitabel war und obwohl erst im Juli 2005 eine Vereinbarung in Kraft getreten war, in der Continental die Arbeitsplätze langfristig garantierte. Die Arbeiter hatten dafür auf Lohnerhöhungen, auf ihre Einmalzahlung und ihre bezahlten Pausen verzichtet. Zum Dank waren sie ein Jahr später trotzdem arbeitslos.

Die Rechnung ist einfach: Wenn die Personalkosten 10 Prozent vom Umsatz ausmachen und als Gewinn nur 2 Prozent vom Umsatz bleiben, dann sorgt eine Senkung des Personalkostenanteils auf 9 Prozent vom Umsatz – beispielsweise durch sinkende Löhne, durch unbezahlte Mehrarbeit oder durch Entlassungen – für einen massiven Gewinnsprung. Wenn alle anderen Faktoren unverändert bleiben, steigt der Gewinn auf 3 Prozent vom Umsatz. Nur auf diese Weise, dies war die Überzeugung auf der Chefetage, konnte das Überleben des Unternehmens im kapitalistischen Dschungel gesichert werden.[8]

Continental ist so ein Musterbeispiel dafür, wie das Management ganz schnell den Gewinn steigern kann – durch sinkende Arbeitskosten. Zwar kann stabiles Wachstum nur durch innovative Produkte, effizienteres Produzieren und Ausweitung der Produktion gesichert werden. Aber die Verbilligung des Produktionsfaktors Arbeit sorgt blitzschnell für einen Gewinnsprung. Deshalb hat die Deutsche Bank schon vor Jahren Investoren in einer Studie empfohlen, sich besonders solchen Unternehmen zuzuwenden, die ihre Arbeitskosten deutlich senken. 10 Prozent niedrigere Ausgaben für das Personal bedeuteten 40 Prozent mehr Profit, heißt es in einer Analyse der Deutschen Bank.[9]

Bis 2007 waren die Conti-Renditejäger tatsächlich erfolgreich – wenn auch auf Kosten der Beschäftigten. Aber die Jagd nach Rekordrenditen hat den Konzern 2007 zur Übernahme von Siemens VDO, der Autozuliefersparte von Siemens, getrieben. Dafür musste sich der Konzern hoch verschulden. Der Irrsinn aber ist: Hinter jeder Übernahme steckt die Gier nach höheren Gewinnen. Jede große Übernahme verhagelt jedoch erst mal die Rendite, weil der Kaufpreis in der Regel höher ist als der Substanzwert der übernommenen Firma und weil diese Differenz, der sogenannte Goodwill, abgeschrieben werden muss, wenn sie nicht mehr werthaltig ist. Hinzu kam: Die frühere Siemens-Sparte ist nicht so profitabel wie die anderen Conti-Geschäfte. Analysten klagten, dass die Fabriken nicht ausgelastet seien und noch zu wenig in Niedriglohnländern produziert würde. So fiel für das 1. Quartal 2008 die Gewinnmarge von Continental auf 6,9 Prozent. »Continental muss hart durchgreifen«, titelte deshalb das *Handelsblatt*. Zusätzlich zu den 2000 Arbeitsplätzen, deren Wegfall Conti 2007 gleich nach der Übernahme von VDO angekündigt hatte, standen im Frühsommer 2008 weitere 2000 Arbeitsplätze auf der Streichliste – die meisten in Deutschland.

Doch im August 2008 kam mit dem Familienunternehmen Schaeffler, ebenfalls ein Autozulieferer und Hersteller von Wälzlagern für Industrie und Luftfahrt, ein neuer Akteur auf die Bühne. Schaeffler erwarb eine Beteiligung von inzwischen knapp 49 Prozent an der Continental AG und hatte nun kontrollierenden Einfluss auf das mehrfach größere Unternehmen. Der Schaeffler-Coup sorgte für Schlagzeilen, weil das intransparente Familienunternehmen seit Monaten in aller Stille und unter Ausnutzung von Gesetzeslücken Conti-Aktien bzw. Optionen auf Conti-Aktien erworben hatte, bis der Coup im Juli 2008 öffentlich wurde. Schaefflers Übernahme von Conti vollzog sich nach den Methoden von Finanzinvestoren, obwohl die Schaeffler-Gruppe keineswegs schnell Kasse machen, sondern einen starken Autozulieferer auf den Gebieten Mechanik und Elektrik bzw. Elektronik schaffen will.

Der Schaeffler-Coup war letztlich aber nur möglich, weil Continental sich bei der Übernahme von VDO endgültig übernommen hatte und die Gewinnmaschine stotterte. Der

Aktienkurs des Reifenherstellers hatte sich gegenüber seinem Höchststand zeitweilig halbiert. Der Marktwert des Konzerns, also der Preis für den Kauf aller Aktien des Unternehmens, lag im August 2008 unter dem Preis von 11,4 Milliarden Euro, den Conti an Siemens für die Übernahme von VDO gezahlt hatte. Fressen und gefressen werden!

»Gute« Familienunternehmen und »böse« Finanzinvestoren?

Das Agieren der Eigentümerfamilien der Porsche AG bei der Übernahme der Mehrheit am VW-Konzern und der Coup der Familie Schaeffler bei Continental haben gezeigt, dass auch Unternehmen im Familienbesitz, ob börsennotiert oder nicht, inzwischen wie Finanzinvestoren vorgehen. Die Grenzen verschwimmen, weil die Finanzmarktorientierung alle größeren Unternehmen erfasst. Deshalb ist es sicher falsch, zwischen »guten« Unternehmen, die von Familien kontrolliert werden, einerseits und »bösen« Finanzinvestoren auf der anderen Seite zu unterscheiden. Die in Deutschland verbreitete Sichtweise, dass Familienunternehmen in der Regel »gut« sind und deswegen weniger Kontrolle und keine Mitbestimmung brauchen, ist naiv, wie die Fälle Porsche oder Schaeffler zeigen.

Allerdings gibt es wesentliche Unterschiede, vor allem bei der längerfristigen Unternehmenspolitik und bei der Verwendung der Unternehmensgewinne.

Während bei den Dax-Unternehmen immerhin 40 Prozent und international sogar 50 Prozent des Jahresgewinns an die Aktionäre gehen, müssen Unternehmen im Familienbesitz keine Dividenden ausschütten. Das Geld kann in der Firma bleiben und für neue Produkte und Anlagen investiert werden. Das ist einer der Vorzüge, die dem deutschen Mittelstand zugesprochen werden. Sieben von zehn Arbeitsplätzen in der deutschen Privatwirtschaft entfallen auf »den Mittelstand« – ein Begriff, der allerdings vom Handwerksbetrieb mit wenigen Beschäftigten bis zu Großunternehmen reicht. Wenn man einmal von dieser Ungenauigkeit absieht, bleibt die Frage, ob und wie weit die Finanzmarktorientierung der großen Konzerne auch mittelständische Unternehmen, die als Zulieferer agieren, in diese Richtung drängt.

Wo auch immer ein Unternehmen in der Kette zwischen den Lieferanten einfachster Güter und den Produzenten hochwertiger Technologie steht: Der Druck steigt. Er geht von den rund 1000 börsennotierten Unternehmen in Deutschland aus, und er setzt sich fort in den rund 1,5 Millionen mittelständischen Unternehmen mit mehreren Beschäftigten. Über die Automobilzulieferer verbreitet sich das Shareholder-Value-Konzept inzwischen bis tief in den Mittelstand hinein. Hier, so Thomas Weiner, Geschäftsführer des Arbeitgeberverbands Gesamtmetall, herrsche »brutaler Druck«, die Preise pro Jahr um 1 oder 2 Prozent zu senken oder auf billigere Teile aus Osteuropa umzusteigen.

Der Mittelstand bildet acht von zehn Lehrlingen aus und erwirtschaftet knapp 60 Prozent des deutschen Bruttoinlandsprodukts. Doch von Gewinnen wie bei Conti können die meisten Mittelständler nur träumen. Und selbst dort, wo börsennotierte Abnehmer nicht die Margen vorgeben, steigen die Anforderungen: Um bei den Banken kreditwürdig zu bleiben, brauchen die Betriebe mehr Eigenkapital. So geht es in den allermeisten Mittelstandsfirmen nicht um die Bedienung gieriger Aktionäre, sondern der Profit finanziert – zusammen mit den Krediten der Banken – Wachstum und Innovation, also das langfristige Überleben des Unternehmens. Es gibt auch in Deutschland genügend solcher Betriebe, die kämpfen und sich den Zumutungen des Kapitalmarkts widersetzen.

Finanzinvestoren setzen neue Maßstäbe bei der Jagd nach Profiten

Alljährlich im Frühjahr, zuletzt 2008 in München, findet das Branchentreffen der Finanzinvestoren statt. Dort versammeln sich die Gründer und Chefs der Private-Equity-Gesellschaften und der Hedgefonds – im deutschen Volksmund seit Franz Müntefering Ausspruch »Heuschrecken« genannt. Ihr Kongress trägt den bezeichnenden Namen »Super-Return« oder »Super-Rendite«. Diese neuen »Herren des Universums« sammeln Geld von den Reichen, Versicherungen und Pensionsfonds mit dem Versprechen einer »Super-Rendite«, also extrem hohen Gewinnen in kurzer Zeit.

Wie erfolgreich dieses Modell ist, beweisen die nackten Zahlen. Im Frühjahr 2008 hatten die Finanzinvestoren insgesamt anlagesuchendes Kapital in Höhe von 2 Billionen (!!) oder 2000 Milliarden Euro unter ihren Fittichen. Im ersten Halbjahr 2007 kamen sie auf einen Anteil von über 36 Prozent an allen Firmenübernahmen weltweit. 2006 waren es erst 24 Prozent. Weltweit gehören Finanzinvestoren zu den größten Arbeitgebern: Für die britische Beteiligungsgesellschaft CVC beispielsweise arbeiten weltweit rund 309 000 Menschen, ebenso viele wie für General Electric und viermal so viele wie für die Deutsche Bank. CVC hat 2008 mit Unterstützung der deutschen Politik eine Sperrminorität von 25,1 Prozent an

Evonik, dem Chemie-, Energie- und Immobiliengeschäft der
früheren Ruhrkohle erworben. Das Investment soll langfristig sein und angeblich zur Hälfte mit Eigenkapital finanziert
werden. 45 Prozent der Mittel von CVC stammen nach eigenen Angaben von Pensionskassen aus aller Welt. Auch andere
Finanzierungsgesellschaften gehören zu den ganz großen Arbeitgebern: Der US-Investor Blackstone beschäftigt in seinen
Unternehmen mehr als 400 000 Mitarbeiter, und der britische
Finanzinvestor Permira hält mit den Unternehmen in seinem
Portfolio weltweit gut 220 000 Menschen in Lohn und Brot.
Mehr als 50 000 Menschen verdienen in Deutschland ihre
Brötchen beim amerikanischen Finanzinvestor KKR, weltweit
sind es gar 565 000. Zum Reich von KKR gehören in Deutsch-
land unter anderem die Werkstattkette ATU, das Duale System
Deutschland, der Gabelstaplerbauer Kion (früher Linde) und
– zusammen mit Permira – die Senderkette Pro Sieben Sat 1.
Bei der Hauptversammlung im Juni 2008 warfen die Vertreter
der Kleinaktionäre den beiden Großaktionären der Senderkette vor, das Unternehmen durch die ungewöhnlich hohe Dividende von 270 Millionen Euro regelrecht auszuplündern. Die
Verbindlichkeiten der Sendergruppe waren Ende März 2008
bei 3,4 Milliarden Euro angelangt – gegenüber 90 Millionen
Euro vor einem Jahr. Das Management solle sich mehr Sen-
dungen für Schuldnerberatung anschauen, so die verbitterten
Kleinaktionäre.

In Deutschland befinden sich 2008 fast 6000 Unternehmen in der Hand von Finanzinvestoren. Insgesamt arbeiten in
der Republik fast eine Million Menschen für Unternehmen,
die Private-Equity-Gesellschaften gehören. Das sind immerhin 2,5 Prozent der Beschäftigten. Der Anteil wird wachsen:
In Großbritannien, wo Private-Equity-Fonds viel früher aktiv

wurden, arbeitet bereits jeder Sechste für eines ihrer Unternehmen – unter anderem für den Finanzinvestor Terra Firma, Deutschlands größter Vermieter und Herr über 230 000 Wohnungen.

Der Grund für den unaufhaltsamen Aufstieg sind die märchenhaften Renditen. In den Jahren 2004 bis 2006 konnten die Private-Equity-Gesellschaften weltweit 30 bis 40 Prozent Rendite machen, ohne in den übernommenen Unternehmen in den Abläufen und Strukturen überhaupt etwas zu verändern. Das funktionierte einfach deswegen, weil die Gewinne und Börsenbewertungen der Firmen zwischen Kauf und Verkauf so gestiegen waren. Für ihre Anleger haben die von den Private-Equity-Gesellschaften aufgelegten Fonds im historischen Schnitt rund 13 Prozent Rendite erwirtschaftet. Die besten kommen kontinuierlich auf deutlich über 20 Prozent. Trotz Finanzkrise ist heute immer noch genügend Geld der Superreichen und der Pensionsfonds da, das profitable Anlagen sucht. Und so sammeln die großen Private-Equity-Firmen weiter Kapital in Rekordhöhe ein: Ende 2007 warteten weitere rund 1,5 Billionen Euro darauf, investiert zu werden.

Die wundersame Kapitalvermehrung unter den Zauberhänden der Finanzinvestoren, deren ganzer Trick darin besteht, billig zu kaufen und teuer zu verkaufen, ist zum Vorbild und Modell des globalen Profitzirkus geworden. Finanzinvestoren und Hedgefonds (siehe unten) sind als Unternehmen sozusagen Gewinnmaschinen in Reinkultur. Sie sind prägend für die finanzmarktgetriebenen Managementmethoden in der ganzen Wirtschaft. Das Management von anderen Unternehmen wird von den Eigentümern immer häufiger mit der Frage konfrontiert: Welche Potenziale zur Wertsteigerung sehen Finanzinvestoren in dem Unternehmen, die wir bislang nicht erkennen?

Manchmal verkaufen die ursprünglichen Eigner zu billig, weil sie unter Druck stehen und Kasse machen müssen. In allen Fällen haben die Volkswirtschaften die modernen Raubritter subventioniert, indem sie ihnen die Ersparnisse von Millionen Menschen zu äußerst günstigen Zinsen zur Verfügung gestellt haben. Erst das ermöglicht Milliarden-Transaktionen mit wenig Eigenkapital, was wiederum die Kapitalrenditen in astronomische Höhen treibt.

Wirtschaftlich funktioniert das Erfolgsmodell recht simpel: Private-Equity-Gesellschaften stellen Unternehmen privates Kapital als Alternative zur Kapitalbeschaffung über die Börse oder über Banken zur Verfügung. Sie übernehmen Firmen, um sie möglichst schnell mit hohem Gewinn weiterzuverkaufen. Dabei haben die Private-Equity-Gesellschaften bislang ihren Kapitaleinsatz durch ein Vielfaches an Krediten potenziert. Der Einsatz von möglichst viel geliehenem Geld ist der Turbo für die Rendite auf das eingesammelte und investierte Kapital. Die Renditen steigen ins Märchenhafte.

Die Rechnung der Private-Equity-Manager und ihrer Kollegen in den Investmentbanken war bislang einfach, weil es billigen Kredit im Überfluss gab: Je größer der Kredit bei einer Übernahme, desto größer sind die Erträge auf das insgesamt eingesetzte Kapital und desto größer auch der Bonus jedes Einzelnen. Da werden auch schon mal künftige Erträge nach vorn gezogen und mit fetten Provisionen belohnt. Denn zum Geschäftsmodell der Finanzinvestoren gehört es, dass sie die für den Kauf eines Unternehmens aufgenommenen Kredite auf das erworbene Unternehmen übertragen. »*Bootstrapping*« – sich an den eigenen Haaren aus dem Sumpf ziehen – nennt die Branche diese Methode, nach der das übernommene Unternehmen die Schulden der Finanzinvestoren bedienen und dafür mit seinem Vermögen haften muss. Der Finanzinvestor gründet ganz legal eine neue Firma, in den Planspielen der Investoren und ihrer Anwälte und Berater immer »NewCo« genannt. Diese nimmt die Kredite auf, mit denen der Finanzinvestor den größten Teil des Kaufpreises finanziert. Dann wird die übernommene Firma mitsamt ihrem Vermögen mit der NewCo verschmolzen. Die Banken nehmen das Vermögen der übernommenen und jetzt untergegangenen Firma als Sicherheit für die Kredite an die Finanzinvestoren.

Zusätzlich lassen sich diese regelmäßig Sonderdividenden aus dem Vermögen des erworbenen Unternehmens ausschütten. Damit bekommen die Investoren auch ihren Eigenkapitaleinsatz wieder zurück – oft um ein Vielfaches vermehrt. Das Unternehmen finanziert seinen Kauf also komplett selbst.

Die Leistung der Finanzinvestoren: Die übernommenen Firmen werden ausgeweidet. Die Beschäftigten werden in der Regel um garantierte Ansprüche gebracht, indem die Löhne direkt oder über längere Arbeitszeiten gesenkt werden, Betriebsrenten gestrichen werden etc. Dabei sind die Finanzinvestoren nicht als Unternehmer tätig, die Werte schaffen, die mit neuen Produkten und Dienstleistungen auf die Märkte gehen oder Prozesse und Abläufe optimieren.

Beispiel Cognis, die ehemalige Chemiesparte von Henkel: Das Unternehmen ging 2001 an die Finanzinvestoren Permira, Goldman Sachs und Schroder Ventures. Zum Kaufpreis steuerten diese 450 Millionen Euro eigenes Kapital bei. Zweieinhalb Jahre nach der Übernahme belohnten sich die Anteilseigner mit einer Ausschüttung von 320 Millionen Euro aus dem Vermögen von Cognis. 2005 legte Cognis eine Anleihe über 530 Millionen Euro am Kapitalmarkt auf. Dieses Geld floss ebenfalls an die Finanzinvestoren. Eine Verdoppelung des Eigenkapitaleinsatzes innerhalb von vier Jahren! Aber das Unternehmen Cognis gehört den Investoren immer noch, sie können es verkaufen und nochmals Kasse machen (*Mitbestimmung* 11, 2006).

»Wir stehen zu unserem Ziel, mindestens 25 Prozent Rendite zu erreichen«

Die Private-Equity-Gruppe EQT befindet sich im Besitz der superreichen schwedischen Wallenberg-Familie. Das obige Zitat stammt von zwei Vorständen von EQT. Der *Süddeutschen Zeitung* sagten sie am 26.2.2008: »Man kann Unternehmen, die Finanzinvestoren gehören, nicht mit börsennotierten Firmen oder Familienunternehmen vergleichen. Der Unterschied ist: Uns gehört die Firma zu 100 Prozent. Wir können im Handumdrehen frisches Geld ins Unternehmen stecken. Deshalb können wir unseren Unternehmen mehr Schulden aufladen als börsennotierten Firmen. Wichtig ist nur, dass die Firma genug freie Mittel hat, um ihr Wachstum zu finanzieren.«

Die kurze Geschichte der EQT beim Großmotorenhersteller Tognum in Friedrichshafen am Bodensee ist ein Beispiel für die sagenhafte Bereicherung von Private-Equity-Gesellschaften: EQT hat mit dem Tognum-Börsengang 2007 das eigene Investment binnen achtzehn Monaten vervielfacht – eine Rendite, die mit normaler Arbeit und solider Unternehmensführung niemals zu erwirtschaften ist. Das setzt aber trotzdem Maßstäbe für die gesamte Wirtschaft. Alle Investitionen werden daran gemessen.

Früher hieß Tognum MTU Friedrichshafen und gehörte – bis auf einen kleinen Anteil der Gründerfamilie – zu DaimlerChrysler. Ende 2005 hatte EQT für 1,6 Milliarden Euro, davon nur 250 Millionen Euro eigenes Geld, 84 Prozent der Anteile von MTU Friedrichshafen übernommen. Die Differenz, die Schulden von über 1,35 Milliarden Euro, musste die gerade gekaufte Firma tragen. Offiziell war der Börsengang erst vier Jahre nach der Übernahme geplant. Aber das bis Mitte 2007 gute Börsenklima mit steigenden Kursen gab wohl den Ausschlag für den schnellen Börsengang, der Ende Juni 2007 für 65 Prozent der Tognum-Anteile 2,2 Milliarden Euro brachte. Davon blieben 295 Millionen Euro als Eigenkapitalerhöhung in der Firma, der Rest wurde an die bisherigen Eigentümer verteilt. Damit hatte EQT den eigenen Einsatz bei Tognum nach 18 Monaten versiebenfacht. Dabei haben sich die Schweden aus dem Unternehmen Tognum nicht einmal eine Sonderdividende zahlen lassen – ein Gebaren, das die Finanzinvestoren sonst gerne praktizieren.

Ihren verbleibenden Anteil an Tognum haben die schwedischen Finanzinvestoren inzwischen für 585 Millionen Euro an Daimler verkauft. Damit hat der Daimler-Konzern nach dem Ausstieg 2005 eine teure Rolle rückwärts gemacht.

Auch Tognum-Chef Heuer hat bei dem Ausverkauf kräftig verdient. Erst hatten die schwedischen Finanzinvestoren, wie bei Übernahmen üblich, das Management mit 7,6 Prozent der Aktien beteiligt. Daraus ist beim Börsengang ein Papier- oder Buchgewinn von 200 Millionen Euro geworden, davon 50 Millionen für Heuer oder »3,8-mal Ackermann in 15 Monaten«, wie die *Financial Times Deutschland* süffisant bemerkte.

Die Private-Equity-Branche wird auf der Suche nach Super-Renditen die deutsche Industrie und vor allem den Mittelstand weiter aufrollen. Der Boom von Private Equity in Deutschland liegt auch daran, dass sich andere Eigentümer – die Banken, die Konzerne, die staatlichen Ebenen – aus der Eigentümerfunktion verabschieden. Die Finanzinvestoren verändern die alte Deutschland AG, das Netzwerk von Industriemanagern mit wechselseitigen Beteiligungsstrukturen. Dieses Netz fungierte jahrzehntelang gleichsam als Eigentümer vieler großer deutscher Konzerne. Die Vorstände und Aufsichtsräte, die in der alten Deutschland AG faktisch diese Eigentümerfunktion bei vielen Konzernen wahrnahmen, entstammten in der Regel dem Kreis der klassischen Konzernmanager. Diese waren seit vielen Jahren beim gleichen Unternehmen oder zumindest in der gleichen Branche tätig und haben ihr ganzes Berufsleben in einer großen, hierarchischen Organisation verbracht.

Die neuen Eigentümer, die Finanzinvestoren, bilden dagegen eine abgeschlossene, anonyme Elite für sich. Der Private-Equity-Manager hat eine ganz andere Sozialisation als ein Manager in der deutschen Industrie. Er hat wenig Erfahrung in einer Industrie oder Branche und umso mehr Erfahrung in der Finanzindustrie. Er entscheidet im kleinen Kreis und schnell über Millionen- und Milliardeninvestitionen. Denn während die alten Managernetzwerke nur als Eigentümer fungierten, *sind* die Private-Equity-Manager die Eigentümer. Sie wollen meist keine Beteiligung von 25,1 Prozent, um die restlichen 74,9 Prozent zu lenken. Sie wollen die Mehrheit, am liebsten 100 Prozent, um deren Wert zu steigern. Finanzinvestoren sind professionelle Eigentümer.

Um diese Eigentümerfunktion auch professionell ausüben zu können, ist kein Großkonzern erforderlich. Die Apparate der Finanzinvestoren sind klein. Im Verhältnis zu den Summen, die sie bewegen, sind sie geradezu winzig. Bei Fortress Deutschland, einer Gesellschaft mit großem Wohnungsbestand, reichen 50 Beschäftigte. KKR und Permira beschäftigen jeweils weltweit nur rund 90 sogenannte Investmentmanager, die die weit verzweigten Imperien kontrollieren und erweitern. Sie halten nach geeigneten Unternehmen Ausschau, prüfen sie, organisieren die Übernahme, begleiten die Entwicklung und am Ende den Verkauf des Unternehmens.

Trotz ihrer enormen Bedeutung und ihrer ständig wachsenden wirtschaftlichen Macht sind die Private-Equity-Gesellschaften gesichtslose Wesen – der Inbegriff des anonymen Kapitals. Am liebsten wickeln sie ihre Milliarden-Käufe ohne neugierige Öffentlichkeit ab. Die Eigentümer bleiben unsichtbar, als Ansprechpartner vor Ort für Lieferanten, Kunden und Arbeitnehmer gibt es nur das eingesetzte Management. Und das hat in der Regel wenig zu melden.

Finanzinvestoren haben extrem schlanke Zentralen und führen das Management in ihren Firmen mit klaren Zielvorgaben und genauer Kontrolle. Manager in Firmen, die Finanzinvestoren gehören, haben wie in einem Familienunternehmen einen richtigen Boss, der es genau wissen will. Ihre wichtigsten Steuerungsgrößen sind der Verschuldungsgrad und der Cashflow, die Entwicklung des Kassenbestandes. Die hohen Schulden dienen in der Unternehmenskultur der Finanzinvestoren als bewusster Hebel, um Veränderungen zu erzwingen. Investitionen müssen eine wesentlich höhere Rendite und schnellere Amortisation als bei anderen Firmen bringen.

Aber die Jagd der Finanzinvestoren nach der schnellen Rendite funktioniert nicht immer. Denn mit der Finanzkrise sind die Zeiten billigen Geldes vorbei. Dazu kommt, dass die rücksichtslose Gewinnmaximierung destruktiv wirkt, sie zerstört die Potenziale der Unternehmen und damit die eigentliche Quelle des Gewinns. Mitte 2008 hinkten in Europa etwa die Hälfte der Firmen im Besitz der Finanzinvestoren den aggressiven Geschäftsprognosen hinterher. Der Abbau der den

Firmen aufgelasteten Schulden läuft nicht wie geplant. Also müssen die Finanzinvestoren eigenes Kapital nachschießen – so KKR bei der Autoteilekette ATU.

In einer Studie zum unternehmerischen Erfolg der Finanzinvestoren bezweifelt die US-Ratingagentur Moodys, dass die höheren Renditen der Private-Equity-Branche tatsächlich für besseres Management sprechen. Für Moodys sind sie nur die Kehrseite der höheren Verschuldung der übernommenen Firmen, sie basieren auf Pump. Denn die Kapitalstruktur dieser Firmen, das Verhältnis von Eigenkapital zu teurem Fremdkapital, ist deutlich schlechter. Die externe Finanzierung ist wegen der Verschuldung und der Managementgebühren, die die Finanzinvestoren auch von den übernommenen Firmen kassieren, teurer als bei börsennotierten Firmen. Das mindert die Kreditwürdigkeit der Unternehmen. Als Negativbeispiel nennt Moodys die deutsche Firma Celanese, die frühere Chemiesparte von Höchst. Der Finanzinvestor Blackstone hatte 2004 die Mehrheit übernommen und eine Sonderdividende von 500 Millionen Euro erzwungen. Moodys beklagt zudem, dass die Finanzinvestoren manchmal überhaupt kein Eigenkapital mehr beisteuern.

Wie Finanzinvestoren Firmen ruinieren

»Lizenz zum Plündern« – unter dieser Überschrift beschreibt die Zeitschrift *Capital* in der Ausgabe 1, 2008, wie die US-Investmentbank Goldman Sachs sich den Autozulieferer HP Pelzer aus Witten im südlichen Ruhrgebiet griff und ausschlachtete. Im Mai 2007 ging die Firma für einen Euro an Goldman Sachs, nachdem der Unternehmensgründer entnervt aufgegeben hatte.

HP Pelzer entwickelt und produziert akustische Dämmsysteme, z. B. Türinnenverkleidungen für Autos. Die Firma hat 4000 Beschäftigte weltweit und machte 2005 600 Millionen Euro Umsatz bei einem Gewinn von 33 Millionen.

2007 gab es plötzlich einen Jahresverlust, und die Schulden waren von 189 Millionen Euro Anfang 2005 auf 258 Millionen im Sommer 2007 gestiegen. Seit 2003 war Goldman Sachs an dem Bankenpool beteiligt, der die Kredite der rasch expandierenden Firma managte. Erste Versuche von Goldman Sachs, die Firma zu übernehmen, lehnten die Familieneigentümer aber ab. Später übernahm Goldman Sachs alle Kredite der anderen Banken an HP Pelzer und bot der Firma einen Umschuldungsvertrag an. Ende 2005 wurde der Vertrag abgeschlossen, und Goldman Sachs reichte einen Teil der Kredite sofort an Hedgefonds weiter. Bald darauf reklamierte die Bank, dass der Umschuldungsvertrag nicht eingehalten werde. Für Zwischenfinanzierungen wurden Zinssätze von 14 Prozent und mehr festgehalten. Kreditgeber Goldman Sachs schickte dann eigene »Sanierungsspezialisten« aus den USA, außerdem setzte die Bank einen eigenen Geschäftsführer für ein hohes Gehalt ein. Millionenhonorare flossen an Kanzleien, die für Goldman Sachs und andere Banken tätig waren. Von 2006 bis März 2007 summierten sich diese »Restrukturierungskosten« auf über 40 Millionen Euro. Das ging an die Substanz. Hinzu kam: Die Berater und Investmentbanker verstanden nichts vom Zuliefergeschäft, sondern nur von Finanzfragen und Zahlen.

Im Frühjahr 2007 musste Unternehmensgründer Pelzer seine Anteile formell abgeben. Goldman Sachs wandelte die Kredite in Eigenkapital um. Manager kamen und gingen. Anfang 2008 schließlich wurde ein Personalabbau von 10 Prozent angekündigt.

Wie der Finanzinvestor Permira fast den Autozulieferer Kiekert ruinierte, ist ein weiteres Beispiel dafür, was passiert, wenn nackte Raffgier unternehmerisches Handeln ersetzt: Kiekert ist weltgrößter Hersteller von Auto-Türschlössern mit 1500 Mitarbeitern in der Zentrale in Heiligenhaus in NRW. Kiekert hat 40 Prozent Marktanteil in Europa, 25 Prozent weltweit. Bei Kiekert war Finanzinvestor Permira schon 2000 neben dem Alteigentümer eingestiegen. Damals sank der Umsatz nach einem Streit mit dem Großkunden Ford um ein Drittel. In den folgenden Jahren verschärfte sich der Preisdruck der Autohersteller auf Kiekert. Das erging anderen mittelständischen und großen Autozulieferern auch nicht anders. Aber Kiekert hatte wenig Eigenkapital und hohe Schulden, die immer mehr drückten. Denn die hatte Permira zur Finanzierung seines Einstiegs bei Kiekert in Höhe von 530 Millionen Euro aufgenommen und dann dem Unternehmen aufgeladen. Diverse Kostensenkungsprogramme und der Abbau von 600 Arbeitsplätzen konnten die Löcher nicht stopfen. Der von Permira eigentlich ins Auge gefasste Weiterverkauf von Kiekert, das übliche Geschäftsmodell bei den Finanzinvestoren, funktionierte nicht mehr.

Die Londoner Hedgefonds Bluebay und Silver Stone sowie die US-Investmentbank Morgan Stanley haben 2006 den britischen Finanzinvestor Permira als Großaktionär bei Kiekert abgelöst. Permira hatte sich verkalkuliert und musste seine Anteile ohne Gegenleistung weiterreichen. Das Geschäftsmodell der beiden Hedgefonds ist die rabiate Sanierung von Unternehmen, bei denen vorher Finanzinvestoren mit der Übernahme gescheitert sind. Sie sind auf die schnelle Sanierung von *distressed assets*, von notleidenden Vermögenswerten spezialisiert. Das Geschäft boomt: So mussten Finanzinvestoren ihre Beteiligungen beim Bremsenbauer TMD Friction und beim Folienhersteller Trefoan auf null abschreiben und an Hedgefonds weiterreichen.

Der Fall des mittelständischen Autozulieferers FTE Automotive zeigt, dass Finanzinvestoren nicht mit den übernommenen Unternehmen verdienen wollen, sondern daran, dass sie die Unternehmen mit möglichst viel Profit weiterreichen. FTE Automotive stellt mit 3000 Beschäftigten weltweit, davon 2500 in Franken, hydraulische Brems- und Kupplungsbetätigungssysteme her. Ca. 300 Mitarbeiter arbeiten in der Entwicklung – viel für einen mittelständischen Autozulieferer. Die Stärken von FTE liegen außer in der Entwicklungskompetenz und Innovation in der hohen Fertigungstiefe.

FTE wurde 1993 von der FAG Kugelfischer in Schweinfurt in die USA verkauft und später vom US-Konzern DANA, einem der größten Autozulieferer weltweit, übernommen. DANA verkaufte FTE 2002 weiter an den Finanzinvestor HgCapital, der das Geld britischer und niederländischer Pensionsfonds und von Privatanlegern verwaltet. Der Preis lag bei 180 Millionen Euro bei einem damaligen Umsatz von 286 Millionen Euro. 2005 reichte HgCapital FTE weiter an PAI Partners, den größten französischen Private-Equity-Fonds. Der Preis hatte sich in knapp drei Jahren auf 370 Millionen Euro erhöht. HgCapital erzielte durch Rekapitalisierung (das eingesetzte Geld ist verzinst wieder zurückgeflossen) sowie durch den Verkauf in knapp drei Jahren eine Rendite von 370 Prozent auf das eingesetzte Kapital. Das entspricht einer jährlichen Verzinsung von 90 Prozent und einem Gewinn von 145 Millionen Euro.

Der Reigen ständiger Weiterverkäufe erschwert es, die Erwartungen (die Rückzahlung von Kaufpreis und Renditen) der Finanzinvestoren zu erfüllen. Die jeweils aktuellen Eigentümer verlangen hohe Zinsen für Einlagen bzw. Kredite, die dem Unternehmen gegeben werden. Die Belastung des Unternehmens steigt. Das Betriebsergebnis wird belastet, ohne dass es Manager und Arbeitnehmer beeinflussen können. Denn die hohen Kreditkosten können nicht mehr aus dem laufenden Betrieb erwirtschaftet werden. Trotz positiver Betriebsergebnisse wird ein negatives Gesamtergebnis erreicht, und der Druck auf die Belegschaft steigt.

Die hohen Renditeforderungen der Finanzinvestoren führen zu sinkenden Investitionen und sinkender Kapitalbindung (Lagerbestände reduziert, Maschinen und Anlagen geleast, Fabrikhallen verkauft). Dadurch erhöht sich der Druck, vorhandene Maschinen mehr auszunutzen, am besten rund um die Uhr, ohne Stillstand. Die Renditeforderungen der Investoren gefährden auch Forschung und Entwicklung. Projekte werden allein wegen der Kosten in Frage gestellt oder gestoppt, ohne den längerfristigen Nutzen zu bewerten. Nur kurzfristige Ziele zählen. Fertigungsbereiche werden ausgegliedert, um Kosten zu sparen.

Weil er ja von der Branche, dem konkreten Geschäft in der Regel nichts versteht, beauftragt jeder neue Finanzinvestor zudem externe Berater (Bain & Co, Roland Berger) mit Studien, manchmal mehrmals im Jahr, oft mit gleichen Themenstellungen. Die Kosten hierfür müssen selbstverständlich vom Unternehmen getragen werden. Die Ergebnisse sind meist bekannte Vorschläge, die kurzfristig wirken, aber nicht die Zukunft des Unternehmens sichern. Auf alle Fälle aber kosten sie Arbeitsplätze.

Hedgefonds: Zocker und Geier

Die meisten Hedgefonds spekulieren an den Finanzmärkten und wetten auf fallende oder steigende Kurse bei Aktien, Währungen, Rohstoffen etc. Die Geschäftsgrundlage ist, schnell billig zu kaufen und teuer zu verkaufen. Während die Finanzinvestoren der Private-Equity-Branche in der Regel wenigstens ein paar Jahre investiert sind, verdienen Hedgefonds das ganz schnelle Geld im Wesentlichen auf den Wertpapiermärkten. In den USA tätigen sie mehr als 30 Prozent der täglichen Wertpapiertransaktionen. Das von ihnen eingesammelte Kapital ist mit 1,6 Billionen US-Dollar fast so groß wie das Bruttoinlandsprodukt Italiens. Sie könnten damit lässig die 30 größten börsennotierten Konzerne in Deutschland (Dax 30) übernehmen und hätten immer noch zig Milliarden in der Kasse.

Hedgefonds investieren noch aggressiver als die Private-Equity-Branche. Sie haben den Ruf *to make a quick killing*, also schnell zuzuschlagen. Ihre Hauptdomäne ist der spekulative Handel. Sie steigen in die Aktien einer Firma, in Anleihen oder auch bei Rohstoffen ein, die sie aktuell für massiv falsch bewertet halten. Falls die Anlagen nach Auffassung der Hedgefonds-Manager überbewertet sind, setzen sie auf *short selling*. Das heißt: Sie wetten auf den Preisverfall, indem sie sich zum Beispiel von einer Bank gegen Gebühren Aktien einer Firma leihen, die sie für überbewertet halten, und die Aktien gleich verkaufen. Nach dem folgenden Kurssturz decken sie sich billig mit den Aktien ein und geben sie zurück. Die Differenz ist ihr Gewinn.

So haben einige Hedgefonds an den Bankenpleiten 2008 massiv verdient und sie teilweise mit ausgelöst. Das Spiel läuft umgekehrt, wenn die Anlagen nach Auffassung der Hedgefonds-Manager unterbewertet sind. Dass Hedgefonds dabei aktiv die Aktienkurse ihrer Zielunternehmen manipulieren, gehört zum Pokerspiel dazu. Ob die Fonds-Manager tatsächliche Probleme im Unternehmen identifiziert haben, dessen Kursverfall sie betreiben, oder ob sie einfach nur einen temporären Kurssturz herbeiführen mit dem Ziel, Geld zu machen, ist dabei sekundär.

Darüber hinaus gibt es auch Hedgefonds, die sich mit ein paar Prozent der Aktien aktiv in ein Unternehmen einmischen und Änderungen der Unternehmensstrategie verlangen. Sie fordern einen Strategiewechsel im Unternehmen, verlangen spezielle Ausschüttungen an die Aktionäre und eine andere Finanzierungsstruktur – mehr Fremdkapital, weniger Eigenkapital, denn das soll am besten an die Aktionäre ausgeschüttet werden. Die gewünschten personellen Veränderungen in Vorstand und Aufsichtsrat werden dramatisch in Szene gesetzt. Hedgefonds pflegen das Geschäftsmodell des aggressiven Aktionärsaktivismus mit lautem Getöse und vor allem öffentlichkeitswirksam. Unternehmen wie Techem und CeWe Color wissen ein Lied davon zu singen.

Beispiel TCI: Der britische Hedgefonds mit dem schönen Namen The Childrens' Investment Fonds hat 2007 seinen Anlegern eine Rendite von 40 Prozent erwirtschaftet. Der Fonds, der angeblich Projekte für Kinder fördert, greift Firmen und deren Vorstände systematisch an, zwingt sie zu einem Strategiewechsel und treibt damit den Börsenkurs nach oben. So 2005 geschehen bei der Deutschen Börse, als TCI die geplante Übernahme der Londoner Börse durch die Deutsche Börse kippte, den damaligen Börsenchef verjagte und anschließend Kasse machte. 2007 betrieb TCI dasselbe Spiel bei der niederländischen Bank ABN Amro und kassierte für den Verkauf der kleinen Beteiligung anschließend einen hohen dreistelligen Millionenbetrag.

Dieses Geschäftsmodell ist ziemlich erfolgreich: Da die Zielunternehmen börsennotiert sind, lässt sich der Einfluss von Hedgefonds am Börsenkurs verfolgen. Der Kapitalmarkt sieht den Einstieg dieser Fonds als ein wertsteigerndes Ereignis.

Zur genetischen Ausstattung der Hedgefonds mit ihrer geballten Kapitalmacht gehört ihre Intransparenz. Sie müssen niemanden in die Bücher sehen lassen. Wenn die USA oder die EU sie regulieren wollen, gehen sie auf die Cayman Islands, wo jetzt schon 75 Prozent aller Hedgefonds ihren Sitz haben. Denn das Kapital muss nicht physisch und juristisch in den USA oder der EU angesiedelt sein, um dort zu agieren. Und solange die Regierungen der großen Industrieländer die Cayman Islands und andere Steuer- und Raubritteroasen ihrer Reichen und Superreichen nicht antasten, obwohl es ihnen ein Leichtes wäre, wird nur eine leichte Regulierung der Hedgefonds möglich sein.

Die riesige Kapitalmacht dieser Fonds wird um ein Vielfaches durch den Hebel der Kredite verstärkt, die sie auf ihr Vermögen aufnehmen können. Ihre Geschäfte und Handlungen liegen großteils im Dunkeln. Niemand weiß genau, was sie tun.

Offen bleibt, wie diese geballte Kapitalmacht wirksam reguliert werden kann und ob die Regierungen der USA und der EU-Staaten das überhaupt ernsthaft wollen. Ein Ansatzpunkt sind ihre Geschäfte, die sie ja nicht auf den Cayman Islands, sondern in London, Frankfurt und New York abwickeln. In den USA müssen sie die Börsengeschäfte und ihre Ziele wenigstens ab einer bestimmten Schwelle offenlegen. Investoren müssen innerhalb von zehn Tagen den Kauf melden und ihre

Ziele präzise darlegen. Zu diesen gehören Forderungen nach geplanten Zusammenschlüssen von Unternehmen, nach Käufen und Verkäufen von Unternehmensteilen, Änderungen in der Kapitalstruktur und Dividendenpolitik, Sonderausschüttungen und Rückkaufprogramme. Diese Informationen werden der Öffentlichkeit durch die SEC zur Verfügung gestellt. Nicht nur Aktienpositionen, sondern auch Optionen zum Erwerb von Aktien müssen bei der Meldeschwelle berücksichtigt werden.

Die Party der Private-Equity-Gesellschaften und der Hedgefonds geht wahrscheinlich nicht mehr lange so weiter wie bisher. Denn die bisherigen Voraussetzungen für die schrankenlose Profitmaximierung – billiger Kredit, günstig bewertete Firmen zur Übernahme und steigende Gewinne – wird es in den nächsten Jahren nicht mehr geben. Vorbei die goldenen Zeiten, in denen unter exzessiver Verschuldung – auf 1 Euro Eigenkapital kamen bis zu 32 Euro Fremdkapital – Konzerne mit Milliarden gekauft und anschließend zu Traumrenditen weiterverkauft wurden.

Solche großen Geschäfte werden wahrscheinlich seltener, weil die Finanzierungen nicht mehr funktionieren. Die Banken verlangen mehr Eigenkapitaleinsatz. Denn Pensionsfonds, Hedgefonds und Versicherungen kaufen den Banken, die diese Deals bislang finanziert haben, die Kredite der Finanzinvestoren nicht mehr ab. Die Investoren, an die die Kredite von den Banken weitergereicht werden, wollen mehr Sicherheiten und höhere Risikoprämien. Außerdem sinkt die Zahl der Übernahmeziele, weil die Börsenkurse, also die Unternehmensbewertungen mit der Krise sinken und damit die Bereitschaft abnimmt zu verkaufen. Die Folge: Die Renditen sinken.

Dennoch gibt es keine Entwarnung: Die gegenwärtige Finanzkrise erschwert zwar aktuell das Geschäft der Private-

Equity-Branche. Zahlreiche Unternehmen werden unter der Schuldenlast zusammenbrechen, die ihnen die Fondsmanager aufgebürdet haben. Aber die Branche wird nicht verschwinden, und das Übernahmekarussell wird sich weiterdrehen.

Zahlen lügen nicht – oder doch?

2

Was nicht passt, wird passend gemacht

*»Zahlenpflege (earnings management) wird betrieben,
um die Gewinnprognosen zu erreichen
oder zu übertreffen, mit dem Ziel,
die Marktkapitalisierung zu steigern
und den Wert der Aktienoptionen zu erhöhen.«*

ARTHUR LEVITT
früherer Chef der US-Börsenaufsicht SEC

Die Wahrheit über die Gestaltung der Zahlen

Zahlen schaffen scheinbar Durchblick und Klarheit in einer komplexen Wirtschaftswelt. Sie sollen Auskunft über die wirtschaftliche Situation eines Unternehmens oder einer Volkswirtschaft geben und ebenso Vergleiche ermöglichen wie Entwicklungen transparent machen. Doch Wirtschaftszahlen stellen keine objektive Wahrheit dar, sondern sind abhängig von Interessen und können interpretiert werden. Und wenn sich Zahlen auf die Zukunft beziehen, ist immer Vorsicht angebracht. Die erschreckenden Zahlen über die demographische Entwicklung sind ein Beispiel: Je schlechter das unterstellte Zahlenverhältnis von Arbeitenden zu Rentnern und je länger der Prognosezeitraum, desto schrecklicher werden die Szenarien – aber desto schlechter sind die Zahlen auch zu überprüfen.

Auch wenn Privatpersonen eine Bilanz, einen Kassensturz machen, interpretieren sie ihre wirtschaftliche Situation. Wenn Sie zur Bank gehen und einen Hypothekenkredit für Ihr geplantes Wohneigentum wollen, müssen Sie in der Regel Ihre Einkommens- und Vermögensverhältnisse offenlegen. Sie wollen den Kredit, und Sie wollen möglichst günstige Konditionen für den Kredit. Deshalb werden Sie Ihre finanzielle Situation sinnvollerweise eher positiv darstellen.

Wenn Sie andererseits mit Zahlungs- oder Vermögensansprüchen konfrontiert sind, ob es sich um Taschengeldwünsche der Kinder oder um eine schwierige Scheidung handelt, werden Sie Ihre finanzielle Situation eher negativ darstellen.

Wohlgemerkt: Sie fälschen nicht die Zahlen, sondern stellen sie dar. Es hängt von Ihren jeweiligen Interessen ab, wie Sie Ihre Zahlen präsentieren, welche Sie in den Vordergrund stellen und welche eine Nebenrolle spielen.

In der Wirtschaft funktioniert es nicht anders. Unternehmenszahlen vermitteln den Eindruck, die unübersichtliche Marktentwicklung oder die wirtschaftliche Situation und die Aussichten eines Unternehmens nicht nur fassbar zu machen, sondern objektiv darzustellen. Wer als Manager gute Zahlen vorweist, macht sich unangreifbar. Er wird nach den Zahlen beurteilt und bezahlt. Deshalb werden für Manager die Zahlen, obwohl sie immer nur Teilaspekte der Unternehmenssituation abbilden, zur Realität selbst. Sie können sogar blind vor Risiken machen. Andererseits sorgen die völlig überzogenen Renditeerwartungen jenseits des gesamtwirtschaftlich Machbaren für enormen Druck in den Unternehmen, die vorgegebenen

Zahlen um jeden Preis zu erreichen. Was liegt da näher, als etwas nachzuhelfen und die Zahlen zu »gestalten«? Teilweise sind Finanzvorstände dabei ebenso kreativ wie die Designer und Entwickler eines Unternehmens. Denn bei der Aufbereitung des Zahlenwerks, der Bilanzierung, sind massive Interessen im Spiel. Bilanzen sind nicht Fakten, nicht die einzige, objektive Wahrheit, sondern Interpretationen der wirtschaftlichen Situation.

Von konkreten Interessen hängt es also ab, wie das abgelaufene Geschäftsjahr und die weitere Geschäftsentwicklung eines Unternehmens gegenüber den Eigentümern oder dem Finanzamt und – sofern das Unternehmen publizitätspflichtig ist – auch gegenüber der Öffentlichkeit dargestellt wird. Wenn ein Unternehmen frisches Kapital braucht, wird es wie eine Privatperson auf eine ausgesprochen positive Darstellung der Situation und auf einen optimistischen Ausblick Wert legen. Das gilt für eine Pommes-Bude ebenso wie für börsennotierte Gesellschaften.

Zuweilen macht es einen großen Unterschied im Zahlenwerk, ob die Unternehmensspitze schon länger in Amt und Würden ist und das Unternehmen weiterhin führen wird oder ob gerade ein neuer Chef installiert ist. Neue Vorstandschefs haben das Interesse, möglichst viele vorgebliche oder tatsächliche Altlasten ihrer Vorgänger möglichst schnell zu entsorgen, also auf einen Schlag alle eventuell kritischen Positionen als Verluste oder Risiken zu bilanzieren. Dann können sie später umso bessere Zahlen vorlegen. An der wirklichen Situation des Unternehmens ändert sich natürlich nichts, aber an der Darstellung.

Dieses »Phänomen neuer Chef« ist immer wieder zu besichtigen. Als Edzard Reuter, der frühere Chef der Daimler

Benz AG, für Jürgen Schrempp Platz machte, beerdigte der sogleich Reuters Strategie des integrierten Technologiekonzerns, schrieb Milliarden ab und baute anschließend seinen Welt-Autokonzern DaimlerChrysler, der freilich im Fiasko endete. Schrempp ging mit einer hohen Abfindung. Sein Nachfolger Zetsche beerdigte wiederum den Welt-Autokonzern DaimlerChrysler, schrieb ebenfalls Milliarden ab und kehrte zu den Wurzeln des Konzerns zurück, der jetzt Daimler AG heißt.

Auch für Volkswirtschaften, für ganze Staaten werden die Zahlen gestaltet und nach bestimmten Interessen aufbereitet. So ist die regelmäßig verkündete offizielle Preissteigerungsrate eine Durchschnittsgröße, die mehr verschleiert als erklärt. Oder nehmen wir das Wachstum und die Produktivitätsentwicklung der Industrieländer: Seit vielen Jahren gilt die US-Wirtschaft als viel produktiver als das angeblich stagnierende Europa. Dies war immer eines der Hauptargumente für die Deregulierung, für die Vorfahrtsregelung für Privatunternehmen auf allen Gebieten und besonders auf dem Arbeitsmarkt. Dabei ist das US-Wachstum und das Produktivitätswunder vor allem ein statistischer Trick: Das rechnerische Mehrprodukt an erzeugten Gütern und Dienstleistungen wird von US-Statistikern aufgebläht, indem die fallenden Preise von IT-Investitionen um die gestiegene Leistungskraft der Computer und Software korrigiert werden. Bekanntlich kosten ständig leistungsfähigere Computer immer weniger Geld. Deshalb steht hinter den wertmäßig langsam steigenden IT-Investitionen ein sprunghafter Anstieg in der Rechenleistung, was die US-Statistiker wiederum in massive Produktivitätssprünge übersetzen. Auf diese Weise wird der Wachstumsanteil des IT-Bereichs am Sozialprodukt verzwanzigfacht, hat das *Handelsblatt* am 9.3.2002 vorgerechnet. Niemand sonst auf der Welt rechnet so.

Nach der US-Rechenmethode, die das heute noch von McKinsey und anderen Beratern gefeierte US-Wirtschaftswachstum der letzten Jahre kräftig aufgebläht hat, wäre auch die deutsche Wirtschaft jährlich mindestens um 0,5 Prozent mehr gewachsen.

In der goldenen Zeit des deutschen Nachkriegs-Kapitalismus, als noch Patriarchen wie Flick, Quandt, Grundig oder Borgward ihre Unternehmen führten und Großbanken, Versicherungen und Industriekonzerne zur Deutschland AG verflochten waren, stand die langfristige Sicherung der Unternehmen und ihre Entwicklung im Vordergrund. Es gab wenig Transparenzvorschriften, keine Quartalsberichte, nicht den steten Druck der Börse nach immer höheren Gewinnerwartungen und keine jungen, ehrgeizigen und geldgierigen Analysten, die heute den Wirtschaftsbossen sagen, wo es langgeht.

Kurzfristige Gewinnerwartungen und die Entwicklung des Börsenkurses sind dagegen der Maßstab im Shareholder-Kapitalismus unserer Tage. Basis der Transaktionen an der Börse sind jeweils ganz wenige Zahlen eines Unternehmens, die dazu führen, dass der Kapitalmarkt über ein Unternehmen den Daumen hebt oder senkt. Das Unternehmen ist dem Druck des Kapitalmarktes auch dann ausgesetzt, wenn es nicht börsennotiert, sondern ganz in Familienbesitz ist. Über die Konkurrenz, über die Kreditgeber und auch über die Kunden wird der Druck der Zahlen weitergegeben. Zudem erleichtern sie die Vergleichbarkeit – auch innerhalb des Unternehmens.

Arthur Levitt, der frühere Chairman der US-Börsenaufsicht SEC, beklagte sich schon 1998 in einer berühmt gewordenen Rede am Center for Law and Business der New York University über den Druck, prognostizierte Zahlen zu erreichen:

»Das Problem des *earnings management*, der kreativen

Bilanzierung, ist nicht neu. Aber es ist extrem wichtig geworden in einem Kapitalmarkt, der nicht verzeiht, wenn Firmen ihre Zahlen nicht erreichen. Ich glaube, dass jeder in der Community der Finanzfachleute für ein Klima verantwortlich ist, in dem das *earnings management* immer wichtiger und gleichzeitig die Qualität des finanziellen Reporting immer schlechter wird (…). *Earnings management* resultiert aus dem Zwang, die Gewinnprognosen zu erreichen oder zu übertreffen, mit dem Ziel, die Marktkapitalisierung zu steigern und den Wert der Aktienoptionen zu erhöhen.«[10]

Levitt hielt seine Rede ein paar Jahre, bevor die Exzesse des Börsen- und Internet-Booms nach der Jahrtausendwende in großen Zusammenbrüchen endeten, Abertausende Anleger ihrer Ersparnisse beraubt und um ihre Betriebsrenten betrogen wurden und einige Konzernchefs in den USA hinter Gitter wanderten.

Seitdem haben die Aufsichts- und Regulierungsbehörden die Bilanzierungs- und Transparenzvorschriften verschärft und eine Vielzahl von kreativen Gestaltungsmöglichkeiten eingeschränkt. So müssen Aktienoptionen zum Zeitpunkt ihrer Ausgabe ebenso als Kosten verbucht werden wie etwa Löhne und Gehälter. Die Geschäftsbeziehungen zwischen den beauftragten Wirtschaftsprüfern und den von ihnen zu prüfenden Unternehmen stehen unter schärferer Beobachtung. Auf Wirtschaftsprüfung spezialisierte Gesellschaften mussten sich von ihren IT- und Beratungssparten trennen, um künftig Interessenkonflikte aufgrund vielfältiger Geschäftsbeziehungen mit den zu prüfenden Gesellschaften zu vermeiden.

Die jüngste Finanzkrise zeigt aber, dass die kreative Bilanzierung weitergeht. Denn bilanzielle Gestaltungsmöglichkeiten und Ermessensspielräume finden sich noch immer. Solche

Optionen können durchaus sinnvoll sein: Zum Beispiel müssen für die Entwicklung des Unternehmens unter bestimmten Bedingungen Rückstellungen möglich sein – was aber wieder Gestaltungen und damit auch Missbrauch ermöglicht.

Wer ein schlechtes Geschäftsjahr besser aussehen lassen will, damit die Aktie nicht abstürzt, damit die Analysten und die Wirtschaftspresse nicht den Daumen über das Unternehmen senken, damit Arbeitsplätze und Kundenbeziehungen nicht unnötig aufs Spiel gesetzt werden und damit der eigene Bonus nicht gefährdet wird, kann das weiterhin tun – innerhalb bestimmter Grenzen. Und wer mit krimineller Energie die Öffentlichkeit, die Beschäftigten und die Aktionäre betrügen will, wird das auch weiterhin versuchen.

Doch die Vorstellung, dass es aufgemotzte Zahlen für die interessierte Öffentlichkeit und daneben »echte«, »harte« Zahlen für die interne Steuerung gibt, ist meistens falsch. Was in Präsentationen, Pressemitteilungen und Vorabmeldungen dargestellt wird, ist sicher nicht die ganze Wahrheit, sondern eine Teilmenge des Zahlenwerks. Es sind in der Regel nach Interesse ausgesuchte und aufbereitete Zahlen, die ein bestimmtes, meist positives Bild vermitteln sollen. Aber sie sind nicht gefälscht – von Ausnahmen abgesehen wie dem inzwischen untergegangenen Energiekonzern Enron in den USA, dem Maschinenbauer Flowtex oder der Softwarefirma Comroad in Deutschland.

Kennzahlen verschönern das Ergebnis

Unternehmen werden von erfolgreichen Bossen, von Alpha-Tieren geführt. Die sind es nicht gewohnt zu verlieren. Wenn ein Auftrag nicht kommt und deswegen Analystenschätzungen oder eigene Prognosen kaum erreichbar sind, werden die entsprechenden Kennzahlen eben gestaltet.

In den deutschen und internationalen Wirtschaftsveröffentlichungen herrscht eine wahre Flut von Kennzahlen, mit deren Hilfe die interessierte Öffentlichkeit, Anleger und Mitarbeiter informiert – oder besser: systematisch desinformiert – werden sollen. Kennzahlen sollen Transparenz und Vergleichbarkeit schaffen. In der Praxis bewirken sie oft genau das Gegenteil. Kennzahlen sollen die Stärke der Unternehmen in ihrem Geschäft demonstrieren. Aber was unter dem Strich von der Geschäftstätigkeit übrig bleibt, der Konzernüberschuss, steht oft nur im Kleingedruckten.

Gern präsentieren die Vorstände und ihre Finanzgenies den Gewinn aus der laufenden Geschäftstätigkeit, dem operativen Geschäft, ohne die Einbeziehung von Sondereinflüssen, zu zahlenden Steuern und Kapitalzinsen – eine Kennzahl, die im Englischen mit der Abkürzung EBIT (*earnings before interests and taxes*, wörtlich: Einnahmen vor Zinsen und Steuern) bezeichnet wird. Die Begründung erscheint einleuchtend. Es soll transparent gemacht werden, wie es um das eigentliche Geschäft steht: Wächst es? Steigt der Gewinn? Wie sieht die Gewinnmarge im operativen Geschäft im Vergleich zum Vorquartal, zum Vorjahr und im Vergleich zur Konkurrenz aus? Externe Faktoren wie Besteuerung, Zinsbelastungen oder außerordentliche (einmalige) Kosten und Aufwendungen haben nichts mit der reinen Geschäftstätigkeit zu tun und könnten den Blick darauf trüben, wie es um die Qualität des Geschäfts bestellt ist.

Aber diese Praxis eröffnet viel Raum für kreative Gestaltung. An all diesen Positionen oder Stellschrauben lässt sich drehen, ebenso an der Abgrenzung des operativen Geschäfts. Deshalb ist der Vergleich dieser Kennzahlen über die Profitabilität der Geschäftstätigkeit erst aussagekräftig, wenn auch das Kleingedruckte berücksichtigt wird – nämlich was die einzelnen Zahlen genau bezeichnen.

Kreative Gestaltung der Zahlen – eine Auswahl

Wann ist ein Geschäft zu Umsatz geworden?

In den Unternehmen gibt es viele, die ein Interesse daran haben, dass ein Umsatz möglichst früh verbucht wird. Denn davon hängen die Erreichung interner Ziele und die Zahlung von Boni und Provisionen ab. Die Verschärfung der internationalen Bilanzierungsvorschriften vor wenigen Jahren hat dabei wenigstens die schlimmsten Auswüchse und Bilanzmanipulationen eingedämmt, denn davor wurden Umsätze teilweise schon verbucht, bevor die Verkäufe komplett abgeschlossen waren, bevor das Produkt an den Kunden geliefert war oder auch wenn der Kunde noch ein Rückgabe- oder Rücktrittsrecht hatte. So hatte ein Telekom-Ausrüster Nebenverträge mit Kunden gemacht und ihnen dabei Rabatt für spätere Software-Käufe eingeräumt. Für diese künftigen Geschäfte gab es noch nicht einmal ein Datum. Sie wurden aber trotzdem als Umsatz verbucht. Kompliziert ist auch die Verbuchung von Umsätzen in der Autoindustrie, der Computerbranche oder der Konsumelektronik: Hier gibt es oft Anreizsysteme für Großkunden – zum Beispiel Großhändler, Autoverleiher oder Leasingfirmen –, damit die noch vor Quartalsende große Orders erteilen. Wenn dabei ein Rückgaberecht eingeräumt wird und die Produkte noch beim Hersteller auf dessen Kosten auf Lager sind, können diese Geschäfte nicht mehr wie früher als Umsatz verbucht werden.

Manchmal werden Umsätze künstlich aufgebläht, indem in die Vertriebskanäle mehr Produkte gedrückt werden, als die Vertriebspartner absetzen können. Die langfristigen Konsequenzen: Unverkäufliche Produkte gehen zurück, der Lagerbestand steigt, es entsteht ein grauer Markt für die Produkte, die Marktpreise und damit die Profite fallen. Große Handelsketten können ihrerseits die Lieferanten erpressen, indem sie Großaufträge erst kurz vor Quartalsende plazieren und dafür Extra-Rabatte erzwingen.

Laufende Kosten kreativ verbuchen

Auch bei den laufenden Kosten eines Geschäfts lässt sich tricksen: So können Ausgaben verzögert und auf die Jahre verteilt werden. Beschaffungskosten für Vorprodukte, die im Lager auf die weitere Verarbeitung warten, müssen so lange nicht als laufende Kosten verbucht werden, wie das Endprodukt nicht verkauft ist. Völlig legal können Garantie- und Gewährleistungskosten für etwaige Kundenansprüche eher niedrig angesetzt werden, um eine bessere Kostenposition zu haben. Manchmal besteht auch die Versuchung, Standard-Reparaturen als Anlageinvestitionen zu verbuchen. Das Geld ist zwar ausgegeben, aber die laufenden Kosten sind auf dem Papier gesenkt. So handhabe es die US-Telekomfirma MCI Worldcom im großen Maßstab mit den Kosten für die Wartung ihrer Datennetze. Genutzt hat es nicht: Das Unternehmen ist pleitegegangen.

Immaterielle Vermögenswerte helfen Kosten senken

Eine schöne Stellschraube zur Kostensenkung auf dem Papier ist die sogenannte Aktivierung immaterieller Vermögenswerte. Damit werden Ausgaben, etwa Entwicklungsaufwendungen für neue Produkte oder für intern entwickelte Software, zu Bestandteilen des Bilanzvermögens und steigern nicht mehr die Kosten.

Gewinnsteuerung durch Lagerbewertung

Mit Hilfe der Bewertung von Lagerbeständen können Finanzvorstände den Gewinn massiv steuern, indem sie belastende Abschreibungen unterlassen und damit das Umlaufvermögen zu hoch ansetzen. In Branchen, deren Geschäft stark zyklisch ist, ist dieses Spiel besonders beliebt. Nach den Bilanzierungsvorschriften sollen die Lagerbestände – ob Autos, Chips oder Halbfertigteile – marktnah bewertet werden. Aber auch dafür gibt es Spielraum, wie Infineon, die frühere Halbleitersparte von Siemens, demonstriert hat. Die Lagerbestände bei Infineon hatten sich von Herbst 1999 bis zum Frühjahr 2001 um 60 Prozent auf knapp 1,1 Milliarden Euro erhöht. Infineon hatte auf Lager produziert, aber trotz eines massiven Preisverfalls bei Speicherchips keine Abschreibungen vorgenommen. Im Juni 2001 meldete das Unternehmen dann plötzlich 600 Millionen Euro Verluste. Da erläuterte die Konzernspitze, dass davon über 200 Millionen Euro auf Abschreibungen von Lagerbeständen entfielen. Im März 2001, als die Abschreibung auf die zu hoch bewerteten Chips auf Lager längst überfällig war, lag Infineons Aktienkurs noch bei 49 Euro; er stürzte dann bis Oktober 2001 auf 13 Euro. Vom Ausgabepreis von 35 Euro beim Börsengang im März 2000 über einen kurzen Höchststand von 92 Euro im Juni 2000 ist der Kurs auf unter 5 Euro im Sommer 2008 stetig abgestürzt.

Kosten verstecken durch »Sondereinflüsse«

Findige Unternehmen können laufende Kosten als Sondereinflüsse verkleiden und so das Betriebsergebnis schönen. Denn Sondereinflüsse sind nach den Bilanzierungsvorschriften eigentlich Geschäftsvorfälle, die nur einmalig oder ganz selten das Konzernergebnis belasten oder auch mal verbessern. Aber je nach Geschäftslage und der vom Vorstand erwarteten künftigen Geschäftsentwicklung können Sondereinflüsse mehr oder weniger aufgebläht werden.

So helfen hohe einmalige Restrukturierungsaufwendungen den Firmen, ihre Bilanz aufzuputzen. Der Grund: Der Kapitalmarkt, die Börse bewertet die künftige Gewinnentwicklung. Börsenkurse sind eine Aussage der Börsenteilnehmer über die Zukunft, die Wachstums- und Gewinnerwartungen. Einmalaufwendungen bleiben dabei in der Regel außer Betracht, weil sie eben einmalig, auf eine bestimmte Geschäftsentscheidung wie eine Werksschließung bezogen sind und in Zukunft nicht mehr vorkommen. Deswegen setzen Finanzchefs Restrukturierungsaufwendungen eher konservativ mit einem Extrapolster an. Wenn die künftigen Gewinne hinter den Prognosen zurückbleiben, werden die Restrukturierungsaufwendungen auf wunderbare Weise als Einnahmen wiedergeboren.

Unter Ausnutzung der Ermessensspielräume werden immer wieder Kosten der laufenden Geschäftstätigkeit als einmaliger Aufwand verbucht. Am Ergebnis ändert das nichts, aber das laufende Geschäft sieht dadurch profitabler aus, als es eigentlich ist. Junge Hightech-Firmen mit wenig Umsatz und hohen laufenden Kosten nutzen diese Spielräume, um sich profitabler darzustellen, als sie tatsächlich sind. Der Internet-Versender Amazon war für diese Bilanzierungspraxis berüchtigt.

Es geht natürlich auch andersherum: Wenn die Geschäfte glänzend laufen, aber die künftige Geschäftsentwicklung mit Unsicherheiten behaftet ist, lassen sich durchaus Extra-Abschreibungen und Rückstellungen tätigen. Die können dann bei schlechterem Geschäftsgang je nach Bedarf wieder aufgelöst werden. Der Effekt: Die Gewinnentwicklung und das Ergebnis werden verschönert und verstetigt.

»Vermischte Keksdosen-Reserven« nannte Arthur Levitt, der schon zitierte frühere Chef der US-Börsenaufsicht, diesen Trick.

In guten Zeiten stopfen die Finanzchefs Einnahmen in die Keksdosen und holen sie in schlechten Zeiten wieder heraus. Zu diesem Spiel gehören auch unrealistisch hohe Annahmen zur Abschätzung künftiger Verpflichtungen für Garantiekosten, für Kreditverluste oder Umtauschaktionen. So wollte ein Franchisegeber im Fastfood-Geschäft seinen Franchisenehmern die Kosten von Küchenspülen erstatten, die noch nicht einmal gekauft waren. Dafür machte das Unternehmen Sonderrückstellungen. Zur selben Zeit kündigte es ein Gewinnwachstum von 15 Prozent an.

Das ist alles legal, entspricht den Vorschriften der Rechnungslegung und wird von den Wirtschaftsprüfern testiert. Deutsche Bilanzierungsexperten schätzen, dass unter dem Druck der Börse mit ihren hohen Gewinnerwartungen das operative Ergebnis in der Regel geschönt wird, indem laufende Kosten als außerordentliche Aufwendungen verbucht werden. Dagegen ist die Praxis weniger verbreitet, sich arm zu rechnen, indem Gewinne aus dem laufenden Geschäft als außerordentliche Erträge verbucht werden.

Man sieht: Die Zahlen, die eigentlich etwas über die Qualität des laufenden Geschäfts aussagen sollen, können durch Einmalaufwendungen massiv manipuliert werden.

Sich arm rechnen – ein beliebter Trick

Um hohe Dividendenausschüttungen zu vermeiden oder um mögliche Aufkäufer mit einem scheinbar niedrigen Kassenbestand abzuschrecken, parken Finanzchefs von gut verdienenden Konzernen liquide Mittel aus der prall gefüllten Kasse gerne bei Minderheitsbeteiligungen, die nicht in der Konzernbilanz auftauchen. Der Eon-Konzern soll das lange praktiziert haben (*Wirtschaftswoche* 33, 2001). Das schreckt mögliche Aufkäufer ab und dämpft die Ansprüche der Aktionäre. Dasselbe Ziel kann über konzerninterne Verrechnungspreise[11] erreicht werden, indem bei den Tochtergesellschaften besonders hohe Gewinne anfallen. Die tauchen dann zwar in der Konzernbilanz wieder auf, aber die Gewinnausschüttung an die Aktionäre richtet sich nach deutschem Recht nach dem Einzelabschluss der Konzernmutter. Beliebt ist diese Praxis auch bei börsennotierten Unternehmen, an denen ein Familienclan die Mehrheitsanteile hat.

Auch was zum operativen Geschäft zählt und was nicht, lässt sich besonders in großen Unternehmen mit verschiedenen Geschäftsfeldern je nach Absicht und Interesse der Vorstände durchaus unterschiedlich darstellen: So hat Siemens in den letzten Jahren immer größere Teile des Geschäftes – vor allem die Kommunikationssparte – nicht mehr unter dem operativen Geschäft verbucht, sondern als nicht fortgeführte Aktivitäten. Damit hatte das operative Geschäft auf einen Schlag ca. 25 Prozent weniger Umsatz, aber es war viel profitabler. Der glückliche Effekt dieser Bilanzoperationen für die Vorstände: Da die variablen Einkommensbestandteile an ihrem Gesamthonorar häufig an der Entwicklung des operativen Geschäfts gemessen werden, steigert die Eliminierung dieser eher unprofitablen Geschäfte aus der Berechnungsbasis ihre Boni.

Wie die Finanzskandale um die Sachsen LB und die IKB gezeigt haben, war es auch bei Banken bislang Methode, Problemfälle oder mögliche Probleme in nicht konsolidierte Tochterfirmen zu verlagern – immer nach der Methode »Raus aus der Bilanz«. Die Pikanterie dabei: Das außerbilanzielle Geschäft dieser Banken mit ihren Fonds etc. in Irland und sonstigen Steuerparadiesen war viel größer als das sogenannte Kerngeschäft.

Pro-forma-Kennzahlen – Hokuspokus der Vorstände

Kennzahlen, die ein hypothetisches Bild des Geschäfts vermitteln sollen nach der Devise: »Was wäre, wenn?«, bezeichnen Finanzfachleute als Pro-forma-Kennzahlen. Kennzahlen wie EBIT (Ergebnis vor Zinsen und Steuern) oder EBITDA (EBIT-Ergebnis ohne Abschreibungen auf Sachanlagen und auf immaterielle Vermögenswerte) sind Ergebnisgrößen, die um mehr oder weniger viele Aufwendungen und Erträge bereinigt wurden. Sie sind fester Bestandteil der öffentlichen Berichterstattung der Unternehmen, der Pressemitteilungen etc. Sie gehören aber nicht zu den nationalen und internationalen Rechnungslegungsstandards. Warren Buffet, der amerikanische Investment-Guru und einer der reichsten Männer der Welt, sagte zur Qualität dieser Pro-forma-Kennzahlen: »Das ist, als ob jemand einen Pfeil abschießt und erst nach der Landung die Zielscheibe drum herum malt.«

Dennoch gehören diese Kennzahlen zu den wesentlichen internen Steuerungsinstrumenten der Unternehmen und sind Basis für die variable Vergütung der Manager. So wird bei Firmen, die andere Unternehmen übernehmen und dafür hohe Preise bezahlen, gerne die Kennzahl EBITDA verwendet. Besonders in den immateriellen Vermögenswerten steckt viel Geld – der sogenannte Goodwill, die Differenz zwischen dem Substanzvermögen einer übernommenen Firma und dem Preis, der tatsächlich für die übernommene Firma gezahlt wurde. Ob der Preis angemessen war, weiß man erst nach Jahren – eine extreme Stellschraube für die Bilanzpolitik. Denn nach den internationalen Bilanzierungsvorschriften muss der Goodwill nicht mehr abgeschrieben werden, und das steigert spürbar den Gewinn. Allerdings ist jährlich die Werthaltigkeit dieses Goodwills zu überprüfen.

Als im Jahr 2000 die britische Vodafone die Mannesmann AG schluckte, um sich deren Mobilfunkgeschäft einzuverleiben, zahlte Vodafone dafür den stolzen Preis von ca. 190 Milliarden Euro in Aktien. Davon entfiel der kleinste Teil auf den Substanzwert von Mannesmann, der größte Teil – 150 Milliarden Euro – war Goodwill, die Erwartung künftiger Gewinne. Vodafone musste im Frühjahr 2006 schließlich die riesige Summe von 41 Milliarden Euro einmalig abschreiben. Doch die Briten hatten die Jahre zuvor mit Gewinnzahlen operiert, die entsprechend den Bilanzierungsstandards die Abschreibungen ausklammerten – als ob der irrsinnig hohe Kaufpreis keinen negativen Einfluss auf das Ergebnis hatte. Vodafone hatte den Kauf zwar mit Papiergeld, mit eigenen Aktien bezahlt. Der Verlust aufgrund der Abschreibung war deswegen nur ein Buchverlust. Aber richtiges Geld verloren haben die Vodafone-Aktionäre und die britischen Pensionsfonds, die die Aktie zu Höchstkursen gekauft hatten (*Financial Times*, 2.5.2008).

Neue Spielregeln durch Änderung der Bilanzierungspraxis

Die Umstellung des Zahlenwerks ist eine weitere Methode, die Vergleichbarkeit zu erschweren und die Situation eines Unternehmens besser darzustellen. Es ist so, als ob im laufenden Spiel die Spielregeln verändert würden. So aktivierte Siemens 2001 nach der Übernahme eines Teils des Industriegeschäfts von Mannesmann (darunter VDO, das später an Continental gegangen ist) einen Geschäftswert von 1,9 Milliarden Euro in der Bilanz für diese Übernahme. Den Abschreibungszeitraum setzte das Unternehmen jedoch gleich auf vierzig Jahre an – üblich sind fünfzehn bis zwanzig Jahre. Ergebnis der durchaus legalen Bilanzkosmetik: Der Konzerngewinn stieg auf dem Papier jährlich um 79 Millionen Euro.

Änderungen der Bilanzierungspraxis haben auch die wahre Situation eines führenden US-Hypothekenfinanzierers verschleiert, der im Geschäft mit sogenannten Schrotthypotheken engagiert war. Nach einem Untersuchungsbericht im Auftrag des US-Justizministeriums haben die Wirtschaftsprüfer von KPMG beim inzwischen bankrotten US-Hypothekenfinanzierer New Century Financial bei Bilanzmanipulationen geholfen (*Handelsblatt*, 28.3.2008). Das Unternehmen hatte bei verschlechterter Geschäftslage die Rücklagen für Hypotheken-Rückkäufe reduziert und dazu mit Zustimmung der Wirtschaftsprüfer von KPMG die bisherige Bilanzierungspraxis geändert. Resultat: Statt Verluste wurden Gewinne ausgewiesen. Auf diese Weise konnte das Management noch fette Boni kassieren. Im April 2007 meldete die Firma dann Insolvenz an. Das war der Beginn der US-Hypothekenkrise.

Von der Zahlenpflege zum Wirtschaftsverbrechen

Es gibt viele Gründe und – wie gezeigt – auch viele Möglichkeiten, bei der Gestaltung des Zahlenwerks die Ermessensspielräume maximal zu nutzen und somit Zahlenpflege zu betreiben. Das hat nichts mit Betrug zu tun, sondern ist völlig legal. Angesichts des Drucks der Investoren und der internen Forderungen wäre es naiv zu erwarten, dass die Finanzabteilung eines Konzerns diese Möglichkeiten nicht nutzt.

Allerdings gibt es Unterschiede. Manche dargestellten Bilanzierungspraktiken sind grenzwertig – man spricht auch von *borderline accounting*. Und dann gibt es den echten Betrug mit fiktiven Umsätzen, fiktiven Kunden oder mit Kosten, die auf wunderbare Weise aus der Bilanz verschwunden sind und somit den Gewinn aufhübschen.

Der US-amerikanische Ökonom und Publizist Paul Krugman stellte die kriminellen Exzesse einiger Unternehmen der New Economy[12] an dem einfachen Beispiel eines Eissalons dar (*New York Times*, 28.6.2002, Übersetzung durch Autor):

»Sie sind Chef eines Eissalons. Das ist nicht sehr profitabel. Wie können Sie reich werden? Die großen Unternehmensskandale zeigen unterschiedliche Strategien für die Selbstbereicherung der Chefs.
Zuerst die Enron-Strategie: Sie machen Verträge mit Kunden, wonach Sie denen die nächsten dreißig Jahre täglich eine Eistüte liefern. Sie kalkulieren die Kosten der täg-

lichen Lieferung bewusst zu niedrig. Dann verbuchen Sie alle projektierten Profite für die Eiskremverkäufe der nächsten dreißig Jahre als Teil des diesjährigen Geschäftsergebnisses. Plötzlich haben Sie ein hochprofitables Geschäft. Sie können Aktien Ihres Eissalons zu überteuerten Preisen verkaufen.

Dann die Dynegy-Strategie: Eiskremverkäufe bringen nicht viel ein, aber Sie überzeugen Investoren, dass das Geschäft in Zukunft hochprofitabel sein wird. Dann machen Sie einen Deal mit einem anderen Eissalon auf der Straße. Sie verkaufen einander täglich Hunderte von Eishörnchen. Besser gesagt: Sie geben vor, zu kaufen und zu verkaufen – denn man muss sich nicht die Mühe machen, täglich Hunderte von Eishörnchen hin- und herzutransportieren. Das Ergebnis ist, dass Sie ein Big Player in einem aufstrebenden Geschäft zu sein scheinen. Sie können nun Aktien zu überteuerten Preisen verkaufen.

Die Adelphia-Strategie: Sie machen Verträge mit Kunden und bringen die Investoren dazu, auf das Vertragsvolumen und nicht auf die Profitabilität zu schauen. Sie machen keine Scheinverkäufe. Diesmal erfinden Sie Massen von fiktiven Kunden. Weil die Kundenbasis so schnell wächst, vergeben die Analysten Bestnoten. Sie können Aktien zu überteuerten Preisen verkaufen.

Schließlich die Worldcom-Strategie: Sie zaubern keine imaginären Umsätze oder Kunden. Sie lassen diesmal Kosten verschwinden, indem Sie die laufenden Geschäftskosten wie Zucker, Sirup, Sahne etc. als Kaufpreis für einen neuen Kühlschrank verbuchen. So sieht das wenig profitable Geschäft auf dem Papier plötzlich hochprofitabel aus. Denn Ihr geborgtes Geld wird scheinbar nur für den einmaligen

Kauf eines neuen Kühlschranks gebraucht. Auch jetzt können Sie Aktien zu überteuerten Preisen verkaufen (40 Prozent der angeblichen Investitionen von Worldcom im Jahr 2001 waren eigentlich laufende Kosten).«

Die meisten Firmen sind ehrlich. Aber Vorstände, die betrügen wollen, stoßen auf erschreckend wenige Hindernisse. Das hat mit der mangelhaften Kontrolle durch die Unternehmensaufsicht zu tun. Und es liegt an den Wirtschaftsprüfern, die eigentlich der Gesellschaft, den Eigentümern und den Beschäftigten verpflichtet sind, die aber wegen der lukrativen Mandate oft nicht genau hinschauen.

Tunnelblick: Fehlsteuerungen durch Kennzahlen

Die bilanzielle Gestaltung von Zahlen ist eine Seite der Medaille, die andere ist die praktische Unternehmenssteuerung mit Hilfe von Kennzahlen. Großunternehmen werden oft nur nach wenigen Zahlen gesteuert. Kennzahlen sind zwar abstrahiertes Wissen über ein Unternehmen, und sie helfen dabei, Abweichungen und Unregelmäßigkeiten festzustellen. Wenn Kennzahlen deutlich schlechter ausfallen als in vergleichbaren Unternehmen oder vergleichbaren Abteilungen, dann liefert das Hinweise auf Probleme. Aber nicht alles in einem Unternehmen ist quantifizierbar, ist in Kennzahlen zu fassen. Das gilt besonders für so wichtige Felder wie Technologien und Innovationen, an denen sich die Zukunft eines Unternehmens entscheidet.

Kennzahlen reduzieren die Komplexität. Sie sollen alle Mitarbeiter im Unternehmen auf allen Ebenen zu Anstrengungen ermuntern, wenn vorgegebene Zahlen (noch) nicht erreicht sind. Aber Unternehmen sind komplexe Organisationen mit unterschiedlichsten Produkten, Prozessen und Abläufen. Da kann der Tunnelblick auf wenige Kennzahlen schnell zu Fehlsteuerungen führen. Und weil die Einkommen der Mitarbeiter – nicht nur im Vertrieb – zunehmend von der Erreichung der Zahlen abhängig sind, verstärken sich die Fehlanreize, werden unternehmerische Fehlentscheidungen getroffen und Werte im Unternehmen vernichtet.

Verlangt der Vorstand mehr Wachstum in Form von mehr Umsatz, dann kann das ganz schnell auf die Preise für die Produkte und Dienstleistungen des Unternehmens und damit auf den Gewinn gehen. Ist die Gewinnmarge die alles bestimmende Kennzahl, unterbleiben womöglich nötige Investitionen oder werden nach hinten geschoben. Vielleicht werden Aufträge abgelehnt, die Deckungsbeitrag liefern, also die fixen Kosten wieder einspielen, aber nicht die geforderte Marge bringen. Steht die Reduzierung des in Lager und Vorprodukten gebundenen Kapitals im Fokus, kann das die Lieferfähigkeit beeinträchtigen, oder es kann zu Stockungen im Produktionsablauf kommen.

Wie sehr die Jagd nach den Zahlen, das Erreichen der Monats-, Quartals-, Halbjahres- oder Jahresziele die Prozesse und Abläufe, die Kultur in den Unternehmen deformiert, davon können viele Beschäftigte ein Lied singen. Da müssen Aufträge vor dem Bilanzierungstermin unbedingt noch raus, koste es, was es wolle. Teure Extra-Schichten und Überstunden werden angeordnet, nicht etwa weil es der Kunde verlangt, sondern damit die Zahlen zum Stichtag stimmen. In der deutschen Tochter der US-Computerfirma Digital Equipment hatten sich die gut bezahlten Vertriebsmitarbeiter fest darauf eingerichtet, dass das Unternehmen wenige Wochen vor Quartalsschluss

Anreize mit Turboprämien auslobte. Das sollte die Umsätze hochtreiben. Das Spiel funktionierte – aber anders als geplant: Die Vertriebsmitarbeiter bunkerten ihre Aufträge, um sie dann vor Quartalsende aus der Schublade zu ziehen.

Auch die Mitarbeiter – angeblich das höchste Gut im Unternehmen – verkörpern meist nur eine Kennzahl, die der Personalkosten. Je weniger Beschäftigte bzw. Personalkosten im Verhältnis zum Umsatz, desto besser nach dieser Logik. Gern wird etwa die Produktivität von Autoherstellern auf der Basis der Pro-Kopf-Stückzahlen verglichen. Die Goldmedaille geht an den Hersteller mit der höchsten Pro-Kopf-Stückzahl. Das erhöht den Druck zur weiteren Rationalisierung der Prozesse und zu weiteren Auslagerungen von bislang unternehmensinternen Fertigungsteilen.

Externe Dienstleister, Leiharbeiter und Selbständige mit Werkvertrag gehen oft nicht in die Personalkosten ein. Sie werden als Sachkosten wie Strom oder Material unter Agenturaufwand verbucht. Durch Umstellung auf Leiharbeit und Werkverträge verbessert sich die Kennzahl des Pro-Kopf-Umsatzes. Daher bringt jede Restrukturierung in einem Unternehmen nicht nur den fast schon üblichen Personalabbau, sondern bedeutet gleichzeitig höhere Kosten für Dienstleister, Leiharbeiter und Werkverträge. Denn mit dem Personalabbau ist ja nicht die Arbeit weg, die internen Abläufe sind nicht auf einen Schlag effizienter. Vielmehr muss an anderer Stelle wieder Personal geheuert werden. Und wenn nach den Vorgaben des Vorstands die Zahl der Leiharbeiter am Stichtag beispielsweise nur 3 Prozent betragen darf, dann werden eben die Verträge der unteren Ebenen mit den Zeitarbeitsfirmen so gestaltet, dass rechtzeitig vor dem Stichtag ein Teil der Leiharbeiter die Firma verlässt und wenig später zurückkommt.

Kennzahlen werden oft falsch berechnet oder falsch interpretiert – zu Lasten des Unternehmens und der Mitarbeiter. Unternehmenswerte werden dadurch zerstört. Ein Beispiel ist die Kennzahl Geschäftswertbeitrag oder EVA (*economic value added*). In diese in vielen Unternehmen verwendete Kennzahl gehen die durchschnittlichen Kapitalkosten ein, dazu ein Risikozuschlag für das jeweilige Geschäft. Die an sich plausible Forderung: Jedes Geschäft soll mindestens seine Kapitalkosten verdienen, also die Kosten einer externen Finanzierung wieder einbringen. Dazu wird der Profit eines Geschäftes mit einem festgesetzten Geschäftswertbeitrag verglichen. Wenn der Profit unter dem vom Vorstand geforderten Geschäftswertbeitrag liegt, bedeutet das in der Interpretation der Chefetage: Das Geschäft oder das Produkt verdient nicht einmal seine Kapitalkosten. Es ist besser, das Kapital gewinnbringender anderswo anzulegen.

Diese Kennzahl Geschäftswertbeitrag entscheidet damit über Investitionen und Übernahmen, aber ebenso über Desinvestitionen, den Ausstieg aus Geschäften. Das kann dazu führen, dass Geschäfte abgestoßen werden oder beantragte Investitionen unterbleiben, weil die vom Management geforderte Mindestrendite nicht erreicht wird.

Das Problem: Wenn die Basisannahmen nicht stimmen, sind die Entscheidungen ein Lotteriespiel. Denn die Krux an der Sache ist, wie der Geschäftswertbeitrag ermittelt wird – meist aus den Renditezahlen der Vergangenheit mit einer Kapitalverzinsung von beispielsweise 15 Prozent und mehr. Aber mit Renditezahlen aus der Vergangenheit lassen sich nicht die wirklichen Risiken, die tatsächlichen Kapitalkosten ableiten. Denn solche hohen Renditen gab es zwar am Aktienmarkt, aber nur wegen des zeitweilig besonders niedrigen

Zinsniveaus und der entsprechend hohen Aktienbewertung. Solche Renditeerwartungen führen häufig dazu, dass sinnvolle Investitionen unterbleiben.

Trotzdem wollen viele Vorstände auf längere Sicht völlig unrealistische Renditen von 12 bis 15 Prozent sehen. So die Allianz-Gruppe, die im Herbst 2007 15 Prozent Rendite als Ziel ausgab. Damit will der Konzern das Doppelte seiner Kapitalkosten verdienen. Denn die liegen bei einem sicheren Geschäft ohne extreme Risiken bei 7 bis 8 Prozent, weit mehr als bei einer Festgeldanlage. Die Allianz setzt wie viele andere deutsche Unternehmen auf Gewinnmarge vor Umsatz und investiert entsprechend wenig. Aber das kann nicht funktionieren, weil die Konkurrenz nicht schläft und investiert, solange die Kapitalkosten verdient werden – immer nach der Devise: »Lieber 1000 Euro Umsatz mit 8 Prozent Gewinn als 100 Euro Umsatz mit 15 Prozent Gewinn.«

Doch die Allianz ist kein Einzelfall. Aufgrund der irrsinnigen Renditeziele in der deutschen Wirtschaft unterbleiben Erweiterungsinvestitionen, aber auch Investitionen in die Erhaltung der Anlagen und des Maschinenparks, weil sie als nicht rentabel gelten.[13] Während die Gewinne ständig weiter stiegen, blieben die Investitionen seit den achtziger Jahren dahinter immer weiter zurück. Das hat Wachstum, Arbeitsplätze und letztlich Substanz gekostet.[14] Dafür hat diese Vernichtung von Werten viel Bares in die Kassen gespült, das dann im großen Stil zum Beispiel für den Rückkauf eigener Aktien eingesetzt wird. Statt den realen Unternehmenswert zu steigern, wird der Börsenwert spekulativ hochgetrieben.

Aktienrückkauf:
Weg mit dem vielen Geld in der Kasse!

Aktienrückkäufe sind eine beliebte Methode, um den Börsenkurs zu steigern und damit die Aktionäre zufriedenzustellen, aber auch um an den Vorteil der Vorstandsmitglieder zu denken. Wenn die Zahl der am Markt gehandelten Aktien des Unternehmens kleiner wird, verteilt sich der Gewinn auf weniger Aktien. Damit steigt der Unternehmensgewinn pro Aktie. Zudem machen Unternehmen durch den Kauf eigener Aktien eine feindliche Übernahme weniger attraktiv, weil der verlockende Kassenbestand sinkt und die Verschuldung im Verhältnis zum Eigenkapital steigt. Außerdem können eigene Aktien als Tauschwährung bei Unternehmensübernahmen eingesetzt werden.

Deshalb hat sich in Zeiten des Shareholder-Kapitalismus der Rückkauf eigener Aktien fast zu einem eigenen Geschäftszweig vieler börsennotierter Unternehmen entwickelt. Die Gewinnexplosion hat viel überschüssiges Kapital in die Firmenkassen gespült. Aus diesem Grund wird neben der Auszahlung der Dividende ein weiterer Teil des Kassenbestands an die Aktionäre ausgeschüttet, indem regelmäßig ein gewisser Prozentsatz der Aktien des Unternehmens vom Markt genommen wird.

In den letzten Jahren haben die meisten im Dax notierten Kapitalgesellschaften eigene Aktien vom Markt genommen. In Deutschland sind solche Sonderausschüttungen für die Aktionäre noch relativ neu. Bis 1998 waren sie sogar gesetzlich verboten. Die Philosophie hinter der früheren Rechtslage: Der Fortbestand und das Wachstum des Unternehmens stehen über den Interessen der Aktionäre und der oft mit Aktien vergüteten

Vorstände. Im Shareholder-Kapitalismus dagegen sind Aktienrückkäufe seit langem eine gängige, aber oft kritisierte Praxis. Durch den Aktienrückkäuf steigt mit dem Gewinn pro Aktie auch die Rendite auf das Eigenkapital, das mit dem Rückkauf kleiner wird, sofern die zurückgekauften Aktien eingezogen werden.

Die betriebswirtschaftliche Weisheit eines Aktienrückkaufs hängt davon ab, ob der unternehmerische Ertrag auf diese Weise dauerhaft höher ist als durch den Einsatz des Kapitals an anderer Stelle. Das ist schwer zu messen.

Sind die Geschäftsmöglichkeiten des Unternehmens so gering, dass der Vorstand keine unternehmerische Idee mehr hat und mit dem Gewinn nichts Besseres anzufangen weiß, als eigene Aktien zu kaufen? Zu bedenken ist zudem, dass Aktienrückkäufe nicht unbegrenzt fortgeführt werden können. Unternehmen können nicht immer wieder dieses Kaninchen zur Gewinnsteigerung aus dem Hut ziehen, denn die verfügbaren liquiden Mittel werden knapper, und die Verschuldung des Unternehmens steigt.

Oder sind Aktienrückkäufe eine zunehmend kreditfinanzierte Unternehmensübernahme auf Raten, ein schleichender Ausverkauf durch die Vorstände, die zum Schluss die meisten Aktienanteile am Unternehmen halten?

Nehmen wir das Beispiel IBM: Der Rückkauf der eigenen Aktien ist seit fünfzehn Jahren eines der wichtigsten Geschäftsfelder des amerikanischen IT-Konzerns. Von 1995 bis 1999 kaufte IBM eigene Aktien für 34 Milliarden US-Dollar zurück. Damit gab das Unternehmen für den Kauf mehr aus, als es als Nettogewinn im selben Zeitraum auswies. Bei Betrachtung der IBM-Jahresberichte in den neunziger Jahren ist es nahezu unmöglich herauszufinden, was der echte Gewinn aus dem eigentlichen Geschäft von IBM war. In diesen Jahren verzeichnete IBM Jahr für Jahr einen Anstieg des Gewinns pro Aktie um 27 Prozent. Aber die IBM-Umsätze stiegen jährlich nur um etwa 5 Prozent. Die Bruttomarge von IBM, der Umsatz abzüglich der Gestehungskosten der Produkte und Dienstleistungen, fiel sogar. Der Bruttoprofit wuchs kaum, weil die Kosten für Verwaltung und Vertrieb überproportional stiegen – eigentlich ein Alarmzeichen für ein gesundes Unternehmen. Aber die Investoren schauten auf den Börsenkurs, der durch die Aktienrückkäufe hochgetrieben wurde.

Nach 2000 haben sich die Aktienrückkäufe fortgesetzt. 2007 haben die Aktionäre auf der IBM-Hauptversammlung einen weiteren Aktienrückkauf in Höhe von 34 Milliarden US-Dollar genehmigt. Die Steigerung des Gewinns pro Aktie um 25 Prozent kam aus Aktienrückkäufen, dem Boom der Pensionsgelder und dem Verkauf von Vermögenswerten zustande. Ebenso wie Aktienrückkäufe steigern Verkäufe von Unternehmensteilen den Gewinn pro Aktie, denn sie spülen Geld in die Kasse und steigern die Einnahmen. Aber das sagt nichts über die Qualität des eigentlichen Geschäfts und die künftige Geschäftsentwicklung, sondern bestätigt nur die Kreativität der IBM-Finanzabteilung.

General Electric ist am Börsenwert gemessen eine der teuersten Firmen der Welt. General Electric galt durch immer neue Gewinnsteigerungen ohne negative Überraschungen als einer der Blue Chips, ein Liebling der Wall Street. Auch bei General Electric gab es eine Zauberformel für die Steigerung der Gewinne und damit des Börsenwerts – sie bestand aus dem Verkauf von günstigen Finanzierungen und dem Einsatz eigener Aktien für Akquisitionen. Natürlich hat auch General Electric ständig Aktien zurückgekauft.

Konzernumbau, damit die Zahlen stimmen

Weil die Zahlenpflege allein meist nicht reicht, um Spitzenergebnisse zu vermelden, ist der permanente Konzernumbau ein beliebtes Mittel zur Gewinnsteigerung. Dabei geht es nicht um die Entwicklung von Produkten oder Dienstleistungen für angestammte oder neue Geschäftsfelder und Märkte, sondern um die strategischen Spiele vieler Konzernlenker, deren Hauptbeschäftigung darin besteht, ständig Geschäfte und ganze Unternehmen zu kaufen, abzustoßen oder auch mangels Interessenten dichtzumachen.

Portfolio-Management heißt dieses Spiel. Die Idee dahinter: Ein florierendes stabiles Unternehmen mit Zukunft sollte über Produkte und Geschäftsfelder verfügen, die stabil gute Erträge abwerfen. Weil das aber nicht ewig Bestand hat, braucht das Unternehmen gleichzeitig auch Produkte mit Zukunftsperspektive, die das Zeug dafür haben, die jetzige Cash Cow einmal abzulösen. Daneben gibt es auch Produkte und Geschäftsfelder, die erst einmal viel Geld kosten und deren künftiges Potenzial noch nicht klar ist. Schließlich sind auch Geschäfte zu erwähnen, bei denen das Unternehmen nicht mehr viel verdient und der Markt auch keine großen Chancen mehr bietet. Da sollte man besser aussteigen, so die Philosophie.

Das Ganze ist eigentlich ein vernünftiger Ansatz: regelmäßig die Geschäfte und die Position eines Unternehmens überprüfen und danach die verfügbaren Investitionsmittel sinnvoll zu verteilen. Die Schwierigkeit bei diesen Portfolio-Analysen besteht aber darin, die Produkte und Geschäftsfelder, die Marktchancen und die Kosten für Produktentwicklung und Markterschließung richtig zu bewerten. Zudem verhindert der kurzfristige Zeithorizont vieler Manager eine nachhaltige

Entwicklung aus eigener Kraft. Stattdessen werden die Konzerne ständig umgebaut, werden Geschäfte abgestoßen oder zugekauft mit dem einzigen Ziel, dass die Zahlen *sofort* besser aussehen.

Wie aus Karstadt-Quelle Arcandor wird

Der Warenhaus- und Versandhauskonzern Karstadt-Quelle ist eine Baustelle der ganz besonderen Art. Konzernchef Middelhoff, einst als Bertelsmann-Chef in Ungnade gefallen und dann als Partner in der Private-Equity-Branche, also bei Finanzinvestoren tätig, hat aus dem schwächelnden Handelsimperium, das 2004 ein Sanierungsfall war, heute eine Investmentgesellschaft mit dem Kunstnamen Arcandor gezaubert. Die hat nicht mehr viel mit den Konzernwurzeln, dem Handelsgeschäft zu tun.

Zugegeben: Handelskonzerne haben auf dem deutschen Markt wegen des seit Jahren zurückgehenden Binnenkonsums und des Trends zu Discountern zu kämpfen. Die große Zeit der Versandhäuser alten Stils ist vorbei. Neckermann macht's nicht mehr möglich. Und auch die Kaufhäuser sind nicht mehr das, was sie mal waren – Konsumtempel für eine wachsende und ausgabefreudige Mittelschicht.

Bei Middelhoffs Amtsantritt 2005 bestand das Unternehmen aus dem Warenhauskonzern Karstadt, den beiden Versandhändlern Quelle und Neckermann sowie einer Beteiligung am Touristikkonzern Thomas Cook. Seitdem hat Middelhoff den Konzern radikal umgebaut. Zuerst verkaufte er 75 kleinere Warenhäuser. Dann brachte er den größten Teil der Immobilien in ein Gemeinschaftsunternehmen mit der US-Investmentbank Goldman Sachs ein. Darauf kündigte er die komplette Trennung vom Versandhändler Neckermann an, die Ende 2007 mit dem Übergang der Neckermann-Mehrheit von 51 Prozent an einen US-Finanzinvestor eingeleitet wurde. Der bekam noch Geld dazu. Neckermann aber taucht nicht mehr in der Bilanz auf, was die Zahlen verbessert. Dann wurde Karstadt-Quelle umbenannt in Arcandor.

Parallel dazu übernahm Arcandor von der Lufthansa die restlichen 50 Prozent am Touristikkonzern Thomas Cook. Der wurde danach mit dem britischen Reiseanbieter Mytravel verschmolzen, so dass Arcandor jetzt 52 Prozent an Thomas Cook besitzt. Anschließend kündigte Middelhoff den Verkauf des restlichen 50-Prozent-Anteils an dem Gemeinschaftsunternehmen an, das die Konzernimmobilien übernommen hatte. Auf diese Weise sollten 800 Millionen Euro in die Kasse kommen, das fehlende Geld für die Übernahme des Lufthansa-Anteils an Thomas Cook. Außerdem änderte Middelhoff auch gleich den Geschäftsjahreszyklus. Das neue Geschäftsjahr beginnt schon im Herbst. Damit sind die Zahlen der Geschäftsjahre nur schwer vergleichbar. Schließlich brachte ein Aktienrückkauf der Touristiktochter Thomas Cook 200 Millionen Euro Bargeld in die Kasse der Konzernmutter, der Investmentgesellschaft Arcandor (*Handelsblatt*, 28.4.2008).

Bei so viel Elan für den Konzernumbau blieb das Kerngeschäft der Warenhäuser und des Versandhandels auf der Strecke. Auf Jahresbasis machten die Karstadt-Warenhäuser im Weihnachtsgeschäft 2007 8 Prozent weniger Umsatz als im Jahr zuvor und deutlich weniger als der Konkurrent Kaufhof. Jetzt sollen die Warenhäuser und der Versandhandel, die 2007 Verluste machten und nur noch etwas mehr als 40 Prozent zum Konzernumsatz von Arcandor beisteuerten, separat verkauft oder unter dem Kunstnamen Primondo an die Börse gebracht werden.

Die Verwirrung hat durchaus System. Das Ergebnis von Middelhoffs Wirken: Aus Karstadt-Quelle ist mit Arcandor eine Finanzholding geworden, die mit Unternehmensteilen statt mit Kosmetik und Kostümen handelt. Auf der Homepage heißt es zwar noch: »Die Arcandor AG mit Sitz in Essen positioniert sich in den Kerngeschäftsfeldern stationärer Einzelhandel, Homeshopping und Tourismus.« Das Handelsgeschäft ist aber nicht saniert. Nach dem Verkauf der Immobilien muss der Konzern für seine Kaufhäuser viel mehr Miete zahlen als vorher. Im Mai 2007 hatte Middelhoff den Aktionären einen Aktienkurs von 40 Euro plus X in Aussicht gestellt. Zeitweilig lag er bei 30 Euro. Im Juli 2008 landete der Kurs bei 6,58 Euro, Ende September bei 2,55 Euro. Für den großen Konzernstrategen Middelhoff war Schluss mit lustig: Für weitere Kredite wollten die Banken Teile der einzigen profitablen Konzerntochter Thomas Cook, und Aktionäre prüfen Schadensersatzklagen.

Siemens: kaufen, verkaufen und schließen

Siemens hat sich in den letzten zehn Jahren besonders hervorgetan beim rabiaten Verkaufen, Dichtmachen oder Zukaufen von Geschäften. Das eiserne Gesetz der vom Finanzmarkt getriebenen Unternehmenssteuerung: Jedes Geschäft muss seine Kapitalkosten zwischen 9 und 15 Prozent verdienen. Zeitweilige Quersubventionen im Konzern an Geschäfte in einer Krise oder im Aufbau werden nicht mehr geduldet. Erstes Opfer war die mit Steuermilliarden aufgebaute Siemens-Halbleitersparte, heute als Infineon bekannt.

Siemens und der Standort Deutschland wollten ursprünglich bei den Halbleitern eine Machtposition in dieser Schlüsselindustrie des digitalen Zeitalters erobern. Das war auch die Logik hinter den Subventionen des Bundes, der Länder und der EU für diese Industrie. Aber den Siemens-Vorständen gelang es nicht, dieses Geschäft so zu führen, dass die Sparte Geld verdiente und mit der Konkurrenz aus den USA, Japan und den asiatischen Tigerstaaten mithalten konnte. Im Herbst 1998 zog Siemens-Chef Heinrich von Pierer die Reißleine. Er verkündete ein 10-Punkte-Programm, das auch die Trennung von der Halbleitersparte beinhaltete. »Dieses zyklische Geschäft ist für den Siemens-Aktionär nicht verträglich«, erklärte Pierer damals. Das klang, als trage der typische Siemens-Aktionär Hosenträger und sei besonders konservativ. Dabei waren die Siemens-Aktien längst mehrheitlich im Besitz von institutionellen Anlegern, Investment- und Pensionsfonds, Versicherungen etc. Und die wollten einfach mehr Rendite, mehr Shareholder-Value. Damals brachte Siemens auch die defizitäre Computersparte in ein Gemeinschaftsunternehmen mit dem japanischen Hersteller Fujitsu ein.

Die Börse feierte den Einstieg in den Ausstieg aus der Chipbranche mit einem deutlichen Kursanstieg der Siemens-Aktie. Siemens hatte beim Börsengang von Infineon im Jahr 2000 richtig Kasse gemacht, nämlich über 5 Milliarden Euro. Doch 80 Prozent der Infineon-Aktien waren noch im Siemens-Besitz. Das Unternehmen wollte also den Halbleiterhersteller wegen der Verluste schnellstens aus den Büchern haben und möglichst viel Geld mit der Infineon-Aktie verdienen. Ein Kunstgriff auf dem Weg dahin war die zeitweilige Finanzierung der Siemens-Betriebsrenten mit Infineon-Aktien. Durch diesen Trick sank der Siemens-Anteil an Infineon formal auf unter 50 Prozent; die Verluste schlugen nicht mehr voll, sondern nur noch anteilig auf das Siemens-Konzernergebnis durch. Der Rest der

Aktien ging an einen Treuhänder und war damit endgültig aus den Siemens-Büchern. Insgesamt hat Siemens mit der Trennung von Infineon ca. 12 Milliarden Euro verdient. Heute im September 2008 beträgt der Börsenwert des Unternehmens Infineon gerade noch 3,7 Milliarden Euro. Es leidet noch immer an seinen Geburtsfehlern aus der Siemens-Vergangenheit – der extremen Abhängigkeit vom Geschäft mit Speicherchips und von der früheren Siemens-Handy-Sparte. Der von den Steuerzahlern mitfinanzierte Konzern steht jetzt vielleicht vor dem Einstieg von Finanzinvestoren, die ein Schnäppchen wittern.

Mit dem vielen Geld in der Kasse übernahm Siemens 2001 die Automobiltechnik-Sparte von Mannesmann, das Traditionsunternehmen VDO, und dazu weitere Geschäftsfelder, die der neue Mannesmann-Eigentümer, der britische Vodafone-Konzern, zum Verkauf stellte. Außerdem begann Siemens, eigene Aktien zurückzukaufen. Die Börse dankte den Aktienrückkauf mit einem Kursanstieg – zumindest zeitweilig.

Im Frühjahr 2005, Klaus Kleinfeld war gerade als neuer Siemens-Vorstandschef und Nachfolger Heinrich von Pierers inthronisiert, sprach er vor Investmentbankern und Analysten. Solche Treffen gehören für Konzernchefs und Finanzchefs von börsennotierten Firmen zur Routine. Der Zweck, gute Laune zu verbreiten, ist Kurspflege. Bei dem Treffen in London versprach Kleinfeld, er werde sich daran messen lassen, dass alle Siemens-Geschäftsgebiete – von der Osram-Glühlampe über die Kommunikationssparte bis zur Energieerzeugung – im Frühjahr 2007 ihre Renditeziele erreichen. Die Renditeziele, ausgedrückt im Verhältnis von Gewinn zum Umsatz, waren unterschiedlich nach Geschäftsgebieten.

Kleinfelds Auftritt war ambitioniert. Denn bei Siemens gab es eine lange – auch unter Pierer nicht gebrochene – Historie von verfehlten Renditezielen und Gewinnprognosen. Immer wenn einer der großen Geschäftsbereiche saniert war, schwächelte der nächste.

Tatsächlich konnte Kleinfeld im April 2007 Vollzug melden. Alle Geschäftsbereiche hatten die von Kleinfeld 2005 vorgegebenen Renditeziele erreicht. Die Börse und die Medien jubelten. Ziemlich unbeachtet blieb in dem Jubel über Kleinfelds Zahlen und im anschließenden Trubel über den Korruptionsskandal, wie Kleinfeld das Kunststück geschafft hatte, binnen zwei Jahren einen scheinbar in allen Bereichen hochprofitablen Konzern zu formen, der nicht mehr aus einer bunten Sammlung von gut gehenden und weniger gut gehenden Geschäften, gemischt mit Sanierungsfällen, bestand.

Tatsächlich hatte Kleinfeld keine unternehmerische Tat oder gar Großtat vollbracht. Siemens brillierte nicht plötzlich durch neue Produkte, neue Prozesse und Abläufe, durch höhere Produktivität und geringere Kosten in allen Geschäften. Kleinfeld hatte vielmehr mit dem großen Messer alle Geschäftsfelder, die seine ehrgeizigen Vorgaben unmöglich erreichen konnten, einfach abgeschnitten oder neu zusammengesetzt.

Der erste Schnitt war die Übergabe der hochdefizitären Handy-Sparte an den taiwanesischen Elektronikhersteller BenQ im Sommer 2005. Der bekam noch Geld dafür, dass Siemens die Handy-Sparte aus den Büchern bekam und sich mit der Schließung, die nach eigenen, konzerninternen Analysen unvermeidlich war, nicht die Hände schmutzig machen musste.[15]

Einen anderen Weg ging Kleinfeld mit dem Kommunikationsgeschäft, dem größten Konzernteil. Der stand vor 160 Jahren an der Wiege von Siemens, der früheren Amtsbaufirma. Die einstige technologische Spitzenposition in der Kommuni-

kationstechnik hatte Siemens in Teilbereichen längst an New-
comer-Firmen wie den US-Konzern Cisco verloren, die mit
dem Internet groß geworden waren und das Telefongeschäft
mit der Internet-Technologie aufrollten. Außerdem zwangen
neue Konkurrenten aus China, Huawei und ZTE, die etablierten Anbieter in einen Preiskampf, so dass Siemens teilweise
80 Prozent unter Listenpreis anbieten musste. Die besonders
in dieser Siemens-Sparte grassierende Praxis, mittels massiver
Bestechung Aufträge zu gewinnen, hatte die technologischen
Schwächen nur vorübergehend überdeckt und den Niedergang
noch beschleunigt.

Kleinfeld sparte sich auch hier den unternehmerischen Weg
der Sanierung und Technologieentwicklung. Er brachte den
Kern des Kommunikationsgeschäftes in ein Gemeinschaftsunternehmen mit Nokia ein, das sofort unter der unternehmerischen Führung der Finnen stand. Damit war das operative Ergebnis von Siemens nicht mehr mit den schlechten Zahlen der
Kommunikationssparte belastet. Denn die Ergebnisse dieses
Gemeinschaftsunternehmens werden nur noch als Beteiligung
entsprechend dem Siemens-Kapitalanteil am Gemeinschaftsunternehmen (At-Equity) bilanziert.

Siemens-Telefonanlagen stehen in Deutschland und Europa in fast jeder Behörde, in vielen Büros. Das Servicegeschäft
sorgte für stabile Gewinne und sichere Arbeitsplätze. Noch
2002 hatten Analysten spekuliert, Siemens wolle amerikanische Konkurrenten schlucken und von der Nummer zwei zum
Marktführer werden. Aber Siemens ließ das Geschäft schleifen,
Innovationen unterblieben. 2006 verselbständigte Kleinfeld
für den späteren Verkauf das Geschäft mit privaten Telefonan-
lagen in eine eigenständige Tochter, die als »nicht fortgeführte
Aktivität« in den Büchern auftauchte. Damit belasteten auch

die schlechten Zahlen dieses Geschäfts nicht mehr das operative Ergebnis und damit Kleinfelds Renditeziele. Doch lange gab es Probleme mit dem Verkauf oder dem Verschenken des Geschäfts, das seit 2006 über 1 Milliarde Euro Verluste machte. Siemens konnte sich keinen zweiten Skandal wie bei BenQ leisten. Im Sommer 2008 fand man endlich einen US-Investor, der für einen geschenkten 51-Prozent-Anteil auch eigenes Geld in das Unternehmen stecken wollte.

Mit dem chronisch defizitären Siemens-IT-Dienstleister SBS (interner Spottname: »Siemens bescheißt Siemens«) verfuhr Kleinfeld wieder anders. Noch Ende der neunziger Jahre, in den Boomzeiten der New Economy, wollte der Konzern mit dieser Sparte an die Weltspitze – in dieselbe Liga wie IBM oder HP. SBS-Manager fabulierten sogar über den Börsengang. Doch Überkapazitäten und Preisverfall in der IT-Branche, neue Konkurrenz aus Indien, aber vor allem hausgemachte Probleme verdarben die hochfliegenden Pläne. Seither war SBS ein Sanierungsfall.

Kleinfeld ging auf Partnersuche. Die scheiterte. Als Option blieb nur noch die Zerlegung von SBS und der Zusammenbau der Teile mit profitableren Siemens-Geschäften. Der Computerservice ging an die 50-prozentige Tochter Fujitsu Siemens Computers. Den Rest integrierte Kleinfeld mit Konzerngeschäften, die auch IT-Dienstleistungen und Programmierung anboten – unter ihnen eine in Osteuropa engagierte Siemens-Tochter mit Sitz in Wien und eine weitere Tochter im indischen Bangalore. Der gewünschte Effekt trat ein: Die Sparte war plötzlich im Bereich der von Kleinfeld zwei Jahre zuvor ausgegebenen Zielmargen – jedenfalls kurzfristig. Inzwischen gibt es bei der IT-Sparte längst wieder Schwierigkeiten.

Die Erfolgsstory von Kleinfeld war nicht nachhaltig, nicht

von Dauer. Sie beruhte ausschließlich auf Finanzarithmetik und dem Verschieben und Abstoßen von Konzernteilen, auf der Verwechslung von substanzieller Wertsteigerung mit Aktienkurssteigerung. Dazu gehörten auch Milliarden-Zukäufe speziell in der Medizintechnik (Bayer Diagnostics, CTI Molecular Imaging, Dade Behring). Als Kaufpreis legte der Konzern teilweise das 20-Fache des Jahresgewinns des gekauften Unternehmens auf den Tisch. Solch ein Preis ist kaum wieder reinzuholen, auch nicht durch Effizienzgewinne. Ausschließlich die zeitweilig extrem billige Finanzierung über den Kapitalmarkt, die zum unternehmerischen Unsinn geradezu eingeladen hat, erklärt solche Fehlgriffe. Auf jeden Fall leerte Kleinfeld die Siemens-Kasse und steigerte die Verschuldung.

Damit die großen Anleger trotzdem mitspielten, bekamen sie von Kleinfeld nicht nur heiße Luft in Form der banalen Wachstumsstory, wonach Siemens mit seinen verbliebenen Geschäftsfeldern besonders von globalen Megatrends wie der Verstädterung und dem demographischen Wandel profitieren kann. Die Aktionäre bekamen und bekommen viel Geld aus dem Unternehmen in Form von Aktienrückkaufprogrammen. 2008 hat Siemens einen weiteren Aktienrückkauf bis 2010 für bis zu zehn Milliarden Euro angekündigt. Widerstand gibt es von den Betriebsräten: »Die Vernichtung von zehn Milliarden Euro im Aktienrückkaufprogramm schwächt die Investitions- und somit die Innovationskraft des Unternehmens nachhaltig. Diese Finanzmarktstrategie gefährdet den langfristigen Bestand des Unternehmens.«

Die Lügen der Berater und die Profitinteressen der Wirtschaftsprüfer

3

»Das Geschäft mit der Unternehmensberatung
schafft jährlich mehr Millionäre als das Lottospiel.«
DAVID CRAIG
britischer Unternehmensberater
und Autor eines Insider-Reports

Die Wahrheit über zwei ehrbare Professionen

Unternehmensberater stellen die Weichen der Wirtschaft

Aus der Beratung von Unternehmen ist längst ein riesiger Geschäftszweig geworden. Die Berater von McKinsey, Roland Berger, Boston Consulting, Bain & Co etc. gehen in Unternehmenszentralen ein und aus und begleiten nicht nur Restrukturierungen und Sanierungen, sondern auch das Tagesgeschäft und alle größeren Entscheidungen. Für Finanzinvestoren, die in Deutschland Unternehmen mit insgesamt etwa 1 Million Beschäftigten kontrollieren, ist der ständige Einsatz von Beratern in den übernommenen Firmen selbstverständlich. Finanzinvestoren haben nur kleine eigene Stäbe und meist nicht die nötige Branchenkenntnis.

Häufig läuft die Beratung nach ein und demselben Schema ab: Die Berater kommen in ein Unternehmen und bringen

»Werkzeugkästen« und Datenbanken mit Vergleichsdaten mit, damit sie mit dem Anschein der Objektivität nachweisen können, dass in dem Betrieb A und der Abteilung B noch 10 bis 20 Prozent Kostensparpotenziale zu heben sind, denn Konkurrent C ist entsprechend billiger. Diese Vergleiche, Benchmarking genannt, vermitteln für die anstehenden harten Entscheidungen die nötige objektive Aura, den Sachzwang. Das ist bei der Umsetzung der unpopulären und oft auch unsinnigen Entscheidungen sehr hilfreich.

Denn über kurz oder lang finden die gefürchteten Berater heraus, dass eine bestimmte Zahl von Jobs überflüssig ist. Ihre Empfehlung lautet: Personalabbau. Basis ist meist nicht eine genaue Untersuchung der Abläufe und Prozesse in Produktion, Entwicklung oder Verwaltung, vielmehr werden Vergleichszahlen zu Rate gezogen: Die Konkurrenz macht mit 20 Prozent weniger Beschäftigten denselben Pro-Kopf-Umsatz, also ...

Schon bald zirkulieren in dem betroffenen Unternehmen Gerüchte, dass die Berater den Abbau von Tausenden von Jobs empfohlen haben. Das große Zittern beginnt. Anschließend kann der Vorstand verkünden, dass weniger gehen müssen – vielleicht nur tausend. Aufatmen. Der Vorstand ist fein raus und hat damit den Personalabbau schon fast durchgesetzt. Denn erstens ist das Bewusstsein für die Krise in die Köpfe und Herzen eingesickert. Und zweitens sind alle erleichtert, weil es doch nicht so schlimm kommt, wie die Berater von McKinsey etc. ausgerechnet haben. Und ganz wichtig für die Phase nach den Entlassungen: Es waren Externe und nicht die eigenen Manager, die die notwendigen Grausamkeiten begangen haben.

Falls die Operation scheitert, weil die Vorschläge der Berater sich als falsch, geschäftsschädigend und als Katastrophe für die Unternehmenskultur erweisen, hat die externe Beratung einen weiteren Vorteil: Bei der Suche nach den Schuldigen können andere für Fehlentscheidungen verantwortlich gemacht werden. Diese Doppelfunktion als Überbringer schlechter Nachrichten und als Sündenbock im Schadensfall lassen sich die Beratungsfirmen fürstlich bezahlen. Tagessätze bis zu 5000 Euro pro Berater sind keine Seltenheit. Beim bayerischen Strumpfhersteller Kunert berechnete die US-Beratungsfirma Alix für zwei Wochen Sanierungsarbeit 116 000 Euro. Schon seit 2005 »saniert« Alix diese Firma. Seitdem ist der Umsatz erheblich gesunken, der Verlust nach Steuern ist unverändert hoch. Bei der missglückten Sanierung des Modelleisenbahnherstellers Märklin kassierten die Alix-Berater Millionenhonorare. Jetzt fordert Märklin eine siebenstellige Summe zurück (*Handelsblatt*, 5.9.2008).

2007 erwirtschafteten die Unternehmensberatungen allein in Deutschland über 16 Milliarden Euro (*Capital* 11, 2008). Hier soll nicht behauptet werden, dass Beratung überflüssig ist, dass jeder Cent rausgeschmissenes Geld ist und alle Methoden, Untersuchungsinstrumente und Ergebnisse der Berater trivial sind. In vielen Fällen bringt ihre Arbeit wichtige Erkenntnisse und praktischen Nutzen für die Entwicklung eines Unternehmens und für die Sicherung der Arbeitsplätze. Aber in vielen Fällen ist die externe Beratung sachlich überflüssig. Sie erbringt auf vielen Powerpoint-Folien oft nur das, was auch die Vorstände wissen und viele im Unternehmen längst als Schwachstellen identifiziert haben. Dann dient die externe Beratung nur als Feigenblatt für längst vorbereitete Managemententscheidungen. Wie auch immer: Unbestreitbar ist, dass Unternehmensberater zu einer Riesenmacht in der Wirtschaft geworden sind.

Und falls sich Unternehmen wie Siemens dazu entschließen, auch bei den Beratungskosten massiv einzusparen wie im Sommer 2008, dann ist das eine periodische Pflichtübung, auf die sicher bald eine erneute Explosion der Budgets für Beratung erfolgt. Denn viele Unternehmen und besonders Großunternehmen sind praktisch abhängig von ihren Beratern. Übrigens: Man kann darauf wetten, dass an dem Siemens-Kostensenkungsprogramm mit der Unterposition »Senkung der Beratungskosten« auch externe Berater mitgewirkt haben.

Das gesellschaftliche Problem dieser Praxis liegt auf der Hand: Eine Kontrolle und Diskussion des Tuns der Unternehmensberater, ihrer Methoden und Rezepte findet nicht statt. Die großen Unternehmensberatungen müssen sich nur gegenüber ihren Auftraggebern verantworten. Man könnte einwenden: Das regelt der Markt, schlechte Berater bekommen keine Aufträge mehr. Aber dafür steht zu viel auf dem Spiel, weil die Berater längst die Weichen für die wirtschaftliche Entwicklung stellen. Sie promoten aktiv den Exodus von Produktion, Entwicklung und Administration in Niedriglohnländer und befürworten zwecks Kostensenkung die immer weitere Zerlegung und Ausgliederung bislang unternehmensinterner Arbeiten. Längst haben die Beratungsfirmen die Politik und den öffentlichen Sektor entdeckt und machen auch dort lukrative Geschäfte. Dieselben betriebswirtschaftlichen Konzepte und Rezepturen, die vielleicht für ein Unternehmen in der Krise Sinn machen, werden nun auch für das Bildungswesen oder für die »Sanierung« einer Volkswirtschaft, ja einer ganzen Gesellschaft vorgeschlagen.

Welche gesellschaftliche Macht die Beratungsfirmen inzwischen verkörpern, wird am Who is who der Vorstände in den Dax-Konzernen und anderen Großunternehmen deutlich:

Sie rekrutieren sich zu einem erheblichen Teil aus der Berater-kaste.[16] Das legendäre Netzwerk der McKinsey-Alumni, der »Ehemaligen« von McKinsey, steht für einen kleinen Macht-zirkel mit größtem wirtschaftlichen und politischen Einfluss. Wegen ihrer wirtschaftlichen und gesellschaftlichen Macht-stellung und weil sich bei Leistung eine Express-Karriere in die Vorstandssessel der Konzerne eröffnet, sind die Beratungs-firmen die Top-Adressen für ehrgeizige Absolventen der Wirt-schaftsfakultäten und speziell der als Eliteschulen gehandelten privaten Wirtschaftshochschulen. Aber auch Quereinsteiger und Absolventen von »Exotenfächern« werden genommen. Zuerst wird der Anfänger für vergleichsweise wenig Geld und sehr viele Wochenstunden Trainee und später Berater. Dafür unterwirft er sich fast jesuitischen Praktiken, einer rigiden internen Kontrolle und dem herrschenden Korpsgeist. Dem-entsprechend stellt er sein Privatleben zurück – immer das große Ziel vor Augen, einmal Partner zu werden oder einen Vorstandsposten zu ergattern.

Die unkontrollierte Macht der Wirtschaftsprüfer

Eine ähnliche ökonomische Macht, die eigentlich unabhäng-gig sein sollte, die aber vor allem unkontrolliert ist, haben die großen Wirtschaftsprüfungsgesellschaften. Wirtschaftsprüfer sollen im Auftrag der Gesellschafter eines Unternehmens prü-fen und dem Vorstand auf die Finger schauen. Bei ihren Prü-fungen müssen sich die Wirtschaftsprüfer an Recht und Ge-setz halten und die Einhaltung der etablierten Standards für die Buchhaltung kontrollieren. Sind die Forderungen oder die La-gerbestände noch werthaltig, oder müssen sie teilweise abge-schrieben werden? Oder stehen den vom Finanzvorstand angesetzten Restrukturierungsaufwendungen tatsächliche Sonderbelastungen gegenüber?

Wirtschaftsprüfer haben die intimsten Details der Steuerung eines Unternehmens im Blick. Daraus ergibt sich sozusagen automatisch die Ausweitung ihres Geschäfts: Es geht nicht allein um die vorgeschriebene regelmäßige Prüfung der Bücher, die Betrachtung der vergangenen Perioden des Unternehmens und die Darstellung im Zahlenwerk. Es geht auch um Beratung, darum, wie die Zahlen aktiv gestaltet werden können, etwa um den ausgewiesenen Gewinn zu erhöhen, unerwartet hohe Erträge teilweise zu verstecken oder um Steuerzahlungen zu minimieren.

Aus dem Beruf des Wirtschaftsprüfers sind kommerzielle und profitorientierte Großunternehmen entstanden, die alle Arten von Dienstleistungen rund um die Gestaltung der Zahlen anbieten. Das ist eine enorme Veränderung – weg von den sogenannten »Erbsenzählern« mit ihrem altertümlichen Ehrgeiz, ihren Job gut zu machen, hin zu aggressiven Geschäftsleuten, die an Budgets und Profitzielen gemessen werden. Dieser wenig bemerkte, aber weitreichende Wandel in den Abläufen des Kapitalismus hat vermutlich einen wichtigen internen Sicherungsmechanismus der Unternehmen ausgeschaltet.[17]

Unternehmenschefs und vor allem die Finanzvorstände brauchen ständig den Rat und die Expertise der Wirtschaftsprüfer. Das gilt besonders für börsennotierte Gesellschaften, deren Aktienkurse mit dem enorm gewachsenen Börsenhandel und der erhöhten Umschlagsgeschwindigkeit auch von Standardwerten immer empfindlicher werden. Da kann es leicht zum Interessenkonflikt kommen, weil die Wirtschaftsprüfer eigentlich im Auftrag und Interesse der Gesellschafter tätig sind und in Aktiengesellschaften von der Hauptversammlung bestellt werden. Absurd: In Deutschland kann ein und dasselbe Unternehmen die Bücher prüfen und gleichzeitig im Auftrag des Vorstands Beratungsdienstleistungen erbringen. Vorstöße, diesen offensichtlichen Interessenkonflikt durch eine klare Trennung von Prüfungsauftrag und Beratung zu regeln, wurden 2003 vom Bundesjustizministerium mit dem Hinweis ad acta gelegt, dass der Aufsichtsrat nach dem Aktiengesetz die Erteilung von Prüfungsaufträgen durch den Vorstand unter seinen Zustimmungsvorbehalt stellen kann.

Obwohl die bestellten Wirtschaftsprüfungsgesellschaften jeweils viele Millionen an Honoraren eingestrichen haben, haben sie nichts zur Aufklärung der großen Unternehmensskandale in den letzten Jahren – von Enron in den USA bis zur Siemens-Korruptionsaffäre – beigetragen. Sie haben wohl aktiv weggeschaut, als sie die Bücher geprüft haben. Im Fall Enron ist gerichtskundig, dass die Wirtschaftsprüfer von Arthur Andersen beim Milliardenbetrug an Anlegern und Mitarbeitern beteiligt waren. James Greenwood, der Vorsitzende des Ausschusses des US-Kongresses, der die Enron-Pleite untersuchte, hielt in der Anhörung dem verantwortlichen Partner der Wirtschaftsprüfungsgesellschaft Arthur Andersen vor: »Enron hat die Bank beraubt, Arthur Andersen hat das Fluchtfahrzeug gestellt, und Sie haben es gefahren.«[18] Immerhin: Mit Enron ist auch Arthur Andersen untergegangen.

In vielen Firmen kursieren inzwischen zynische Witze über den Wandel der Wirtschaftsprüfungsgesellschaften. So steht KPMG für »Keiner prüft mehr genau!«. Die inzwischen in PwC aufgegangene Prüfungsfirma Coopers & Lybrand trug den Spitznamen »Coopers & Lügebrand«.

International kontrollieren nach dem unrühmlichen Ende von Arthur Andersen »die großen Vier« – KPMG, PwC, Deloitte & Touche und Ernst & Young – das Geschäft mit der Wirtschaftsprüfung. In Deutschland beschäftigten sie 2007 ca. 26 000 Mitarbeiter und machen mit Beratung und Wirtschaftsprüfung zusammen einen Jahresumsatz von 5 Milliarden Euro. KPMG und PwC dominieren den Markt: Sie prüften 2007 80 Prozent aller Dax-Unternehmen.

Bei dieser Größe und Marktbeherrschung durch die Prüfungsgesellschaften sind die erwähnten Interessenkonflikte unausweichlich und an der Tagesordnung. Geradezu klassisch ist der Fall von KPMG bei Siemens: Im Siemens-Konzern hat KPMG seit vielen Jahren weltweit die Bücher geprüft. Aber obwohl es sehr viele Hinweise auf schwarze Kassen und dubiose Transaktionen und Beraterverträge gab, unterließen die Prüfer von KPMG die notwendige Information des Aufsichtsrats – wohl um die lukrativen Geschäftsbeziehungen mit Siemens nicht zu gefährden. Ebenso kommt es bisweilen vor, dass dieselben Wirtschaftsprüfer und Berater auf Seiten der Käufer wie auf Seiten der Verkäufer agieren. Oder die Prüfungsgesellschaften betreiben die Teil-Privatisierung etwa der Bahn oder der ehemaligen Ruhrkohle AG (die heißt jetzt ohne den Bergbau Evonik). Anschließend können sie oft auf lukrative Anschlussaufträge der privaten Investoren hoffen.

Es gibt keine Kontrollen dieser Institutionen durch die Regulierungsbehörden. Auch die EU-Kommission, die bis zum Krümmungsgrad der Bananen alles regelt, hat dieses kritische Thema nicht angepackt. Dabei hätte die EU zusammen mit den USA die nötige Regulierungsmacht. Längst ist die weltweite Dominanz von KPMG, PwC, Deloitte & Touche und Ernst & Young, zwischen denen es kaum noch Wettbewerb gibt, zu einem Quasi-Monopol geworden. Sie allein können transnationalen Konzernen an jedem Standort der Welt dieselbe Prüfungs- und Beratungsdienstleistung anbieten und damit sicherstellen, dass die Bücher des Konzerns überall nach denselben Richtlinien kontrolliert werden. Sie sind eine betriebswirtschaftliche Weltregierung geworden, die über den staatlichen und supranationalen Institutionen steht. So das Urteil des britischen Wirtschaftspublizisten Anthony Sampson.[19]

Beraterkonzepte und ihre Folgen

Personalabbau – der schnellste Weg zur Kostensenkung

Wenn ein Unternehmen oder ein Geschäftsbereich über längere Zeit Verluste macht und nach den Zukunftsprojektionen keine schnelle Besserung zu erwarten ist oder wenn der Umsatz einbricht, muss das Management handeln. Der erste Schritt ist immer, die Kosten in den Griff zu bekommen und so die Verluste einzudämmen oder die Gewinnmarge wieder zu verbessern. Doch es dauert, die Kosten des Einkaufs von Material und Vorprodukten zu senken oder die Mieten für Büros und Hallen zu drücken. Die Senkung der Personalkosten kann dagegen ziemlich schnell erreicht werden – zumindest auf dem Papier. Deswegen setzen die ins Haus geholten Berater hier sofort den Rotstift an und können mit raschen Erfolgen glänzen. Ihre übliche Methode ist Mathematikstoff der 5. Klasse, nämlich der Dreisatz: Wenn der Umsatz um 10 Prozent eingebrochen ist, müssen die Personalkosten um denselben Prozentsatz gesenkt werden. Das macht X Stellen.

Zuerst wird das Leihpersonal reduziert, Werkverträge werden gestrichen. Das geht arbeitsrechtlich meist ohne Probleme. Dann wird entsprechend der Vorgabe, die laufenden Personalkosten zu senken, der Abbau von Arbeitsplätzen beim Stamm-personal verkündet, meist verbunden mit dem Hinweis, das solle »sozialverträglich« geschehen. Damit ist gemeint, dass nur im Ausnahmefall gekündigt werden soll (denn das ist oft kostspielig und rechtlich riskant), vielmehr wird auf freiwillige Aufhebungsverträge gesetzt. Oft wird der Personalabbau auf bestimmte Bereiche begrenzt, etwa auf den sogenannten Overhead-Bereich: Administration und Vertrieb. Der Begriff Overhead (zynisch übersetzt mit »Wasserkopf«) unterstellt schon, dass hier gestrichen werden kann, ohne dass es an die Substanz des Unternehmens geht.

Und mit Hilfe eines Tricks bei der Gestaltung der Zahlen wirkt die Maßnahme direkt: Mit dem Verkünden der Entschei-dung werden die Kosten des Personalabbaus einschließlich der noch ausstehenden Löhne und Gehälter für die Betroffenen als einmalige Aufwendungen bilanziert. Das laufende Geschäft ist sofort deutlich profitabler – die Berater verbuchen einen ersten Erfolg.

Das Beispiel BMW verdeutlicht, wie es geht: Der BMW-Vorstand überbrachte vor Weihnachten 2007 seinen Aktionären direkt die frohe Botschaft, massiv bei den Kosten anzusetzen und diese jährlich um 1,5 Milliarden Euro zu drücken. Zum Programm gehörte selbstverständlich der Abbau von 8100 Ar-beitsplätzen bei der Stammbelegschaft und den Leiharbeitern. Die Beschäftigten erfuhren ebenfalls direkt von den Plänen des Vorstands – aus der Zeitung. Schon vorher hatte die Unter-nehmensführung die Berater von McKinsey ins Haus gerufen. Die hatten bereits bei Daimler saniert und für den Abbau von Tausenden von Jobs gesorgt. Die Umsatzrendite bei Daimler stieg dann auf 9 Prozent.

Doch über den Stellenabbau hinaus skizzierten die McKinsey-Berater bei BMW weitere Einschnitte, die seitdem gerüchteweise in den Werkhallen und Büros kursieren und für die nötige Angst und schlechte Stimmung sorgen. McKinsey bediente sich des beliebten Benchmarking und verglich die Personalausstattung der BMW-Verwaltung mit der von anderen Autoherstellern. Ergebnis: 20 Prozent weniger Mitarbeiter tun es auch. Und die Berater bleiben auch weiterhin an Bord. Sie sollen garantieren, dass die Sparpläne nicht von der BMW-Bürokratie ausgebremst werden.[20] Ein Betriebsrat meinte dazu: »BMW ist jetzt ein ganz normales Unternehmen.« Die BMW-Unternehmenskultur, die den Konzern ausgezeichnet hatte und die über viele Jahre entstanden war, wurde in wenigen Monaten zerstört.

Die Vorstände, die derartige Eingriffe beim Personal ankündigen, wissen um die Folgen für die Unternehmenskultur und den langfristigen Schaden für die Innovationsfähigkeit. Sie sind aber Getriebene der Kapitalmärkte. Sie können darauf vertrauen, dass durch eine solche Operation die Zahlen schnell besser aussehen, während grundlegende Verbesserungen der Kostenstrukturen länger dauern. Außerdem sind die Schäden durch den Personalabbau viel schwerer zu beziffern und tauchen in den Beratervorschlägen nicht auf.

Kenner der deutschen Sozialverfassung werden einwenden, dass die geplante Kostenentlastung trotz der Bilanzierungstricks dauern kann, weil teilweise längere Kündigungsfristen zu beachten sind und mit dem Betriebsrat, sofern es den gibt, eine Einigung über einen Sozialplan nötig ist. In der Tat ist Kostensenken durch Personalabbau in den USA oder Großbritannien schneller und meist auch billiger – Grund genug für Unternehmerverbände, in Deutschland penetrant einen weiteren Abbau des Kündigungsschutzes anzumahnen, um gleiche

Konkurrenzbedingungen zu erreichen. Dabei sind schon viele deutsche Unternehmen durch den Kündigungsschutz vor unüberlegten Kahlschlägen bewahrt worden, die die Leistungsfähigkeit und die Kultur des Unternehmens gefährdet hätten.

Fragwürdige Kennziffernvergleiche

Zu den Standardmethoden der Berater gehört das erwähnte Benchmarking, der Vergleich mit dem Primus, dem Marktführer. Bei diesem Verfahren werden Bereiche wie die Buchhaltung für einen Wettbewerbsvergleich definiert und dafür entsprechende Leistungskennziffern erhoben. Es werden etwa die Personal- und Sachkosten pro bearbeiteter Rechnung ermittelt. Ins Verhältnis gesetzt zur Gesamtzahl der bearbeiteten Rechnungen, ergibt das eine Kennziffer für die Kosten. Ebenso können die Durchlaufzeiten für die Ausführung eines Vorgangs oder die Erstellung eines Produkts verglichen werden. Doch ein methodisches Problem dabei ist die richtige Zuordnung von Kosten und Kapazitäten. Auch ist unklar, auf welcher Datenbasis die Prozesskosten beim Branchenprimus ermittelt wurden. Sind es Spitzenwerte oder Durchschnittsangaben? Das ist zwar entscheidend für die Interpretation und die Übertragbarkeit, bleibt aber normalerweise ein Betriebsgeheimnis der Berater, wie überhaupt unterschiedliche Rahmenbedingungen in der Beratersicht außen vor bleiben (*Mitbestimmung* 3, 2008).

Aber wenn es darum geht, das Richtige zu tun, strategisch zu handeln, helfen Kennziffern auch nicht weiter. Sie zeigen bestenfalls Schwachstellen auf, aber nicht, wie und mit welchen Geschäften das Unternehmen erfolgreich wachsen kann.

Schlanke oder kranke Unternehmen?

In den neunziger Jahren zogen die Berater von McKinsey, Roland Berger und Co. wie Wanderprediger durch die Lande. Unermüdlich predigten sie die Zerlegung der Wertschöpfungsketten und die Vorteile der Auslagerung, des Outsourcing von bislang unternehmensinternen Arbeitsabläufen. Ihr Vorzeigebeispiel war die Hightech-Branche der PC-Industrie. Nur die hochspezialisierten Unternehmen, die auf ihrem Gebiet Marktführer sind, seien erfolgreich, denn sie wüchsen besonders schnell und verdienten am besten. Diese Marktführer hätten eine technische Kernkompetenz: Sie sind gut in der Entwicklung. Die Fertigung könnten andere übernehmen – am besten in Fernost. Als Beispiele führten die Berater gerne den US-Netzwerkanbieter Cisco an oder auch Chipfirmen, die sich nur auf das Design von Halbleitern spezialisierten.

Das Mantra der Berater für die Manager war: Baut eure Firma um! Zerlegt sie in ihre Einzelteile! Konzentriert euch auf das Kerngeschäft! Macht nur das, was die Firma besonders gut kann! Gliedert den Rest aus!

McKinsey und andere Beratungsfirmen setzten und verstärkten damit Trends, die die Entwicklungsrichtung ganzer Branchen bestimmten. Denn viele Unternehmensvorstände sprangen auf diesen Zug auf. Es war wie der Zug der Lemminge. Das Ergebnis ist speziell in der PC-Industrie zu besichtigen. Einstige Marktführer wie Compaq oder Dell, die alles auslagerten, was nicht niet- und nagelfest war, die zur Minimierung der Kapitalbindung nicht nur die Bürogebäude, sondern auch Schreibtische und die eigenen Computer geleast hatten, die also nach dem Glaubensbekenntnis des Asset-Light-Kapitalismus, der niedrigen Kapitalbindung, kaum Substanz hatten, sind untergegangen oder übernommen worden oder haben mit Verlusten zu kämpfen. IBM, der Pionier des Personalcomputers, hat das PC-Geschäft unter dem Namen Lenovo nach China verschenkt. Die meisten verbliebenen Firmen, die PCs herstellen und vermarkten, verdienen kaum Geld damit.

Denn der von den Beratern propagierte Trend zur immer weiteren Zerlegung der Wertschöpfung in viele spezialisierte Zulieferer für ein elektronisches Endprodukt hat eine Abwärtsspirale in Gang gesetzt, der nur wenige Markenhersteller entkommen konnten. Die Gewinnmargen sind äußerst dünn. Auch viele Zulieferer erleben den Verfall ihrer Profite. Resultat: Geforscht und entwickelt wird nur noch bei Microsoft, Intel und AMD. Allein Apple hat sich diesem Trend erfolgreich widersetzt, die Innovation im Produkt auf den Austausch von einzelnen Bauteilen zu beschränken.

Mit diesen von den Beratern gemachten Trends gibt es nur noch ein Modell für Produktion und Produktinnovation, dem sich alle Unternehmen in einem speziellen Markt mehr oder weniger anpassen müssen – ein eindimensionaler Weg, der die Optionen für ganze Branchen verengt. Wenn alle anderen Unternehmen die interne Wertschöpfung reduzieren und stattdessen verlagern und outsourcen oder in China produzieren lassen, hat ein Unternehmensvorstand, der einen anderen Weg gehen will, Schwierigkeiten. Er ist sozusagen gefangen.

Auch in der Autoindustrie ist solch eine Entwicklung im Gang. Manche sprechen schon von der »Adidasierung« der Branche, weil die eigene Wertschöpfung der Hersteller immer weiter zurückgeht und die Abhängigkeit von Zulieferern für zentrale Komponenten wie den Antriebsstrang, die Elektronik oder auch den kommenden Elektroantrieb immer größer wird. Branchenexperten rechnen deshalb damit, dass sich die

Machtverhältnisse zwischen den Markenherstellern und den Autozulieferern bald umkehren.[21] Die waren die letzten zehn Jahre davon geprägt, dass die Einkäufer der Autohersteller bei ihren Zulieferern jährliche Preissenkungen um 3 bis 5 Prozent erzwangen, während die Autopreise weiter stiegen. Gerüchten zufolge sollen Zulieferer, die noch keine Produktion in Osteuropa hatten und auch keine Pläne dafür, beim Preispoker besonders erpresst worden sein. Denn wer noch nicht in Niedriglohnländern produziert, beweist doch damit schlagend, dass seine Preise noch viel zu hoch, seine Gewinnmargen zu groß sind!

Damit schließt sich der Kreis. Was die Beraterbranche einst als unschlagbares Rezept zur Steigerung der Profite in die Welt gesetzt hatte und was zeitweilig vielleicht funktioniert, wenn ein Unternehmen als erstes diese Rezepte umsetzt, während die Wettbewerber an ihren alten Geschäftsmodellen festhalten, führt unweigerlich zu einem Verfall der Profite von ganzen Branchen und zur Gefährdung der Unternehmenssubstanz, wenn alle dieselben Rezepte anwenden.

Selbstverständlich sind Beraterrezepte nicht zeitlos gültig. Sie basieren auf bestimmten Annahmen. Die können sich plötzlich ändern, wie wir gerade erleben: Die niedrigen Löhne in Osteuropa, Indien oder China müssen nicht niedrig bleiben, schon gar nicht für Fachkräfte. Die Zeiten billiger Kreditfinanzierung sind vermutlich auf längere Zeit vorbei. Und Rohstoffe sowie Transportkosten waren früher günstig, steigen aber beständig im Preis. Während es bis vor kurzem selbstverständlich war, dass ein Autobauer kein eigenes Stahlwerk brauchte, wie es GM oder Ford in den USA noch vor fünfzig Jahren hatten, könnten eigene Stahlwerke bald wieder »in« sein, weil sie Versorgungssicherheit und Preisstabilität garantieren.

Plötzlich geht es auch nicht mehr um die Konzentration auf das Kerngeschäft und das Abstoßen, Outsourcen oder Verkaufen von allen Geschäften und Abteilungen, die nicht zu der gerade gültigen Definition des Vorstands vom Kerngeschäft passen. Inzwischen wird von Kernkompetenzen gesprochen. Das ist kein begrifflicher Eiertanz, sondern eine Abkehr von bisherigen Dogmen, etwa dem Denken in Produktkategorien, die bislang das Kerngeschäft ausmachten. Jetzt geht es mehr um die Frage: Gibt es im Unternehmen Technologien und Kompetenzen für neue Geschäfte in neuen Märkten? So hat der weltgrößte Autozulieferer Bosch 2008 den Solartechnikanbieter Ersol übernommen – ein Deal, der nicht zu den Kerngeschäften von Bosch passen will, bei denen es bislang um Autoelektrik, Bohrhämmer oder Sicherheitstechnik ging (*Handelsblatt*, 12.6.2008). Aber wahrscheinlich eine wichtige Verstärkung in Zeiten von Energiekrise und Klimadebatte.

Wie McKinsey Verlagerungen populär gemacht hat

Wenn fast alle und vor allem die Marktführer Arbeitsplätze verlagern, hat die Firma, die nicht verlagert, ein Problem: Sie muss sich rechtfertigen. Das Benchmarking, bei dem Unternehmen anhand von Kennzahlen – zum Beispiel dem Anteil der Arbeitsplätze oder der Wertschöpfung in Niedriglohnländern – verglichen werden, verstärkt diesen Trend und führt zur Eindimensionalität unternehmerischer Entscheidungen.

Outsourcing und Offshoring gehören heute zu den Standard-Rezepten in den Management-Kochbüchern vieler Firmen. Aber niemand hat den Trend so beharrlich gepredigt wie die Unternehmensberatung McKinsey und der US-Industriekonzern General Electric. Und Manager beider Unternehmen praktizieren, was sie predigen. McKinsey und General Electric sind so etwas wie die Outsourcing- und Verlagerungs-Pioniere, einzigartig sowohl in ihrer Größe wie auch in ihrer Besessenheit. Beide verstehen Outsourcing mehr als Hebel für Wachstum und Effizienz denn als Methode zum reinen Kostensenken.

McKinsey entwickelte 1995 den neuen Trend und begann dann, die eigenen Berater in der ganzen Welt entsprechend auszurichten. Er war das Ergebnis eines internen Projekts über die Auswirkungen der digitalen Wirtschaft auf die Dienstleistungen: Drastisch fallende Kosten für die Telekommunikation würden eine neue Welt von *remote*, also von weit entfernt erbrachten Dienstleistungen entstehen lassen – mit Standorten in Indien oder China für Kunden in den USA und anderswo. McKinsey gründete damals ein eigenes Zentrum in Neu-Delhi, dessen Mitarbeiter Datenberge verarbeiteten, Trends analysierten und Präsentationen für McKinsey-Berater in München und New York erstellten. Dieses Zentrum in Neu-Delhi wurde bald das Outsourcing-Vorzeigebeispiel für McKinsey-Kunden.

Da die McKinsey-Partner geschäftstüchtig sind, wurden sie selbst bald unternehmerisch tätig – im Outsourcing- und Offshoring-Geschäft. Ein früherer Partner von McKinsey London hat in Neu-Delhi die Firma Evalueserve mitgegründet, die Datenanalyse und Marktforschung für Hedgefonds und Investmentbanken betreibt. Die indischen Call-Center- und Bürodienstleister WNS und TransWorks, die für Banken und Technologieunternehmen arbeiten, wurden ebenfalls von McKinsey-Leuten gegründet. Und da andere McKinsey-Partner und -Berater nach ihrer Schulzeit bei der Beraterfirma zu anderen Firmen als Manager gingen, gaben sie eine aufgeschlossene Kundenbasis für das neu entstandene Outsourcing-Geschäft ab.

1996 fand die Finanztochter von General Electric, GE Capital, zu wenig Fachkräfte für das weitere Wachstum des Geschäfts mit Hypotheken-Refinanzierungen. GE Capital gründete eine kleine Niederlassung in Delhi, die bald weltweite Anerkennung fand. Als andere Geschäftszweige von General Electric auch nach Indien wollten, beschloss der Vorstand, alle Unternehmensbereiche sollten durch Outsourcing effizienter werden. Aus dem General-Electric-Büro in Neu-Delhi wurde die General-Electric-Tochter Gecis Global. Die ist inzwischen an Finanzinvestoren verkauft, heißt nun Genpact und macht mit weltweit 19 000 Beschäftigten fast eine halbe Milliarde US-Dollar Umsatz.

Heute sind die Veteranen von General Electric und McKinsey einflussreiche Prediger der Outsourcing-Vorzüge und Verlagerungen. Und diese Veteranen, die entweder als Unternehmer selbst Outsourcing-Dienste anbieten oder als Vorstände von großen Unternehmen deren Kunden sind, können sich dabei auf das riesige Old-Boys-Netzwerk von McKinsey und General Electric verlassen. Der Vizepräsident von NASS-COM, der Vereinigung der indischen Software- und IT-Dienstleister, wird mit den Worten zitiert: »Jedes Mal, wenn wir ein Outsourcing-Forum veranstalten, ist es wie eine Veranstaltung der Ehemaligen von General Electric und McKinsey.« (*Business Week*, 6.3.2006)

Die Jagd auf Minderleister als Beraterkonzept

Auf Empfehlung der weltweit führenden US-Personalberatung Watson Wyatt wollte Ex-Infineon-Chef Ulrich Schumacher 2003 seinem Konzern eine neue Leistungskultur (neudeutsch: Performance Culture) verordnen. In allen Bereichen und Abteilungen sollten von nun an »Minderleister« identifiziert werden – und eine letzte Chance bekommen. Seine Vorgabe war es, jährlich 5 Prozent solcher Minderleister auszusondern. Schumacher warb damit, ein guter Ingenieur müsse die Chance haben, fünfmal so viel zu verdienen wie ein *low performer*. Als »Reise nach Jerusalem« kennzeichnete die *Frankfurter Allgemeine Sonntagszeitung* diesen Plan. Die Beraterphilosophie hinter dieser Methode der Personalführung: Leistung ist ungleich verteilt, die sogenannten Minderleister blockieren die Engagierten, senken die Motivation aller und gefährden damit den Geschäftserfolg. Das Unternehmen wird umso erfolgreicher, je besser Leistungsträger belohnt und Leistungsschwache aussortiert werden.

Auch in der früheren Siemens-Geschäftseinheit für Mobilfunk-Netze, die inzwischen in Nokia Siemens Networks aufgegangen ist, verordneten Unternehmensberater 2001 die Identifizierung und die anschließende Trennung von gleich 16 Prozent (!!) der Belegschaft. Denn die Berater hatten in ihren Dreisatz-Rechnungen einen Personalüberhang von 16 Prozent ausgemacht. Und natürlich war ihr Vorschlag, nicht die »Leistungsträger«, sondern die *low performer* loszuwerden.

In den meisten US-Firmen und in den europäischen Töchtern von US-Firmen sind Leistungsbeurteilungen Ritual und Gegenstand ständigen Spotts (z. B. in den Dilbert-Comics). Beurteilungen sollen dem Mitarbeiter und dem Unternehmen wichtige Rückmeldungen liefern – so die Theorie. Heerscharen von Personalberatern machen viel Geld mit ausgefeilten Beurteilungsverfahren. Die sind ein US-Exportschlager und gehören zum Standard-Angebot von weltweit tätigen Beratungsfirmen. Auch in deutschen Unternehmen sind diese Performance-Review-Verfahren längst in Mode und sollen auch auf Tarifbeschäftigte ausgedehnt werden. Die Zusammenfassung der Leistungsbeurteilungen der einzelnen Mitarbeiter ergibt die Eingruppierung aller Beschäftigten einer Abteilung, eines Teams oder einer ganzen Firma in bestimmte Schubladen – beispielsweise nach den Kategorien Spitzenleister, Durchschnitt und Minderleister.

Forced ranking oder erzwungene Eingruppierung wird das Verfahren genannt, das in den USA viele Firmen praktizieren, weil es in den Augen vieler Manager das passende Werkzeug ist, in den USA eine Kündigung juristisch abzusichern und einer für die Firma teuren Klage des oder der Gekündigten etwa wegen Diskriminierung vorzubeugen. Kritiker sprechen freilich von *rank and yank:* einordnen und rauswerfen. Der Zweck ist tatsächlich immer Auslese und Entlassung. Unterschiede im Verfahren gibt es dort, wo genau die Schnitte gemacht werden, wie viele Leistungsgruppen oder Schubladen es gibt und wie groß sie sind. Bei der Computerfirma Sun sollten immer 20 Prozent hervorragend (*superior*) sein, 70 Prozent Standard und 10 Prozent Minderleister. Der frühere Sun-Chef Scott McNealy prägte für diese Selektion den bösartigen Satz: »Wir müssen die Minderleister zu Tode lieben!«

Bei General Electric führte der frühere Unternehmenschef Jack Welch, eine der Ikonen in der Welt der Manager, das *forced ranking* ein. Danach gelten 10 Prozent als Top-Leister, 15 Prozent als leistungsstark, 50 Prozent sind Standard, 15 Prozent sind kritische Fälle und 10 Prozent *low performer*. Weil General Electric unter Welch hochprofitabel wurde und weil Berater und Manager einfache Rezepte lieben, hat sich *forced ranking* nach dem Vorbild von General Electric immer mehr verbreitet.

Auch der Halbleiterriese Intel suchte früher unter seinen

Mitarbeitern ständig nach Minderleistern. Der frühere Intel-Chef Craig Barrett und seine Vorstände waren der Überzeugung, dass die mittlere Halbwertzeit eines Ingenieurs oder Chipentwicklers gerade ein paar Jahre beträgt. Dann sind sie ausgebrannt, und das Unternehmen muss sie loswerden.

Das Ganze ist nicht nur eine darwinistische Selektion als Methode der Personalführung und nicht nur moralisch äußerst fragwürdig. Es ist auch wissenschaftlicher Unsinn: Denn die Abstempelung als Minderleister ist immer relativ, bezogen auf eine Gruppe. Es gibt dafür keine objektiven Maßstäbe. Auch in einem Spitzenteam gibt es immer einige, die weniger »leisten« als andere – also Minderleister sind. Jede Gruppe hat per definitionem einen, der hinten liegt, ein Schlusslicht. Die Bewertungen reflektieren also nicht nur die Urteile der Manager, die oft genug Vorurteile sind. Denn die Quoten oder Schubladen für die sogenannten Minderleister sind völlig willkürlich, und die Manager müssen Quoten einhalten, damit in Zeiten ständigen Personalabbaus die gewünschte Zahl der Abzubauenden auch erreicht wird.

Die von den Beratungsfirmen entwickelten Mess-Systeme zur Personalführung basieren darüber hinaus auf falschen Annahmen und kruder Ideologie. So sollen einzelne Minderleister identifiziert und aussortiert werden, obwohl heute immer mehr Arbeit als Teamleistung erbracht wird. Dies gilt für Entwickler, Ingenieure und sonstige Spezialisten, die zusammen an Projekten mit ganz unterschiedlichen Laufzeiten arbeiten. Außerdem unterstellt das geradezu zwanghafte Einstufen der einzelnen Mitarbeiter in Schubladen, dass alle in ihrem Job gleiche Erfolgschancen haben. Die Realität sieht aber anders aus: Entwickler an einem Topprodukt haben mehr Chancen als andere, sich zu profilieren. Nicht jeder bekommt eine interessante Aufgabe, nicht jeder arbeitet mit der modernsten Technologie. Zudem ist es eine absurde Vorstellung, dass eine Firma von oben bis unten aus »Topleuten« bestehen müsse. Es braucht Querdenker und Unzufriedene, die den Finger in die Wunden legen. Jede Organisation benötigt auch die Stetigen und Anspruchslosen, die die Standard- und Detailarbeit machen. Schließlich erfordern die Verfahren der erzwungenen Eingruppierung hohen Aufwand für immer geringeren Nutzen. Denn der Nutzen des ständigen Sortierens nach »Leistungsträgern« und »Minderleistern« – besser gesagt: der Angsteffekt nach den ersten Schrotschüssen – geht bald gegen null.

Mehr noch: Die pseudowissenschaftlichen Mess-Systeme der Berater ruinieren die Unternehmenskultur. Viele Beschäftigte gehen in die innere Kündigung, Teamleistung wird unterminiert, und Beschäftigte mit guten Marktchancen kündigen bei der nächstbesten Gelegenheit.

Der frühere US-Qualitätspapst Edward Deming, der nach dem Zweiten Weltkrieg in der japanischen Industrie erfolgreich Produktions- und Qualitätssysteme installierte, zog in seinen Seminaren auch gegen die dominierende angelsächsische Managementphilosophie mit dem Fokus auf Leistungsbeurteilungen und Klassifizierungen zu Felde. Er schrieb:

»Ein Unternehmen ist ein System. Alle Mitglieder eines Systems sollten sich als Bestandteil desselben ansehen, da keine realistische Möglichkeit besteht, sich von ihm zu isolieren. Das Ziel des Systems und jeder Einzelperson sollte es sein, zusammenzuarbeiten, um das System als Ganzes zu optimieren. So ist jeder auf der Gewinnerseite (...). Der Schlüssel zur Verbesserung eines Systems ist die Methode. Es ist besser, eine Verbesserungsmethode anzuvisieren, als

auf Zielpunkte, Ziele oder Resultate zu fokussieren. Zahlen können manipuliert werden; besonders wenn sich das Umfeld mit Ängsten plagen muss (...).

Die Firmen müssen Ängste austreiben. Angst hemmt Innovation und Produktivität. Wir müssen langfristige Ziele setzen. Wir müssen Kurzzeitdenken und Kurzzeitprogramme stoppen. Wir benötigen langfristige Verpflichtungen und Führung, nicht Management oder Überwachung, um den Wandel vollziehen zu können. Wir brauchen Führungskräfte, die den Beschäftigten zuhören und helfen. Bewertungen hingegen veranlassen Führungskräfte, eher Richter als Trainer und Berater zu sein. Und die Führungskräfte wissen entgegen ihrer eigenen Meinung meist nicht, was ihre Beschäftigten genau machen (...). Amerika ruiniert sich selbst, indem es auf die Maximierung von Einzelleistungen setzt. Denn innerhalb eines Systems basieren nur 3 Prozent der erreichten Leistung auf einzelnen Personen und die restlichen 97 Prozent auf dem System!

Bei den Beschäftigten in einem Unternehmen gibt es eine natürliche Aufteilung von Fähigkeiten und Beiträgen. Der Schlüssel zum Erfolg besteht darin, alle zu fördern und ihre Entwicklung zu unterstützen (...). Leistungsbewertungen und die Klassifizierung von einzelnen Mitarbeitern gehören abgeschafft. Denn Bewertungen unterstützen Rivalitäten innerhalb des Systems, sie hemmen Teamarbeit und unterstützen Mittelmäßigkeit. Bewertungen verursachen Kurzzeitplanungen. Wieso soll man langfristig planen, wenn man nach sich jährlich ändernden Kriterien bewertet wird? Bewertungen tendieren dazu, die intrinsische Motivation (Freude und Stolz an der Arbeit) und das Selbstwertgefühl zu zerstören (...). Bewertungen hemmen Innovation und

Risikobereitschaft. Die Beschäftigten haben Angst, insbesondere gegenüber ihrem Vorgesetzten Fehler einzugestehen (...). Bewertungen fördern Suboptimierung. Das bedeutet, dass die Beschäftigten sich nicht darauf konzentrieren, das System als Ganzes zu optimieren. Einzelpersonen orientieren sich eher an der Frage: ›Was ist für mich drin?‹ Es ist nahezu unmöglich, den Beitrag eines Einzelnen zum System zu messen. Die erfasste Leistung ist tatsächlich mehr dem System als dem Individuum zu verdanken.«[22]

Dem ist nichts hinzuzufügen.

Unternehmensberater in der Politik: die Gesellschaft als Firma

Die Beratungsfirmen haben nicht nur den Zugang und ihren festen Platz in den Chefetagen vieler mittlerer und vor allem großer Unternehmen erobert. Sie gehen auch in den öffentlichen Verwaltungen ein und aus. Sie sollen dort nicht nur Abläufe optimieren, sondern entwerfen komplette Wirtschaftsreformen und Gesetze, Arbeitsmarktreformen oder auch Konzepte für den Umbau des Schulwesens. Und das nicht nur in Deutschland, sondern europa- oder weltweit.[23]

Dabei dreht es sich um eine weltweite Beratungseuphorie in sozialrevolutionärer Absicht, wie es der Kasseler Soziologe Heinz Bude einmal formuliert hat. Nicht mehr Politiker oder radikale Philosophen, sondern die Berater entwickeln die Modelle, wie wir künftig leben werden. Sie haben mit ihren Blaupausen den Umbau der Arbeitslosenversicherung in Deutschland entworfen, so dass heute gefordert wird, jeden miesen Job anzunehmen, aber nicht mehr gefördert wird. Und natürlich haben sie an der Transformation dieser und anderer gesellschaftlicher Einrichtungen kräftig verdient.

Wo sie ihre Modelle umsetzen können, richten sie ganze Gesellschaften auf die Erfordernisse der Märkte aus und sorgen für die beschleunigte soziale Spaltung, manchmal auch für den Niedergang ganzer Staaten. In Jelzins Russland hatten sich amerikanische Beraterfirmen breitgemacht und die Privatisierung, den Übergang zur Marktwirtschaft »pur« verordnet – von einem Tag zum anderen. Das Ergebnis war die russische Version der Räuberbarone, die Oligarchen, und die Verelendung breitester Volksschichten. Noch heute ist die durchschnittliche Lebenserwartung in Russland niedriger als vor zwanzig Jahren.

Der Mehrwert, den die Berater für die Verbesserung der Effizienz öffentlicher Einrichtungen liefern, ist zweifelhaft. Eines der Grundprobleme ihrer Rezepte besteht in einer schlichten Verwechslung. Sie verwechseln nämliche staatliche Institutionen, die einen gesellschaftlichen Auftrag haben und sich demokratisch legitimieren müssen, mit einem Betrieb, der auf Gewinnerzielung aus ist. Gegen die Optimierung von Verwaltungsstrukturen ist nichts zu sagen. Aber Rezepte, die in der Privatwirtschaft schon fragwürdig sind und viel Schaden anrichten, können in Verwaltungen nicht automatisch funktionieren.

Mit dem politischen Aufstieg der Beraterkaste geht der Einflussverlust der Parlamente einher. Die Konzepte der Berater werden nicht offengelegt, nicht in der Öffentlichkeit diskutiert. Intransparente Beraternetze, kleine, nicht demokratisch legitimierte Netzwerke entscheiden wichtige ökonomische und soziale Fragen, die alle betreffen. Dabei benutzen die Berater dieselben Werkzeuge und Begriffe wie bei der Restrukturierung von Unternehmen. Die soziale Kälte ihrer Operationen zeigt sich schon an ihren technokratischen Begriffen: Hartz IV – das klingt wie V2, ein Begriff wie eine Vernichtungswaffe.

Anekdote am Rande: Ausgerechnet Roland Berger, Gründer von Deutschlands führender Unternehmensberatung, hat im Frühjahr 2008 eine Stiftung zum »weltweiten Schutz der Menschenwürde« ins Leben gerufen. Die Stiftungsurkunde überreichte dem 70-Jährigen standesgemäß Bayerns damaliger Landesvater Günther Beckstein (CSU) in der Münchener Residenz. Das Stiftungskapital von zunächst 50 Millionen Euro will Berger aus seinem Privatvermögen lockermachen.

Als Gründer seiner Unternehmensberatung und als Botschafter der »Initiative Neue Soziale Marktwirtschaft« hat Berger regelmäßig zu hohe Lohn- und Abgabenlasten für die deutsche Wirtschaft, angebliche sozialstaatliche Exzesse und die Regulierungswut der Politik kritisiert. Berger ist einer der Wegbereiter des »schlanken Staates«. Denn die Reichen brauchen den Staat ausschließlich zum Schutz ihres Eigentums und für die Rechtssicherheit bei ihren Geschäften. Der Rest – von den öffentlichen Schulen über das Gesundheitswesen bis zu den Sporteinrichtungen – ist in ihren Augen »Sozialklimbim«, der »schlank« gemacht werden kann. Insofern ist Roland Berger ein ganz besonderer Verteidiger der Menschenwürde.

Die große Verlagerungslüge 4

*»Seit dem Zusammenbruch des Sozialismus
liegt Hongkong lohnpolitisch direkt vor unserer Haustür.«*
HANS-JOACHIM GOTTSCHOL
früherer Präsident von Gesamtmetall

Die Verlagerung von Arbeitsplätzen –
ein Allheilmittel?

McKinsey und andere Beraterfirmen haben in den USA und in Europa die Verlagerung von Arbeitsplätzen in Niedriglohnländer unter Managern populär gemacht. Deshalb muss sich heute ein Unternehmensvorstand, der noch nicht in Niedriglohnländern produzieren lässt und das auch nicht plant, auf kritische Fragen gefasst machen. Der von den Beraterfirmen erzeugte und verstärkte Trend zu Verlagerungen hat natürlich reale Grundlagen – in dem riesigen Heer billiger Arbeitskräfte, die den westlichen Unternehmen mit dem Fall der Mauer in Berlin und mit dem Fall der Großen Mauer in China plötzlich zur Verfügung stehen. Diese Entwicklung hat den Arbeitsplatzverlagerungen so richtig Schwung gegeben. Das gilt insbesondere für die deutsche Industrie. Die kann nämlich aus der geographischen Lage in direkter Nachbarschaft zu den Niedriglohnparadiesen in Mittel- und Osteuropa besondere Vorteile ziehen: Hans-Joachim Gottschol, früherer Präsident des Arbeitgeberverbandes Gesamtmetall, hat schon 1993 vorgerechnet, dass die Arbeitsstunde in Stuttgart 45 DM, die in Budapest aber nur 4,50 DM kostet.

Bei den Großunternehmen gehört die Verlagerung von Fertigungsstätten nach Asien schon seit langem zum kleinen Einmaleins des Managements. Der Geschäftsführer von Siemens Components Singapur erklärte bereits 1993 in der Siemens-Werkszeitschrift *Siemens-Welt* (3, 1993) zu den Gründen für den Aufbau der Chipfertigung in Singapur: »(...) die Infrastruktur-Telekommunikation, Energie- und Wasserversorgung sowie das Transportwesen funktionieren hervorragend (...) Fachkräfte [stehen] in einem Maß zur Verfügung, wie man es sonst nur in hochentwickelten Industrieländern findet. (...) Somit haben wir hier ein sehr sicheres soziales Umfeld, und wir haben auch keinerlei Sorge, dass sich daran Entscheidendes ändern wird. (...) Für uns ist zum Beispiel entscheidend, dass wir hier in der Lage sind, den Betrieb 365 Tage jeweils 24 Stunden laufen zu lassen, (...) [und dass] die Fertigungskosten um etwa 40 Prozent niedriger liegen. Die größte Einsparung ergibt sich dabei aus den deutlich niedrigeren Personalkosten. (...) Wir sind gerade dabei, ein IC-Design-Center (Chip-Entwicklungszentrum) aufzubauen (...), weil man hier ICs kostengünstiger entwerfen kann als in Europa.«

Nicht nur Großkonzerne, auch Textilfirmen und Schuh- und Lederwarenhersteller produzieren schon lange in Niedriglohnländern oder lassen im Auftrag dort produzieren. Dies gilt auch für die meisten Edelmarken. Dagegen sind die Mittelständler aus der deutschen Metallindustrie erst später dem Verlagerungstrend gefolgt.

Es ist ein bitteres Gefühl, als erfahrener Produktionsarbeiter oder als Facharbeiter in Deutschland plötzlich mit Arbeitskräften anderswo in Europa oder auf der Welt konkurrieren zu müssen, die nur einen Bruchteil des eigenen Lohns bekommen – für angeblich vergleichbare Qualität.

Auch wenn der simple Vergleich der Lohnkosten von vorne bis hinten nicht stimmt (siehe unten), ist er manchen Managern doch sehr hilfreich bei der Einschüchterung und Erpressung. Und längst hat die Angst um den Arbeitsplatz, der ins Ausland wandert, auch die einst heile Welt der Angestellten erreicht. Glaubten die Beschäftigten in Büros und Entwicklungsabteilungen bislang, dass ihre Arbeitsplätze sicher und vor der internationalen Konkurrenz geschützt seien, so werden sie durch den Siegeszug neuer Technologien wie Internet, schnelle Datenverbindungen und standardisierte Prozesse auf der Basis von SAP-Programmen eines Besseren belehrt. Die Arbeitsplätze in den Büros und Entwicklungsabteilungen sind für die Verlagerer nicht mehr tabu. Und anders als beim Transfer einer ganzen Produktion ist die Verlagerung von Angestelltenjobs in Niedriglohnländer erheblich billiger, funktioniert schneller, und es gibt in der Regel weniger Anlaufschwierigkeiten. Die Ankündigung der italienischen Bank Unicredit im Juni 2008, bei ihrer Tochter HVB in München Tausende Arbeitsplätze zu streichen und bestimmte Operationen ohne Kundenkontakt nach Polen zu verlagern, ist sicher nicht die letzte Hiobsbotschaft für die früher gut abgesicherten Angestellten in der Finanzbranche.

Verlagerungen laufen oft nach folgendem Muster ab: Zuerst werden bestimmte Teile der unternehmensinternen Wertschöpfung nach außen vergeben. Der Begriff Outsourcing beschreibt diese Auslagerung von Arbeiten, Prozessen etc. an andere Firmen. In der deutschen Finanzbranche vollzieht sich gegenwärtig die Konzentration der bankinternen Abteilungen für den

Zahlungsverkehr bei wenigen spezialisierten Anbietern. Der nächste Schritt dürfte die Verlagerung des Zahlungsverkehrs oder von Teilen desselben sein, auch Offshoring genannt. Dieser Begriff beschreibt die Auslandsverlagerung von firmeninternen Prozessen, Fertigungslinien etc. (»Offshore« bedeutet hier so viel wie »an fremde Gestade«). Für die Arbeiten und Arbeitsplätze, die ins nahe gelegene Ausland – beispielsweise in die Tschechische Republik oder nach Ungarn – verlagert werden, wird auch den Begriff Nearshoring (»ans nahe Ufer«) verwendet.

Ausgliederung aus dem Unternehmen und die Verlagerung ins Ausland oder Outsourcing und Offshoring gehen also oft Hand in Hand, aber zeitlich versetzt. Zuerst werden Teile der Wertschöpfung oder bestimmte Büroabläufe (z. B. Personalabrechnung) aus den bisherigen Prozessen herausgelöst und an externe Lieferanten oder an eigens ausgegründete Abteilungen übergeben. Dann können diese Arbeiten im nächsten Schritt ins Ausland verlagert werden.

Verlagerungsrechnungen: Dichtung und Wahrheit

Wie alle größeren Investitionen müssen auch Verlagerungsprojekte verkauft werden – im eigenen Unternehmen im Vorstand, gegenüber den Eigentümern und den Mitarbeitern. Manchmal auch gegenüber der Öffentlichkeit, falls die Verlagerung zum Politikum wird. Angebliche Sachzwänge und harte Zahlen sind dann die Argumente, gegen die scheinbar kaum anzukommen ist. Doch auch die Zahlen zur Begründung einer Verlagerung sind keine objektiven Fakten und nicht neutral. Hinter den

Rechnungen stehen konkrete Interessen – der Unternehmensspitze und von einzelnen Managern.

Der übliche Trick ist der Vergleich der Personalkosten. Weil
handfeste Daten über Erfolg oder Misserfolg von Verlagerungsprojekten meistens fehlen, werden nur die Personalkosten ge-
genübergestellt. Das ist am einfachsten und vor allem besonders eindrucksvoll. Kritische Faktoren wie niedrigere Produktivität, Qualitätsprobleme, Transportkosten und -risiken oder
Anlaufschwierigkeiten, die manchmal fünf Jahre dauern, werden nicht berücksichtigt. Risiken wie extrem hohe Fluktuation
oder massiv steigende Löhne tauchen in den Vergleichen gar
nicht erst auf. Denn erst nach der Verlagerung sind die Manager
klüger als vorher – falls sie dann noch auf ihrem Posten sind.

Beim Vergleich der reinen Personalkosten sieht ein Hoch-
lohnstandort wie Deutschland in der Regel ganz alt aus. Denn
die Personalkosten in den Niedriglohnländern liegen auch bei
qualifizierten Fachkräften in der Regel nur bei 20 bis 40 Prozent von denen der deutschen Kollegen. Auch wenn sich diese
Kosten verdoppeln, bleibt unter dem Strich immer noch eine
satte Kostensenkung – sollte man meinen.

Stutzig macht allerdings, dass auf Verlagerungen spezialisierte Unternehmensberatungen, die selbst am Verlagerungsgeschäft verdienen, die gesamte Kostenersparnis aus
Verlagerungsprojekten deutlich geringer ansetzen: McKinsey
spricht nach der Auswertung von weltweit mehr als 250 IT-
Offshoring-Projekten von 3 bis 5 Prozent Ersparnis, in einzelnen Bereichen auch von 15 bis 20 Prozent. Der indische
IT-Dienstleister Infosys verspricht eine Kostenersparnis über
alle Phasen eines IT-Projekts von 20 Prozent. Die Unternehmensberatung Roland Berger behauptet immerhin eine Ersparnis von 30 Prozent für bestimmte Bereiche.

Konkretes Nachrechnen würde so manches Projekt als heiße Luft entlarven. Denn: Die einzig seriöse Kalkulation ist eine Vollkostenrechnung, die über einen Zeitraum von mehreren Jahren den Erträgen einer Verlagerung alle Kosten und Risiken gegenüberstellt – von den Produktivitätsunterschieden bis zu den durch die höhere Fluktuation verursachten Extra-Kosten der Personalbeschaffung und Ausbildung. Das Problem: Eine genaue Kosten-Nutzen-Rechnung eines Verlagerungsprojekts kann erst als Nachkalkulation nach ein paar Jahren erfolgen. Aber wie bei anderen Großprojekten (z. B. der Einführung eines EDV-Systems wie etwa SAP) unterbleibt auch bei Verlagerungsprojekten vielfach eine ehrliche Nachkalkulation. Denn das Geld ist ohnehin versenkt, und die ursprünglich verantwortlichen Manager sind häufig längst in anderen Funktionen.

Nachgerechnet – ein reales Beispiel

Eine Modellrechnung, hinter der ein reales Verlagerungsprojekt steht, soll die Problematik verdeutlichen. Die Rechnung demonstriert, dass eine Verlagerung oft nur wenig spart – sofern sie nicht von Kommunen, Staaten oder der EU subventioniert wird. Sie zeigt auch, dass für eine Verlagerungsentscheidung neben betriebswirtschaftlichen Faktoren offensichtlich auch ganz andere Dinge eine Rolle spielen. So die schlichte Tatsache, dass jedes große Unternehmen Billig-Standorte allein deswegen braucht, weil die Konkurrenz auch welche hat und die Kunden sich sonst wundern würden. Oder weil damit die Macht des Managements gegenüber Belegschaften und Sozialpartnern gestärkt werden kann.

Das Szenario: Ein internationaler IT-Dienstleister will IT-

Aufgaben, nämlich die Betreuung eines Rechenzentrums und den PC-Benutzerservice, aus Deutschland nach Ungarn verlagern. Statt Ungarn könnten es auch die Tschechische Republik oder die Slowakei sein, beides Länder, in denen es gut ausgebildete Fachkräfte und IT-Spezialisten gibt. Länder, in denen viele Englisch oder sogar Deutsch sprechen. Es handelt sich um Arbeitsplätze von Angestellten, um Dienstleistungen mit einem hohen Personalkostenanteil – ein Verlagerungsprojekt, das eigentlich unschlagbar ist.

Der Konzern kalkuliert in Deutschland 75 Euro pro Mitarbeiter als Stundensatz (inklusive Arbeitgeberanteil), in Ungarn 25 Euro pro Mitarbeiter, also derzeit ein Drittel des deutschen Ansatzes. Der Stundensatz für Ungarn mag manchen als relativ hoch erscheinen. Ist er aber nicht, denn es handelt sich um den Arbeitsmarkt für IT-Fachkräfte, die in der Regel eher jung, gut ausgebildet, mehrsprachig und ziemlich mobil sind. Deswegen sind die Unterschiede in den Stundensätzen wesentlich geringer als bei angelernten Tätigkeiten wie etwa der Montage von Handys.

Bei 1000 Mitarbeitern betragen die jährlichen Personalkosten bei 1500 Arbeitsstunden im Jahr 37,5 Millionen Euro in Ungarn, in Deutschland dagegen 112,5 Millionen. Die Differenz beträgt bei aktuellen Kosten immerhin 75 Millionen Euro pro Jahr. Also auf nach Ungarn, könnten einfache Gemüter daraus schließen.

Dieser simple Lohnkostenvergleich, der den deutschen »Kostenstellen mit zwei Ohren« – laut Finanzminister Peer Steinbrück das Bild vieler Vorstände von ihren Beschäftigten – gerne um die Ohren gehauen wird, ist jedoch unseriös und kann für ein Unternehmen, das auf dieser Basis Verlagerungsentscheidungen trifft, sogar existenzbedrohend sein. Im

Zweifelsfall sind dann aber die Verantwortlichen längst über alle Berge und haben ihre Risikoprämie inzwischen kassiert.

Denn für den Zeitraum von fünf Jahren hochgerechnet, sieht die Bilanz anders aus. Derzeit liegen die Lohnsteigerungen in Ungarn bei knapp 10 Prozent (Daten von Eurostat), bei den qualifizierten Tätigkeiten aber deutlich höher. Ähnliches wird aus Verlagerungszielen wie Indien oder China berichtet. Dank der Globalisierung und des weltweiten Wirtschaftsbooms sind die globalen Gehaltsdifferenzen für Tätigkeiten, die eine qualifizierte Ausbildung voraussetzen, in den letzten Jahren wesentlich geringer geworden. Der oft beschworene weltweite *war for talents*, die Unternehmerkonkurrenz um die Fachkräfte, führt in diesem Segment der Arbeitsmärkte zu einer schnelleren Angleichung der Einkommen.

Also ist eine durchschnittliche Steigerung der Stundensätze inklusive Nebenkosten in Ungarn von ca. 15 Prozent pro Jahr realistisch. Damit erhöht sich der Stundensatz in Ungarn binnen fünf Jahren auf etwa 44 Euro. Von solchen Steigerungsraten können IT-Fachkräfte in Deutschland derzeit nur träumen. Realistisch ist hier eher eine Steigerungsrate von 3 Prozent pro Jahr und damit ein Stundensatz von knapp 85 Euro im Jahr 2012. Der relative Abstand wird also Jahr für Jahr deutlich kleiner.

Hinzu kommt, dass die Produktivität in Ungarn anfangs wahrscheinlich nur bei 50 Prozent der deutschen liegt. Das ergibt ein um die Produktivität bereinigte Kostendifferenz von 37,5 Millionen Euro im ersten Jahr. Dass sich die Produktivitätsunterschiede über die Jahre verringern, wenn der Betrieb im stabilen Zustand ist, ist sicher unstrittig. Ob sie aber ganz verschwinden, ist fraglich. Unterstellt ist deshalb nach fünf Jahren, dass der Betrieb in Ungarn 90 Prozent einer vergleichbaren Rechenzentrums-Produktion in Deutschland erreicht.

	Pers.-Kosten D	Pers.-Kosten HU	Diff. Pers.-Kosten	Produktivität	Diff. Pers.-Kosten
	Mio. €	Mio. €	Mio. €	HU zu D	produktivitäts-bereinigt
2008	112,5	37,5	75	0,5	37,5
2009	115,9	43,1	72,8	0,6	43,68
2010	119,4	49,6	69,8	0,7	48,86
2011	122,9	57	65,9	0,8	52,72
2012	126,6	65,6	61	0,9	54,9
Ersparnis Personalkosten produktivitätsbereinigt					237,66

Immerhin bringt unsere Verlagerung Einsparungen in Höhe von knapp 238 Millionen Euro über fünf Jahre, auch wenn höhere Lohnsteigerungen und die geringere Produktivität in die Rechnung einbezogen werden. Die Zahlen sind schlagend. Aber dem rechnerischen Verlagerungsgewinn stehen die einmaligen und dauernden Aufwendungen für die Verlagerung gegenüber. Und diese Kosten werden nach Erfahrungen aus vielen Unternehmen in der Regel massiv unterschätzt.

Kosten für Doppelbetrieb: Im Rechenzentrum, dem elektronischen Herz moderner Unternehmen, laufen in der Regel kritische Anwendungen für zentrale Unternehmensabläufe wie die Produktionssteuerung oder die Buchhaltung der Kunden. Deshalb funktioniert die Verlagerung eines Rechenzentrums nicht ohne Parallel- oder Doppelbetrieb für ca. ein Jahr. Im PC-Benutzerservice ist mit wesentlich weniger Aufwand für

Doppelbetrieb zu rechnen. Angenommen sind deshalb für das erste Jahr 50 Prozent der Personalkosten in Deutschland, macht 56 Millionen Euro.

Schulungskosten: Die 1000 neuen Mitarbeiter in Ungarn müssen geschult werden. Angenommen sind drei Monate Schulung je Mitarbeiter. Der Schulungsaufwand (ohne Personalkosten) ist mit insgesamt 20 000 Euro pro Mitarbeiter über fünf Jahre sicher nicht zu hoch angesetzt, das ergibt Schulungskosten in Höhe von 20 Millionen Euro.

Reisekosten: Die Verlagerung führt zu erheblich erhöhtem Reiseaufwand, speziell in den ersten Jahren. Die Reisekosten werden hier linear angesetzt mit 1 Million Euro pro Jahr, zusammen also 5 Millionen Euro.

Koordinations- und Managementaufwand: Diese Position wird von Entscheidern meist dramatisch unterschätzt. Erfahrungsgemäß werden jahrelang Manager aus den Zentralen in dem Niedriglohnstandort eingesetzt. Dabei handelt es sich wohlgemerkt um zusätzliche Management-Aufgaben, denn die Verlagerung spart in der Regel keine Managerposten in Deutschland. Bei der Größe des Rechenzentrums werden fünf Manager zu je 200 000 Euro im Jahr zusätzlich benötigt. Der Aufwand beläuft sich auf 5 Millionen Euro.

Dokumentation: Die im Rechenzentrum laufenden Anwendungen sind zu dokumentieren oder existierende Dokumentationen müssen aktualisiert werden, damit der Betrieb komplett übergeben werden kann. Dazu müssen die Dokumentationen in der Regel übersetzt werden. Angesetzt sind für den Extra-

Dokumentationsaufwand und für die Übersetzung jeweils 2 Millionen Euro, also 4 Millionen Euro.

Rechtskosten der Ansiedlung: Für Anwälte, Anträge, Berater etc. sind pauschal 5 Millionen Euro angesetzt.

Kosten Infrastruktur, Gebäude: Vergleichbare Gebäude kosten mit der besonderen Einrichtung, Klimatisierung etc. einmalig etwa 20 Millionen Euro.

Rechner- und Arbeitsplatzausstattung: Dafür ist ein Aufwand von 1500 Euro pro Arbeitsplatz nicht zu hoch angesetzt. Das macht bei 1000 Mitarbeitern 1,5 Millionen Euro.

Betriebskosten: Veranlagt werden pauschal 5 Millionen Euro pro Jahr, macht 25 Millionen Euro.

Leitungskosten: Wegen des hohen Datenvolumens sind feste Datenleitungen nötig. Die Kosten sind zwar weltweit dramatisch gesunken, liegen aber immer noch bei 3 Millionen Euro im Jahr, also zusammen bei 15 Millionen Euro.

Sozialplankosten: Auch wenn ein Teil der von der Verlagerung Betroffenen eine andere Stelle im Unternehmen in Deutschland findet, kommt es zu Personalabbau und damit zu Restrukturierungskosten. Angenommen sind hier Abfindungen für 500 Mitarbeiter zu je 100 000 Euro, zusammen 50 Millionen Euro.

Ergebnis: Einem kalkulierten Projektertrag über fünf Jahre von knapp 238 Millionen Euro stehen im gleichen Zeitraum belastbare Aufwendungen von 206 Millionen Euro gegenüber. Das ergibt einen rechnerischen Verlagerungsgewinn von 30 Millionen Euro in fünf Jahren oder von 6 Millionen Euro pro Jahr – ein für die Entscheider in den Vorständen niederschmetterndes Ergebnis und insgesamt ein bescheidener Ertrag, und das, obwohl nicht einmal für alle Positionen die schlimmsten Risiken für die Verlagerer unterstellt sind.

Denn weitere, sehr wahrscheinliche Risiken in der Rechnung sind noch ausgeblendet. Beispiel: die *Kosten der Personalbeschaffung*. Bei einer Fluktuation von 20 Prozent im Jahr – in Indien müssen IT-Dienstleister sogar mit 50 Prozent Fluktuation rechnen – entstehen erhebliche Extrakosten für Personalbeschaffung, Schulung und so weiter. Binnen fünf Jahren summiert sich das wahrscheinlich auf einen zweistelligen Millionenbetrag. Hinzu kommen die *Kosten für künftig leerstehende Gebäude* in Deutschland. Aber die werden in der Regel auf andere Kostenstellen verbucht ebenso wie die *Verlagerungsplanung* und der *Extra-Aufwand des Managements*. Auch durch solche Zahlenspiele lassen sich Verlagerungen schönrechnen.

Subventionen liefern das gewünschte Ergebnis

Ganz anders sieht das Ergebnis freilich aus, wenn Subventionen und Steuerersparnisse ins Spiel kommen. Die Rechnung geht auf, wenn das Unternehmen bei der Ansiedlung in Ungarn die Werkhallen und die Infrastruktur praktisch geschenkt bekommt, wenn es in den ersten fünf Jahren in Ungarn kaum Steuern zahlen muss, wenn die EU die Schulungskosten übernimmt und wenn der deutsche Steuerzahler anteilig an den

Kosten des Umzugs, der Sozialpläne oder den Ausgaben für die leerstehenden Gebäude beteiligt wird.

Eine Eingabe in die Suchmaschine Google mit den Stichworten »Investieren & Ungarn« oder »Investieren & Polen« erschließt eine ganze Welt von Förderinstitutionen, die jedem verlagerungswilligen Mittelständler mit Rat und Tat zum Abgreifen von Fördermitteln und zum Steuersparen zur Seite stehen. In der Regel werden Investitionen in den neuen EU-Ländern mit 30 Prozent der Investitionssumme bezuschusst. Außerdem gibt es befristete Steuerbefreiungen, die quasi kostenlose Vergabe von Grundstücken und manchmal auch eine befristete Übernahme von Lohnkosten durch Kommunen bzw. Regionen.

Produktionsverlagerungen werden also direkt und indirekt mit Mitteln der EU gefördert. Als der schwedische Electrolux-Konzern 2006 entschied, sein AEG-Waschmaschinenwerk in Nürnberg zu schließen und die Fertigung nach Polen zu verlagern, gab es natürlich keinen expliziten Antrag von Electrolux auf Förderung der Verlagerung. Aber selbstverständlich gewährte die EU eine Investitionsförderung für die Errichtung einer neuen Waschmaschinenfabrik in Polen. Dass ihre Fertigstellung und Inbetriebnahme das Nürnberger AEG-Werk überflüssig machen würde, war den Konzernstrategen klar. Sie haben es bloß nicht in ihren Subventionsantrag geschrieben. Vermutlich hat auch kein EU-Beamter nach den Konzern-Standortplanungen gefragt oder Sicherheiten verlangt und Auflagen gemacht. Dabei hätte schon eine einfache Marktanalyse genügend Erkenntnisse geliefert.

Die Politik trägt auf diese Weise Mitschuld am Subventionsnomadentum der Konzerne. Die EU hat mit massiver Unterstützung besonders der deutschen Regierungen einen grenzenlosen Binnenmarkt geschaffen. Die freie, ungehinderte Standortwahl auf diesem Markt ist gewollt. Und dieser EU-Binnenmarkt hat eine aggressive Kapitalwanderung ausgelöst. Da darf man sich nicht wundern, wenn Konzerne dorthin wandern, wo die höchsten Renditen winken. Ethik hat da keinen Platz.

Investitionsförderung ist eine Sache. Eine andere Sache sind Subventionen für den Arbeitsplatztourismus, für die Verlagerung von Arbeitsplätzen. Das schafft keine Innovationen, keinen Mehrwert für die fördernde Europäische Gemeinschaft. Zweifellos brauchen die neuen EU-Mitglieder wie Polen, Rumänien oder Ungarn eine moderne Infrastruktur und benötigen eine Wirtschaftsförderung. Es ist jedoch pervers, dass renditestarke Unternehmen wie Nokia einen subventionierten Standort schließen, um anderswo einen neuen zu eröffnen, der ebenfalls aus dem EU-Haushalt subventioniert wird. Am Ende ist Nokia in Rumänien mit noch höheren Gewinnen der Sieger, während die Kosten der Schließung in Bochum vergesellschaftet werden.

Ein wesentliches Mittel, um das schamlose Abgreifen von Fördermitteln zu unterbinden, ist Transparenz. Alle Förderanträge sollten deshalb öffentlich zugänglich sein. Die dahinterstehenden Konzernplanungen müssen ebenfalls öffentlich gemacht werden, weil der jeweilige Konzern die Gesellschaft ja auch an den Kosten seiner Unternehmenspolitik beteiligen will. Schließlich muss die Vergabe von Fördermitteln an harte Sicherheiten, Auflagen und strenge öffentliche Kontrollen gebunden werden.

Denn der Fall Nokia (siehe unten) hat gezeigt: In der Praxis wurden und werden die Auflagen, die an die Subventionen geknüpft sind, durch die zuständigen Behörden nicht kontrol-

liert. Vermutlich wird jede Zahlung von Elterngeld, Kinder-
geld oder von Hartz IV in Deutschland mehr und regelmäßiger
überprüft als eine Unternehmenssubvention. Warum wurden
die Subventionen von 88 Millionen Euro, die Nokia für die
Ansiedlung in Bochum vom Bund und dem Land NRW erhielt
(*Stuttgarter Zeitung*, 20.1.2008), nicht in eine Kapitalbeteili-
gung umgewandelt, um bei der Entscheidung über den Standort Bochum wenigstens im Aufsichtsrat mit dabei zu sein?

Doch bislang haben weder die EU noch die Bundesregierung erkennen lassen, wie die Politik nach dem Nokia- oder
dem AEG-Skandal in der Subventionsvergabe umsteuern will.
Der Grund liegt vermutlich in der Tatsache, dass deutsche
Konzerne selbst zu den großen Profiteuren der Verlagerungs-
subventionen gehören.

Auf Druck der Gewerkschaften wollte die Regierungskoalition zwar im Rahmen der Unternehmensteuerreform 2008
den Aufbau ausländischer Standorte künftig mit einer Weg-
zugssteuer belegen. Die Idee: Wenn ein Unternehmen eine
Funktion ins Ausland verlegt, sollte es die potenziellen Gewinne der Auslandstochter in Deutschland versteuern. Damit
wollte die Bundesregierung beispielsweise die gängige Praxis
unterbinden, dass Konzerne in Deutschland entwickeln lassen und den deutschen Steuerzahler an den Entwicklungs-
kosten beteiligen, während die Fertigung des neuen Produkts
im Niedriglohnland stattfindet und dort die Gewinne niedrig
versteuert werden. Aber die Besteuerung von Verlagerungen,
mit denen die Regierungskoalition eigentlich auch einen Teil
der Steuerausfälle aus der Senkung der Unternehmensteuern
ausgleichen wollte, ist vom Tisch (*Handelsblatt*, 24.4.2008).
Denn ein neues Auslandsgeschäft fällt nicht unter die Steuer, wenn das Unternehmen fünf Jahre lang nachweist, dass es

nicht gleichzeitig im Inland die entsprechenden Arbeitsplätze abbaut. Der Nachweis sollte den Unternehmen nicht schwerfallen, da sie die Gestaltungsmacht besitzen, wie sie welche Arbeitsplätze zuordnen.

Resümee: Verlagerungen von Arbeitsplätzen werden erst durch Subventionen und Steuervorteile wirklich attraktiv – die Senkung von Lohnkosten allein macht es nicht.

Nokia: Umzug nach Rumänien wegen Lohnkosten?

Aber hat nicht Nokia das Handy-Werk in Bochum gerade erst zum 1. Juli 2008 wegen zu hoher Lohnkosten dichtgemacht und die Produktion nach Rumänien verlagert? So lautet doch die offizielle Version des Nokia-Managements. Und sind nicht Siemens und später BenQ mit ihrer Handy-Fertigung in Deutschland letztlich wegen der hohen Arbeitskosten gescheitert?

Wahrscheinlich hat sich diese Meinung in vielen Köpfen festgesetzt. Sie ist bloß falsch. Siemens hatte bei den Handys technische Entwicklungen verschlafen, an den Kundenwünschen vorbeientwickelt und neue Modelle nur mit großer Verspätung ausgeliefert. Solche Management-Fehler sind in dem schnelllebigen Handy-Geschäft tödlich. Eine Verlagerung an einen Niedriglohnstandort hätte daran nichts geändert, zumal 2004 die Lohnkosten in der Siemens-Fertigung im Ruhrgebiet ganze 4,5 Prozent vom Preis eines Handys ausmachten und bei Siemens in Shanghai auch immerhin 3,8 Prozent.[24]

Nokia hat die Behauptung, wegen der hohen Lohnkosten in Deutschland werde das Bochumer Werk geschlossen, nicht sehr vehement vertreten und vor allem nicht mit Zahlen belegt. Das wäre auch schwergefallen. Experten bezweifeln ohnehin den wirtschaftlichen Sinn der Entscheidung, so der Unternehmensberater und Rumänien-Kenner Johannes Book im Manager-Magazin.[25] Book zufolge überschätzt Nokia die Kostenvorteile. Ein Werker in Rumänien verdient zwar weniger als in Bochum. Doch sind die benötigten Arbeitskräfte vor Ort auch wirklich zu den Kosten verfügbar? Und bleiben sie auch bei Nokia?

Viele Unternehmen machen bittere Erfahrungen in Rumänien. Continental hat ein Werk im rumänischen Timisoara und dort permanent Arbeitskräfte ausgebildet, die das Unternehmen nach der innerbetrieblichen Schulung kaum halten konnte. Aufgrund ihrer gestiegenen Qualifikation und der guten Referenz bei dem deutschen Unternehmen war es ein Leichtes für sie, einen neuen und besser bezahlten Job zu bekommen. Auch Nokia muss mit erhöhten Personalkosten wegen hoher Fluktuation rechnen. Experten prognostizieren jährliche Lohnsteigerungen von 30 bis 40 Prozent für Fachkräfte in den nächsten fünf Jahren.

Denn es gibt kein anderes Land in Europa, das eine so starke Abwanderung von jungen qualifizierten Arbeitskräften erlebt hat wie Rumänien. Nahezu vier Millionen Rumänen arbeiten mittlerweile im Ausland. Das sind bei 22 Millionen Einwohnern rund 20 Prozent der Bevölkerung. Die Folge: Qualifizierte Stellen können häufig nicht besetzt werden oder nur zu Gehältern, die bei einem Vielfachen des Landesdurchschnitts liegen. Doch dann geht Nokias Kalkulation nicht mehr auf. Die Zulieferer, die Nokia mit nach Rumänien bringen will, werden den Wettbewerb um die Fachkräfte noch verschärfen.

Fraglich ist auch, ob die Nokia-Verlagerer wirklich alle

Zusatzkosten kalkuliert haben (vgl. unsere Modellrechnung), die sich hinter Produktivitätsunterschieden, fehlenden Qualifikationen, Mentalitätsunterschieden, schlechteren persönlichen Lebensbedingungen etc. verstecken können. So kann in der Erntezeit der Krankenstand plötzlich steigen. Zudem braucht Nokia für das Werk in Rumänien ausländische Fachkräfte und Manager, und das ist sehr teuer: Es gibt in Rumänien bis heute kein Unternehmen, das mit einer technologisch anspruchsvollen Produktion in einer vergleichbaren Größenordnung ohne den massiven Einsatz westlicher Führungskräfte auskommt. Außerdem werden in der Regel höhere Abschreibungen nötig, weil durch fehlerhafte Bedienung der Maschinen und mangelnde Sorgfalt der Verschleiß deutlich höher ist als etwa in Deutschland.

Auch die fränkische Schaeffler-Gruppe zahlt bis heute reichlich Lehrgeld auf dem Balkan. Der Wälzlagerhersteller und Autozulieferer hat auf der grünen Wiese im rumänischen Brasov vor Jahren ein großes Werk errichtet, das technisch jedoch immer noch an der Nabelschnur der Werke in Deutschland hängt. Spezialisten sind regelmäßig auf Feuerwehreinsatz in Rumänien. Komplexe Maschinen kommen nicht zum Laufen. Und wenn sie funktionieren, sind aufwendige Nachbearbeitungen in den deutschen Werken fällig. Das wiederum bringt dort die sorgfältig geplanten Produktionsabläufe durcheinander. Zwar gab es am rumänischen Standort schon vor der Wende ein Wälzlagerwerk. Doch die jüngeren Fachkräfte sind ausgewandert. Inzwischen kommen rumänische Mitarbeiter im Alter zwischen 45 und 55 zum Anlernen nach Deutschland.

Warum ist Nokia angesichts solcher Risiken überhaupt nach Rumänien gegangen? War es die arrogante Entscheidung einzelner Manager? In Konzernstrukturen entscheiden Manager oft nicht nur nach wirtschaftlichen Gesichtspunkten. Da geht es auch um Karrieren und um Macht. Der reine Kostenvergleich jedenfalls kann nicht ausschlaggebend gewesen sein, denn die Vorteile bei den Personalkosten dürften durch die erwähnten Zusatzkosten pulverisiert werden. Wirkliche Klarheit über den Sinn oder Unsinn der Nokia-Verlagerung dürfte erst eine Nachkalkulation in drei bis vier Jahren bringen. Deren Ergebnis wird die Öffentlichkeit freilich nicht erfahren. Bei Continental soll als Folge der Nachkalkulation das verantwortliche Management komplett ausgetauscht worden sein, berichtet der schon zitierte Unternehmensberater Book.

Nein, der Standort Bochum war für die Nokia-Manager nicht zu teuer. Aber eine neue Fabrik mit noch moderneren Fertigungstechnologien als das bisherige Bochumer Werk war wahrscheinlich ohnehin fällig. Da lag es nahe, in die neuen EU-Länder zu gehen und sich einen Großteil der Investitionen und der Umzugskosten von den europäischen Steuerzahlern finanzieren zu lassen. Die niedrigen Lohnkosten sind nur eine willkommene Beigabe. Sie haben bei Nokias Standortentscheidung vermutlich noch nicht einmal eine wichtige Rolle gespielt.

Die wahren Globalisierer

Viel wichtiger ist für die Nokia-Manager der globale Blick. Denn der Handy-Produzent hat als Marktführer eine weltweite Wertschöpfungs- und Lieferkette mit Fertigungen hoher Stückzahlen in verschiedenen Erdteilen und außerdem Auftragsfertiger, die für Nokia produzieren. Für die Fertigungsplaner ist für die Produktion in hohen Stückzahlen im kleinen Europa nur Platz für einen Standort, der die gesättigten Handy-Märkte in Westeuropa und die boomenden Märkte in Mittel- und Osteuropa versorgt.

Nokias Spitzenmanager waren deshalb vermutlich ehrlich überrascht über den plötzlichen Gegenwind aus Deutschland. Denn sie und die anderen Angehörigen ihrer Kaste denken längst nicht mehr in nationalen und Standortkategorien, in »kleinlichen« Lohnvergleichen hier und dort. Sie sind die wahren Globalisierer. Sie wollen auf dem Globus für ihren Konzern die optimale Präsenz. Die wird ständig überprüft. Standortentscheidungen gelten nur für ein paar Jahre.

Um die Motive von Nokia & Co genauer zu verstehen, lohnt deshalb eine Untersuchung der Standortentscheidungen im letzten Jahrzehnt. Die Wissenschaftler vom Göttinger SOFI-Institut[26] fanden dabei heraus, dass die größten Handy-Hersteller, also Nokia mit 40 Prozent Weltmarktanteil, dazu Sony Ericsson, Motorola und Samsung, längst über globale Produktionsnetze verfügen.

Zunächst haben sie zusätzliche Fertigungskapazitäten vor allem in den neuen Märkten in den Schwellenländern geschaffen. Die sind inzwischen so stark ausgebaut, dass Märkte und Produktionsstandorte global zunehmend entkoppelt werden können. Zum Beispiel China: Die Handy-Produktion, dort überwiegend in den Händen ausländischer Hersteller, hat sich zwischen 2001 und 2006 mehr als verfünffacht. China ist zum bedeutendsten Produktionsstandort für Handys geworden. Die Exportquote der gefertigten Geräte ist im selben Zeitraum kontinuierlich gestiegen – von unter 50 Prozent 2001 auf 75 Prozent 2006.

Während die Volumenproduktion also zunehmend in Asien sowie in Mittel- und Osteuropa stattfindet, haben die großen Hersteller ihre Volumenfertigungen in den USA, Frankreich, Großbritannien und Dänemark geschlossen. Nur wenige Standorte vor allem in Deutschland und Finnland blieben zunächst erhalten. Diese Hochlohnstandorte spielten bei der Produktentwicklung nach wie vor die zentrale Rolle. Für Westeuropa blieb der letzte Herstellungsschritt, bei dem die Handys auftragsbezogen komplettiert, mit der länder- und kundenspezifisch unterschiedlichen Software ausgestattet und verpackt werden.

Die Hersteller machten ihre Werke an Hochlohnstandorten zudem zu Pilot-Fabriken, in denen es neben der Serienfertigung vor allem um Innovation, um neue Produkte ging. Denn zwischen dem ersten Entwurf und dem endgültigen Design durchläuft jedes Handy-Modell mehrmals den Prototypen- und Musterbau. Die Entwickler bekommen Feedback zum Design und zur fertigungstechnischen Machbarkeit. Im anschließenden Hochlauf in der Serienfertigung wird der Fertigungsprozess optimiert. Dafür müssen Produktentwicklung, Prozessentwicklung und Fertigung eng zusammenarbeiten. Von dieser Rückkopplung hängt es ab, wie rasch Fehler und Schwachstellen im Produktdesign und im Fertigungsprozess erkannt und beseitigt werden, ob ein Entwicklungsprojekt den Zeitplan einhält und ob das neue Gerät pünktlich auf den Markt kommt. Räumliche Nähe zwischen Entwicklung und Fertigung fördert die Zusammenarbeit. Qualifizierte Beschäftigte in der Fertigung können mit den Entwicklern kommunizieren und ihr Know-how für die Entwicklung nutzbar machen.

Bis 2007 war diese Verbindung von Innovation und Fertigung der große Trumpf der verbliebenen Hochlohnstandorte in den globalen Produktions- und Innovationsnetzen. Es gab die Werke von Siemens bzw. BenQ Mobile in Kamp-Lintfort,

Motorola in Flensburg und Nokia in Bochum und Salo (Finnland). Auch die Zulieferer bündelten an Standorten in Deutschland, Schweden und Finnland in ähnlicher Weise Innovation und Produktion in Pilotfabriken.

Seitdem haben die Handy-Hersteller ihre Verlagerungspolitik in Richtung Osten jedoch weiter forciert, ihre Standortpolitik radikalisiert – mit allen Risiken. Sony Ericsson produziert nur noch in China. Motorola hat 2007 in Flensburg sein letztes Fertigungswerk in Europa geschlossen und produziert seitdem ausschließlich in Niedriglohnländern: Brasilien, China, Indien, Singapur.

Nokia bewegt sich in dieselbe Richtung. Nach der Schließung von Bochum findet die Großserienproduktion an acht global verteilten Niedriglohnstandorten statt. Am heimischen Standort im finnischen Salo werden noch teure Multimedia- und Businessgeräte produziert (daneben dient das Werk noch dem Musterbau und dem Produktionsanlauf). Dass dies so bleibt, ist keineswegs ausgemacht. In Finnland grassiert schon die Befürchtung: »Erst Bochum, dann Salo«. Und wie die Markenhersteller, so haben auch die Zulieferer, die Hersteller von Gehäusen oder Leiterplatten, ihre Produktion komplett nach Mittelosteuropa oder China verlegt – in die Nähe der dortigen Standorte ihrer Kunden.

Kurzfristig erfüllen diese Standortentscheidungen vielleicht die Erwartungen der Finanzmärkte und Investoren, die von den Realitäten der Verlagerungen nichts verstehen. Mittelfristig aber sind sie riskant, denn die eventuelle Verbesserung des Ertrags ist teuer erkauft, wenn langfristig Entwicklungs- und Innovationspotenziale gefährdet werden.

Diese Gefahr ist durchaus gegeben, denn die Verlagerungen zerstören die Verknüpfung von Innovation und Produktion. Davon verstehen viele Manager allerdings zu wenig. Wenn Hochlohnstandorte auf reine Entwicklungsaktivitäten schrumpfen, profitieren die Produktentwickler nicht mehr von der Nähe zur Serienfertigung und dem dort vorhandenen Wissen. Die Folgen: schwankende Produktqualität, verspätete Markteinführung und verschlechterte Lieferfähigkeit. Experten aus den Innovationszentren und Konzernzentralen werden zu Vielfliegern, die in Feuerwehreinsätzen Probleme in den Niedriglohnstandorten beseitigen sollen und dadurch von ihrer Arbeit an der nächsten Produktgeneration abgezogen werden – kein idealer Zustand.

Der einfache, für Kostendrücker nahe liegende Ausweg aus diesem Dilemma: Auch die Entwicklung wird an Niedriglohnstandorte verlagert. Das ist attraktiv, weil Handys entwicklungsintensiv sind und damit die Personalkosten besonders zu Buche schlagen. Die Kehrseite: Die Produktentwicklung wäre dann von den Zielmärkten in Hochlohnregionen abgekoppelt, in denen nach wie vor wichtige Trends entstehen. Vor allem aber wäre die Entwicklung von den technologischen Clustern und vom Austausch zwischen Forschern und Entwicklern abgetrennt, der auch für die Weiterentwicklung von Massenprodukten der Konsumelektronik unerlässlich ist. Diese Nähe von Forschung und Entwicklung macht Deutschland in den Bereichen Maschinenbau oder Auto- und Zulieferindustrie so konkurrenzfähig. Aber wie sieht es in der Elektronikindustrie in Europa aus? Sie ist deutlich schwächer entwickelt – ein wichtiger Gesichtspunkt für die Nokia-Planer und ihre Entscheidungen.

Elektronik: unaufhaltsam nach Fernost

Die Fertigungs- und Logistikplaner von Nokia und anderen Handy-Herstellern sind ständig bemüht, die Lieferkette vom Einkauf der Teile über die Produktion bis zum Handy-Shop irgendwo auf der Welt zu optimieren: so effizient, so schnell und so kostengünstig wie möglich. Manche Zulieferer – z. B. für die Handy-Schalen – lassen sich direkt bei den Fabriken nieder.

Die wichtigsten Elektronik-Bauteile wie die Chips oder die Displays kommen meist aus Ostasien, dem Weltzentrum für die Elektronikindustrie. Ostasien mit Südkorea, Taiwan und China war einst vor allem als Niedriglohnparadies attraktiv. Inzwischen hat die Region die weltgrößte Konzentration von Entwicklungs- und Produktionskapazitäten in der Elektronik und der Computertechnik. Große und kleine Displays, der Touchscreen von Apple, die winzigen und gleichzeitig mächtigen Prozessoren, die die Handys steuern: Das meiste davon ist in Ostasien entwickelt und wird dort produziert. Allein in China entstehen in den nächsten Jahren zwanzig neue Halbleiterfabriken. Auch die Chefs von Infineon, der früheren Siemens-Halbleitersparte, spekulieren schon öffentlich damit, weitere Konzernressourcen nach Ostasien zu verlegen. Dort spielt die Musik, dort ist die weltweit größte Nachfrage nach Halbleitern.

Insofern gehört wenig Prophetie dazu vorauszusagen, dass auch der neue rumänische Nokia-Standort eine beschränkte Perspektive hat und dass die Karawane irgendwann nach dem Ende der Abschreibungsfristen und nach dem Auslaufen der Subventionen weiterzieht – nach Fernost, dorthin, wo weltweit die allermeisten Chips, Displays, Festplatten etc. gefertigt werden.

Diese globalen Verschiebungen, die sich aus vielen einzelnen Verlagerungen zusammensetzen, haben wenig mit Lohnkostenunterschieden und umso mehr mit der veränderten weltweiten Arbeitsteilung in Technologien zu tun. Hinzu kommen als wichtiger Faktor die schon erwähnten Subventionsströme. Vor zwanzig Jahren hatten vor allem US- und japanische Konzerne mit fetter Förderung von der EU und von den jeweiligen Regierungen Computer- und Chipfabriken in Schottland und in Irland hochgezogen. So wie heute vom »Silicon Saxony« um Dresden sprach man damals vom »Silicon Glen« um Glasgow. Doch das ist längst Geschichte. Die Konzerne sind nach dem erfolgreichen Abgreifen der Fördermittel weitergezogen – nach Osten. Auch wegen neuer Subventionen, aber vor allem wegen der industriellen Infrastruktur, der »Nahrungskette« für die Elektronikbranche.

Europa hat trotz aller Subventionen über Jahrzehnte seine Elektronikindustrie vernachlässigt. Beispiele gibt es zuhauf: Bis auf ein paar Premiumanbieter gibt es auf dem alten Kontinent keine TV-Hersteller mehr. Die Computerbranche sitzt im Silicon Valley oder in Fernost. Die weltweit akzeptierten Mobilfunkstandards wurden zwar in Europa entwickelt – übrigens unter Beteiligung von Siemens –, aber von den europäischen Herstellern ist nur noch Nokia übrig, während Ericsson mit Sony zusammengegangen ist. Als die Kameras sich in den achtziger Jahren in digitale Geräte verwandelten, war das das Ende der einstmals führenden deutschen Kameraindustrie. Die meisten Abnehmer der Chipindustrie sitzen inzwischen in Asien. Dort werden nach Daten des Branchenverbandes Semi (*Handelsblatt*, 11.3.2008) zur Zeit 74 Chipfabriken geplant – in Europa inklusive Russland und Israel ganze zehn.

Der Apple iPod und die Auftragsfertigung in China

In Bezug auf diese globalen Verlagerungen präsentiert sich Nokia fast noch altmodisch. Der Konzern hat noch eigene Fabriken. Apple macht vor, was Globalisierung bedeuten kann: Produktentwicklung in den USA und Auftragsfertigung in Asien. Die ist natürlich in China. Die Zerlegung der Wertschöpfung in der Elektronikindustrie in lauter standardisierte Komponenten zum Zusammenstecken macht weltweite Produktionsketten und die Montage an Niedriglohnstandorten besonders attraktiv.

Ein Video-iPod besteht aus 451 Einzelteilen. An diesem Produkt lässt sich demonstrieren, wie weit die Arbeitsteilung zu weltweiten Produktionsketten, die sich aus verschiedensten Einzelunternehmen zusammensetzen, fortgeschritten ist, wie sie Abhängigkeit schafft, Lohndumping zementiert und wie sie darüber bestimmt, wer nach dem Verkauf des Endprodukts den Gewinn einstreicht.

Zwar stellen Apple und viele andere sogenannte Markenhersteller – ob in der Elektronikindustrie oder bei Sportschuhen – längst nichts mehr her, doch sie kassieren den Löwenanteil des Verkaufserlöses eines Produkts. Die Fertigung übernehmen Firmen, die darauf spezialisiert sind, für andere zu produzieren: die Auftragsfertiger.[27] Der iPod wird zum größten Teil von einer Handvoll taiwanesischer Auftragsfertiger wie Asustek, Inventec Appliances und Foxconn in China gefertigt – vom Ladenpreis von 299 US-Dollar entfallen auf sie ganze 4 Dollar.

Der Lohnkostenanteil für die Fertigung ist damit beim iPod aus China nochmals wesentlich niedriger als die 4 bis 5 Prozent beim Nokia-Handy aus Bochum. Doch in China wird der iPod zu skandalösen Bedingungen hergestellt. Im Sommer 2006 deckten chinesische Journalisten in der iPod-Montage bei Foxconn massive Verstöße gegen die ohnehin minimalen Arbeitsstandards in China auf: Mehr als 100 meist junge Frauen – die meisten Wanderarbeiterinnen – mussten sich je einen Schlafsaal auf dem abgezäunten riesigen Firmengelände teilen. Viele unbezahlte Überstunden und nur wenige freie Tage im ganzen Monat waren die Regel. Der coole Lifestyle-Konzern Apple versuchte zunächst, die Schuld auf den Auftragsfertiger Foxconn abzuwälzen. Als die Negativmeldungen auch in westlichen Zeitungen auftauchten, schickte der Konzern eigene Auditoren in das Foxconn-Werk, um das PR-Desaster abzuwenden. Jeder, der über zu hohe Lohnkosten in Westeuropa und Deutschland lamentiert und damit die Verlagerungen nach Asien rechtfertigt, muss sich fragen lassen: Bin ich für Arbeit zu fairen Bedingungen? Oder sind mir als Kunden unerträgliche Arbeitsbedingungen egal?

Die teuerste Komponente des iPods ist mit 73 Dollar die Festplatte von Toshiba. Dann kommen das Display für 20 US-Dollar und der Multimedia-Prozessor für ca. 8 US-Dollar. Toshiba ist zwar ein japanischer Konzern, doch seine Festplatten kommen ebenfalls aus China oder von den Philippinen. Sie werden dort wiederum aus vielen Einzelteilen anderer Zulieferer zusammengesetzt. Die Prozessoren stammen von US-Konzernen, werden aber von Chip-Auftragsfertigern (*silicon foundries*) aus Taiwan produziert. Lieferanten aus Südkorea sind ebenfalls beteiligt. Und mit Sicherheit werden einzelne Produktionsschritte auf Maschinen von deutschen Maschinenbauern abgewickelt.

Der iPod entsteht also in einem globalen Produktionsnetz. Das heißt aber auch: Komplexe Produktionsketten wie diese werden von den Außenhandelsstatistiken total verfälscht. Obwohl vom Erlös eines iPods ca. 163 Dollar in den USA hängen bleiben (davon immerhin 80 Dollar bei Apple und 75 Dollar beim Vertrieb), belastet ein iPod die US-Außenhandelsbilanz gegenüber China mit 150 Dollar. Denn in der Handelsstatistik taucht der iPod als Exportprodukt »Made in China« auf.

Der wirkliche Wert des iPods steckt nicht in den Teilen oder in der Arbeit, diese Teile zu montieren. Das große Geld steckt vielmehr in der Konzeption und im Design. Dafür kassiert Apple den größten Teil des in der ganzen iPod-Produktionskette produzierten Mehrwerts. »Die cleveren Leute bei Apple haben es verstanden, 451 meist austauschbare Einzelteile zu einem wertvollen Produkt zu kombinieren. Sie fertigen nicht den iPod, aber sie haben ihn erschaffen«, so ein bewundernder Kommentar in der *New York Times* (28.6.2007).

No-Name-Auftragsfertiger wie Foxconn für Apple spielen in der neuen internationalen Arbeitsteilung in der Elektronikindustrie die Rolle der unentbehrlichen dienstbaren Geister. 90 Prozent aller Marken-Notebooks auf dem Weltmarkt werden von den taiwanesischen Konzernen Quanta, Compal und Winston hergestellt, deren Namen niemand kennt. No-Name-Auftragsfertiger liefern über 50 Prozent der weltweit verkauften PCs und 80 Prozent der Low-Cost-Drucker für Hewlett-Packard und andere.

Diese Auftragsfertiger sind in den letzten 20 Jahren in der Elektronikbranche immer wichtiger geworden. Was in der Bekleidungsbranche von H&M bis zu Edelschneidern wie Armani lange Tradition hat – Markenfirmen entwerfen und vermarkten, aber lassen andere schneidern –, hat sich auch in der Elektronik-, Halbleiter-, PC-, Handy- und Telekom-Ausrüster-Industrie etabliert. Der Umsatz der größten Auftragsfertiger ist ebenso groß wie der einiger ihrer Auftraggeber, der Markenhersteller.

Die taiwanesische Firma Foxconn etwa beschäftigt allein auf ihrem Fabrikcampus in Shenzhen in Südchina über 200 000 Mitarbeiter, meist Frauen, Wanderarbeiterinnen. Ganze Fabrikhallen sind einzelnen Auftraggebern vorbehalten, die dort Handys, Laptops oder Monitore fertigen lassen. Ein anderes Beispiel ist TPV aus Hongkong, der weltgrößte Hersteller von Computer-Monitoren. Die Produkte werden unter den Namen von Dell, HP und Lenovo verkauft, die Flachbild-Fernseher meist unter dem Markennamen Philips. 2007 hat TPV 4 Millionen Flachbild-Fernseher hergestellt, 2013 will das No-Name-Unternehmen bereits auf 30 Millionen Stück kommen. TPV hat Produktionsstätten in China mit 23 000 Beschäftigten, dazu Fabriken in Polen und Brasilien.

Damit nicht genug: Auch Auftragsentwickler gibt es schon. Produktentwicklung wird zur Massenware. Dies ist wenigstens die Auffassung von Michael E. Marks, Chef von Flextronics. Der börsennotierte Konzern mit Sitz in Singapur ist einer der Großen im Geschäft mit Fertigung und Entwicklung für die Markenfirmen. »Entwicklung und Design sind nicht länger ein Wettbewerbsvorteil. Produktentwicklung ist eine Massenware«, so Marks. »Produktentwicklung in den großen Firmen ist genauso ineffizient wie früher die Fertigung und die Logistik. So können Markenfirmen Designs für ihre Produkte künftig aus den Regalen kaufen. Eine große Elektronikfirma hat vielleicht 10 000 Produktentwickler, aber nur 50 machen echte Architekturen für neue Produkte. Manche von den Elektronikfirmen werden nur noch 300 Ingenieure behalten. (…) Man kann 15 bis 20 Prozent sparen durch Verlagerung der Fertigung in Niedriglohnländer. Aber mit Outsourcing und Verlagern der

Entwicklung sind viel größere Kostensenkungen möglich. Beispiel Handys: Bei einem typischen Markenhersteller kostet die Entwicklung eines Billig-Telefons vielleicht 10 Millionen Dollar, wir machen das für 3 Millionen. (...) Diese Verbilligung wird möglich, weil alles geistige Eigentum im Silikon integriert ist. Man kann ein Handy auf einem Chip machen. Man kann einen Router auf einem Chip machen. Bald werden wir Mobilfunk-Basisstationen auf einem Chip haben. (...) Wir können das ganze Produkt machen, von der Produktidee bis zum Vertrieb. Die großen Gewinner des neuen Modells von Produktentwicklung sind Firmen wie Dell, Wal-Mart und Best Buy, die sich der ODMs [Original Design Manufacturer, also Firmen, die Produkte im Auftrag komplett entwickeln und fertigen, W.M.] bedienen und deren Produkte unter ihren Marken verkaufen.«[28]

Bislang steht jedoch noch die Verlagerung und Umgestaltung der Fertigung im Vordergrund. Unternehmensberater propagieren das in der Elektronikindustrie etablierte Modell von weltweiten Produktionsnetzen verschiedenster Einzelunternehmen inzwischen auch für andere Branchen. So hält der Trend zur Zerlegung und Rekombination der Produktionsketten auch in der Investitionsgüterindustrie Einzug. Bislang freilich mit bescheidenem Erfolg: Die Voraussetzungen, nämlich standardisierte Einzelteile und definierte Schnittstellen fehlen – noch.

So hat die US-Firma Boeing mit ihrem neuen Flugzeug 787 Dreamliner die neue Arbeitsteilung im Flugzeugbau versucht und dabei Schiffbruch erlitten. Das ambitionierte Projekt hat erhebliche Verspätung, ebenso wie der neue Airbus A380. Der Boeing Dreamliner besteht aus über 7 Millionen Teilen, die schon immer von Zulieferern kamen (etwa die

Flugzeugturbinen). Aber neu ist das Konzept, die Entwicklung und Fertigung der Hauptkomponenten des Flugzeugs, also des Rumpfs, des Tragwerks, der Flügel etc., auf verschiedenste andere Konzerne in der ganzen Welt zu verteilen. Mitsubishi in Japan, Finmeccanica in Italien oder künftig auch chinesische Firmen sind beteiligt (*New York Times*, 17.1.2008). Vor allem der Zeitdruck und die Konkurrenz durch Airbus haben Boeing zu dem neuen Produktionsmodell getrieben. Außerdem konnte Boeing nur mit Partnern die Komplexität der Entwicklung von Großflugzeugen mit ganz neuen Materialien wie Kohlefasern meistern.

Dieser Trend, komplexe Produktionsabläufe zu zerlegen und einzelne Abschnitte auf ein Netz von Lieferanten aufzuteilen, verstärkt natürlich die Neigung zu weiteren Verlagerungen in Niedriglohnländer, solange die Transportkosten günstig sind und die Qualität gesichert ist. Denn damit treten an die Stelle interner Kostenrechnungen plötzlich externe Preisverhandlungen mit viel Druck und mehr Transparenz, weil verschiedene Lieferanten um die Teilaufträge konkurrieren.

Die Verlagerung von Büroarbeiten boomt

Ebenso ungebrochen ist der Verlagerungstrend von IT- und Büroprozessen aus Deutschland und Westeuropa in die mittel-, ost- und südosteuropäischen Länder, ja, er gewinnt noch an Fahrt. Großkonzerne wie Siemens, Lufthansa, DHL, SAP, die Telekom, Banken und Versicherungen, IT-Weltkonzerne wie IBM, EDS oder HP und neuerdings auch indische IT-Dienstleister wie Infosys oder Wipro sind mit dabei. Verlagert werden ganze Bereiche und ihre Aufgaben wie Call-Center, PC-Benutzerservice, Kundenbuchhaltung, Personalabrechnung,

Reisekostenabwicklung oder auch die Betreuung kompletter Rechenzentren.

Das Verlagerungspotenzial bei Angestelltentätigkeiten ist tatsächlich groß. Während die Fertigungen in Deutschland teilweise extrem durchrationalisiert sind, hat sich die Büroarbeit – trotz oder auch wegen des Siegeszugs der Computer – bislang allen Rationalisierungsbemühungen widersetzt.

Wahrscheinlich stehen wir deshalb erst am Anfang einer Verlagerungswelle. Hinzu kommt: Computerarbeitsplätze lassen sich viel schneller verlagern als eine komplexe Fertigung. Transportkosten fallen nicht an. Alle Bürotätigkeiten, die nicht vor Ort geleistet werden müssen, können verlagert werden.

Die Politik fördert diesen Trend der Verlagerung von Büroaufgaben, indem gesetzliche Restriktionen fallen. So ist im Jahressteuergesetz 2009 erstmals vorgesehen, dass Firmen ihre Bücher auch im europäischen Ausland, im Euro-Raum führen können. Das war bislang untersagt. In der Begründung des Gesetzentwurfs heißt es, dass die Firmen damit flexibler werden und ihre Verwaltungskosten senken sollen.

Bei den Verlagerungen von Büroarbeiten gibt es regionale Schwerpunkte: Die in Deutschland basierten Konzerne zieht es wegen der lokalen Nähe, guter Verkehrsverbindungen und wegen des Pools Deutsch sprechender Fachkräfte meist nach Tschechien, Polen, Ungarn, Rumänien und in die Slowakei. Die baltischen Staaten sind zur verlängerten IT- und Bürowerkbank vor allem für skandinavische Konzerne geworden. Und wenn es darum geht, komplexe Computerprogramme schreiben zu lassen, stehen die Staaten der ehemaligen Sowjetunion und speziell Russland und die Ukraine hoch im Kurs. Das gilt auch für Bulgarien, das nicht nur jüngster EU-Mitgliedsstaat, sondern auch die Heimat von begnadeten Computer-Hackern und Erfindern von Computerviren ist.

Die Manager argumentieren immer wieder mit den niedrigen Lohnkosten. Dabei bleiben andere Kosten, wie beschrieben, weitgehend außer Betracht. Probleme mit der Qualität oder mit der hohen Fluktuation werden auf Anlaufschwierigkeiten geschoben, Fehler werden nicht eingestanden. Verlagerungsprojekte entwickeln besonders in Konzernen eine starke Eigendynamik, so dass ein Umsteuern kaum noch in Betracht kommt.

Auch Entwicklungsabteilungen geraten dabei in das Visier der Manager. Längst haben Siemens, Continental und andere Konzerne auch Entwicklungsaufgaben nach Rumänien, Indien und China gegeben. Vorbild und Trendsetter sind wiederum die Auftragsfertiger, die nicht nur für andere billig fertigen, sondern längst auch im Fremdauftrag Produkte entwickeln – der oben zitierte Mr. Marks und seine Kollegen machen es möglich.

Verlagerungen nach Osten – eine unwiderrufliche Entwicklung?

Heißt Globalisierung für den Wirtschaftsstandort Deutschland, dass Verlagerungen nach Osten eine unumkehrbare Entwicklung darstellen? Nun, es gibt auch skeptische Stimmen. So sind die im vorherigen Abschnitt beschriebenen Erfahrungen mit der Verlagerung von IT- und Büroaufgaben bislang gemischt. Siemens musste 2005 seine ambitionierte Ansiedlung von Buchhaltungsaufgaben in Prag zunächst zurückfahren. Viele der in Prag auf Siemens-Kosten monatelang in SAP geschulten Hochschulabsolventen kehrten dem Unternehmen für ein paar Euro mehr bei anderen multinationalen Konzernen den Rücken. In Nürnberg, Erlangen und München mussten die Abteilungen, die schon vor der Schließung standen, wieder aufgestockt werden. Die loyalen langjährigen deutschen Siemens-Mitarbeiter waren ja noch verfügbar. Ähnlich erging es IBM und SAP in Prag.

Auch in anderen Bereichen macht die Verlagerung nicht immer glücklich. Nach Untersuchungen des Fraunhofer-Instituts haben viele mittelständische Firmen inzwischen Lehrgeld bei der Verlagerung von Fertigungen gezahlt und haben reumütig den Weg zurück in die Heimat angetreten. Auch die *Business Week* (28.9.2007) und andere Branchenblätter berichten immer häufiger, dass Unternehmen mit großem Aufwand verlagerte Fertigungen wieder zurückholen.

Sogar Spielzeugproduzenten kehren aus Fernost zurück. Teddy-Produzent Steiff hatte seine Produktion vor vier Jahren an Fremdfirmen in China ausgelagert. Jetzt will das Unternehmen wieder in Deutschland produzieren: »Für Premiumprodukte ist China einfach nicht kalkulierbar«, wird der Firmenchef zitiert (*Stuttgarter Nachrichten*, 2.7.2008). Die chinesischen Fremdfirmen tun sich schwer mit Kuscheltieren mit komplizierten Schnitten. Man brauche ein halbes Jahr Einarbeitung, um Qualität zu produzieren. »Da können die Leute schon wieder weg sein, weil eine Autofabrik nebenan ein wenig mehr zahlt.«

Und noch etwas kommt hinzu: Nach aktuellen Berichten verliert Asien wegen kräftig steigender Transportpreise gegenwärtig viel von seinen Kostenvorteilen (*Handelsblatt*, 24.6.2008), während die niedrigen Arbeitskosten dort bei den meisten industriellen Produkten ohnehin nicht die entscheidende Rolle spielen. Und mittelständische Unternehmen, die aus Kostengründen Fertigungen nach Mittel- und Osteuropa verlagert hatten, finden wie erwähnt häufig keine qualifizierten Fachkräfte mehr. Manche Unternehmer sprechen deshalb schon von einer Renaissance des Standortes Deutschland.

Währungsschwankungen fressen Verlagerungsvorteile auf

Neben den immer wieder zur Sprache kommenden Qualitätsproblemen und den zunehmenden Schwierigkeiten mit qualifizierten Arbeitskräften gibt es auch Schwierigkeiten in einem ganz anderen Bereich: Währungsschwankungen. Nichts demonstriert den Schwachsinn mancher Verlagerungskalkulationen besser als die jüngsten Erfahrungen vieler US-Firmen in Indien. Denn die verantwortlichen Manager hatten nur auf die internen Kosten geschaut. Das Risiko einer massiven Dollar-Abwertung, die den Standort USA in Zukunft vielleicht wesentlich attraktiver machen könnte, war nicht auf ihrem Radar.[29]

Dabei können sich Währungsverschiebungen zu einem unverdaulichen Brocken beim Verlagerungsgeschäft auswachsen, besonders wenn die höhere Bewertung der Währung im Verlagerungsparadies nicht nur die Einnahmen in Euro oder Dollar schmälert, sondern auch den Unternehmenswert sinken lässt. Eine Dollar-Abwertung um 10 Prozent gegenüber der indischen Rupie kostet 6 bis 7 Prozent Gewinnmarge bei Gesamtmargen von 14 bis 15 Prozent.

Dieselbe böse Überraschung erleben auch deutsche Firmen in den Ländern Mittel- und Osteuropas, die noch nicht zur Eurozone gehören: Die tschechische Krone ist gegenüber dem Euro von Anfang 2007 bis August 2008 um über 12 Prozent teurer geworden.

Das IT-Paradies Indien

Indien war bislang das internationale Mekka für die Verlagerung von Forschung und Entwicklung, von IT und Programmierung und speziell für die USA und Großbritannien für die Auslagerung von internen Geschäftsabläufen. Westliche Firmen wollten ihre Kosten senken, aber ihre Systeme brauchten immer noch viel menschliche Arbeitskraft. Indien hat eine gut ausgebildete Armee von Entwicklern, die Englisch sprechen und die nur einen Bruchteil westlicher Gehälter beziehen. Schnelle Datenleitungen verbinden die indischen Dienstleistungszentren mit der ganzen Welt. Die Wechselkurse waren günstig: Die Kunden zahlten in US-Dollar, die Beschäftigten bekamen ihre Gehälter in indischen Rupien. Es war ein Geschäft mit wenig Risiken und hohen Margen. Die Produktivität spielte eine Zeitlang keine Rolle. Und so ist Indiens IT-Branche in den letzten zehn Jahren jährlich um 30 Prozent gewachsen. Sie setzt heute etwa 50 Milliarden US-Dollar um und trägt mit 1,6 Millionen Beschäftigten, von denen 75 Prozent direkt oder indirekt für internationale Firmen arbeiten, etwa 5,4 Prozent zu Indiens Bruttosozialprodukt bei. Indiens Anteil am weltweiten Geschäft mit der Erledigung von Geschäftsabläufen (Business Process Outsourcing, BPO) für Kunden lag 2006 bei 47 Prozent.

Aber nach zehn Jahren Indien-Hype kam die brutale Ernüchterung – nicht nur bei US-Konzernen, deren ursprüngliche Kalkulationen nicht mehr stimmen. Viele Firmen haben schon im Sommer 2007 Arbeitsplätze aus Bangalore zurück in die USA geschafft. Forrester Research berichtet, dass seit Mitte 2007 verschiedene Multis ihre internen Zentren in Indien geschlossen haben. GE, British Airways und die Citibank haben ihre indischen Niederlassungen verkauft, die Teile der internen Konzernoperationen abwickelten. Andere wie Microsoft, Cisco and Texas Instruments haben weniger kritische Operationen an Dienstleister ausgelagert. Nach Forrester Research kämpfen 60 Prozent der internen Zentren von multinationalen Konzernen in Indien mit altbekannten Problemen wie fehlendem Management-Support, ausufernden Kosten, hoher Fluktuation und Integrationsproblemen. Das betrifft die Bereiche Produktentwicklung, Forschung und Entwicklung, die IT und andere Geschäftsprozesse.

Arbeitsplätze nach Indien zu verlagern ist zunehmend schwieriger und teurer geworden. Und das liegt an der Aufwertung der indischen Währung gegenüber dem Dollar, außerdem an der Inflation, die wiederum steigende Löhne nach sich zieht. Und es liegt an der hohen Fluktuation von 30 bis 40 Prozent. Es fehlen Fachkräfte, die Gehälter steigen jährlich um 10 bis 15 Prozent. Indische Senior Manager kosten bald so viel wie im Westen. Aus den indischen Ingenieurhochschulen kommen zwar jährlich mehr als 200 000 Absolventen. Aber nur die Hälfte kann in der globalen Dienstleistungsindustrie auch arbeiten.

Es sind vor allem die internen Einheiten von amerikanischen und auch europäischen Firmen, die von der Währungsaufwertung und den steigenden Löhnen getroffen sind. Westliche Firmen, die interne Abteilungen nach Indien verlagern, bringen die hohen Kosten für diese internen Abteilungen mit nach Indien. Sie zahlen etwas höhere Löhne als der Markt, und ihre Personalbeschaffung ist teurer. Die Fixkosten sind sehr hoch. Die Verlagerung rechnet sich nicht bei Abteilungen unter 100 Beschäftigten. Aber 160 von insgesamt 440 internen Entwicklungsabteilungen westlicher Konzerne in Indien sind klein. Sie haben nur zwischen 50 und 100 Beschäftigte.

Und wie in unserer Modellrechnung und für Nokia beschrieben, ignorieren die meisten Unternehmen bei der Verlagerung zudem die »weichen« Kosten, die mit dem Management von Abläufen in mehreren tausend Kilometern Entfernung anfallen. Die Firmen kalkulieren ausschließlich die Ersparnisse auf Basis der niedrigeren indirekten Kosten.

Forrester Research erwartet denn auch, dass 10 Prozent der westlichen Konzerne ihre internen Abteilungen in Indien ganz dichtmachen, 20 Prozent die weniger kritischen Aufgaben outsourcen, dass 10 Prozent ihre internen Abteilungen in Indien verkaufen werden und dass fast 50 Prozent ihre Ausbaupläne in Indien stoppen.

So viel zu dem Mythos, dass Verlagerungen immer lohnen und dass die hohen Lohnkosten hierzulande oder auch in den USA die Firmen aus den Hochlohnländern treiben. Es bleibt abzuwarten, welche Auswirkungen die Finanzkrise und der weltweite Wirtschaftsabschwung auf das bislang boomende Verlagerungsgeschäft haben. Schon wegen des nochmals verschärften Kostendrucks werden die Unternehmenschefs wahrscheinlich den Aufbau von Niedriglohn-Standorten und den Ausbau vernetzter Produktionsketten innerhalb einheitlicher Wirtschaftsräume (z. B. in der Euro-Zone) weiter forcieren.

Dagegen stehen Verlagerungspläne nach China, Indien, Vietnam etc., die vor allem mit den niedrigen Lohnkosten begründet werden, kritisch auf dem Prüfstand: Schnell steigende Löhne, Qualitäts- und Produktivitätsprobleme sowie die in den meisten Verlagerungsszenarien ausgeblendeten massiven Währungsschwankungen machen die rechnerischen Vorteile schnell zur Makulatur.

Die Öffentlichkeit wird aber weiterhin getürkte Kalkulationen und Verlagerungslügen serviert bekommen. Umso wichtiger sind endlich EU-weite Vorgaben, die den Subventionsnomaden in den Konzernzentralen das Handwerk legen. Vorgaben, die für Öffentlichkeit und Transparenz bei der Investitionsförderung sorgen. Und auch industriepolitische Leitlinien, die das Schicksal ganzer Industrien (z. B. Mobiltelefone oder Elektronik) nicht den Entscheidungen einzelner Vorstände überlassen, sind wünschenswert.

Die große Steuerlüge 5

»Nur kleine Leute zahlen Steuern.«
LAURA HELMSLEY
US-Hotelmagnatin

Die Wahrheit über die
Steuerbelastung der Unternehmen

Gerne erklären die Globalisierer, also die Manager, ihre Berater, die Reichen und Superreichen, den Globalisierten, also den Verlierern, ihre neue Sicht der Welt. Letztere sollen doch bitte schön wegen der Niedriglohnkonkurrenz im Osten auf 20 Prozent Lohn verzichten und länger arbeiten, oder es drohe die Verlagerung der Arbeitsplätze – was freilich häufig genug trotz Entgegenkommens der Beschäftigten früher oder später doch passiert. Ex-Siemens-Chef Heinrich von Pierer pflegte bei solchen Gelegenheiten zu sagen, dass die Chinesen oder die Inder beim Kauf von Siemens-Produkten nicht die hohen deutschen Löhne zahlen wollen.

Selbst wenn man dieses Argument akzeptiert und die globale Konkurrenz auf den Waren- und Arbeitsmärkten als unvermeidlich hinnimmt, ist es unstreitig Aufgabe des Staates, die Folgen der Globalisierung für die Masse der Bürger abzufedern – durch mehr Investitionen in Ausbildung, Infrastruktur, Sozialsysteme etc. Denn die gesellschaftlichen Institutionen sind durch die Globalisierung besonders gefordert. Um diese Aufgaben zu stemmen, benötigt der Staat mehr Einnahmen. Diese Mehreinnahmen sollten vor allem von denen kommen, die von der Globalisierung besonders profitieren. Das ist nicht nur gerecht, sondern das macht die Gesellschaft zukunftsfähig.

Der Skandal aber ist: Aktuell läuft in der Politik genau das falsche Programm. Kernpunkte: »Zu viel Staat ist schlecht«, »Staatsschulden sind des Teufels«, »Es muss gespart werden«. Das führt in Deutschland dazu, dass die notwendige staatliche Begleitung und Abfederung der Globalisierung unterbleibt, Zukunftsinvestitionen in Bildung und Weiterqualifizierung fehlen, Schulen und Hochschulen verkommen und viele Kinder und Jugendliche immer weniger Chancen haben, weil sie aus armen Elternhäusern und Migrantenfamilien kommen.

Gleichzeitig haben sich die Profiteure der Globalisierung, die Unternehmen und die Kapitaleigner, immer mehr von der Finanzierung des Gemeinwesens in Deutschland verabschiedet. Der Steuerfachmann Professor Franz W. Wagner von der Universität Tübingen hat dies treffend formuliert: »Nicht wer etwas leistet und investiert, sollte besteuert werden, sondern der, der sich selbst etwas leistet und konsumiert« (*Süddeutsche Zeitung*, 17.7.2007).

Konsequent zu Ende gedacht, heißt das: Nur der Konsum wird besteuert. Das trifft die Masse der Bevölkerung, die Verlierer der neuen Weltordnung. Früher mussten die Bauern den Feudalstaat, den Adel und die Sonnenkönige finanzieren. Heute bezahlen diejenigen für das Gemeinwesen, die es sich am wenigsten leisten können. Gewinne und Vermögen bleiben weitgehend steuerfrei. Auch wenn sie verprasst werden, lassen sich genügend Wege finden, das Finanzamt an dem Aufwand zu beteiligen.

Vor allem unter deutschen Mittelständlern gilt die Slowakei als Steuerparadies mit ihrer »Bierdeckel-Flat-Tax«, dem Einheitssteuersatz von bislang 19 Prozent. Das verwundert: Denn hätten die Kapitalgesellschaften in Deutschland Steuern auch nur in Höhe des slowakischen Steuersatzes gezahlt, so wären dem deutschen Fiskus 2005 immerhin rund 8 Milliarden Euro mehr zugeflossen, hat der Wiesbadener Steuerexperte Professor Lorenz Jarass in einer Anhörung vor dem Finanzausschuss des Deutschen Bundestages nachgewiesen.[30]

Deutschland ein Land, das seine Unternehmen mit überhöhten Steuerabgaben martert? Davon kann keine Rede sein, auch wenn Deutschland kein Steuerparadies für Unternehmen und Unternehmer ist. Auch die jüngste Unternehmensteuerreform von 2008 mit der Senkung der Körperschaftssteuer von 25 auf 15 Prozent ist nicht die längst überfällige Reaktion auf den in Europa zweifellos stattfindenden Steuerwettlauf nach unten. Vielmehr heizt Deutschland diesen Wettlauf weiter an. Schon als die Steuerreform als Projekt der schwarz-roten Koalition 2005 beschlossen wurde, war in der Koalition unstrittig, dass die effektive Unternehmensbesteuerung in Deutschland keinesfalls höher ist als in anderen relevanten EU-Staaten. In keinem anderen OECD-Land sind die tatsächlich gezahlten Körperschaftssteuern so niedrig wie in Deutschland! Lediglich die nominalen, die theoretischen Steuersätze sind oft höher als im Ausland – aber die entsprechen eben nicht den gezahlten.

Nach den Berechnungen von Jarass lag die effektive Ertragssteuerbelastung deutscher Kapitalgesellschaften durch die Unternehmensteuerreform 2001 zeitweilig bei nur 10 Prozent.[31] Die EU-Kommission und die OECD, eine Organisation der Industrieländer mit insgesamt 29 Mitgliedsstaaten, kommen bei ihren Berechnungen für Deutschland auf eine effektive Unternehmensteuerquote von 20 Prozent – weit unter dem Durchschnitt der EU.

Die Bundesrepublik leistet sich wahrscheinlich den Luxus des mildesten und ineffizientesten Systems der Unternehmensbesteuerung in der EU. Es gibt kaum ein vergleichbares Industrieland, in dem die faktisch gezahlten Unternehmensteuern so niedrig sind wie hierzulande. Es gibt auch kaum einen anderen OECD-Staat, in dem das Dogma von den Arbeitsplätzen, die durch Steuernachlässe für die Unternehmen angeblich herbeigezaubert werden, so eifrig geglaubt und befolgt wird. Doch die Entspannung am Arbeitsmarkt 2007 und 2008 geht auf den weltweiten Konjunkturboom und nicht auf die Steuerentlastung für die Unternehmen zurück.

Entgegen allen Legenden hat es weder in der EU noch in der OECD einen radikalen Abbau von Unternehmensteuern gegeben, obwohl die nominalen Körperschaftssteuersätze für Kapitalgesellschaften auch anderswo mehrfach gesenkt worden sind. Andere Industrieländer haben Unternehmensteuern, die im Vergleich zu Deutschland wesentlich höher sind. In Großbritannien liegt die Corporate Tax bei 30 Prozent, in den USA bei 35 Prozent. Allerdings kommt in Deutschland die Gewerbesteuer hinzu.

Deutschland macht also Fortschritte im internationalen Steuersenkungswettlauf zugunsten von Unternehmen und Vermögenden, auch wenn die Konkurrenz aus der Schweiz, Monaco, Irland oder Großbritannien so schnell nicht zu schlagen ist. Nach der Medienjagd auf den Exchef der Post, Klaus Zumwinkel, und auf andere Steuersünder konnte man zwar glauben, Robin Hood sei in Deutschland unterwegs. An den Stammtischen herrschte klammheimliche Freude, dass es endlich einmal »die da oben« getroffen habe. »Sind wir alle Steuersünder?«, fragten die Zeitungen und machten all denen, die bei der Steuererklärung den täglichen Weg zur Arbeitsstätte auf dem Papier um ein paar Kilometer verlängern, ein ziemlich schlechtes Gewissen.

Aber bei der Inszenierung »Deutschland jagt den Steuersünder« spielen die Fakten über die tatsächliche Verteilung der Steuerlast zwischen Arbeitseinkommen und Einkommen aus Unternehmertätigkeit und Vermögen kaum eine Rolle. Wer weiß schon, dass die Lohnsteuern 2007 24,5 Prozent des gesamten Steueraufkommens ausmachten, 1960 dagegen ganze 11,8 Prozent?

Wenn man alle sogenannten Massensteuern berücksichtigt und zur Lohnsteuer das Aufkommen aus der Mehrwertsteuer, die vom Studenten bis zur Rentnerin jeden trifft, sowie die Mineralölsteuer addiert, wird der Skandal noch krasser: 2006 kamen 70 Prozent der gesamten Steuereinnahmen aus Lohnsteuer, Umsatzsteuer und Mineralölsteuer, 1960 gerade einmal 37,5 Prozent.[32]

Dass das Steueraufkommen aus Unternehmertätigkeit und Vermögen über Jahrzehnte relativ gesehen immer weiter sinkt, auch wenn die Gewinne immer mehr sprudeln, hat zwei Ursachen: Die Steuerpolitik hat erstens nach der herrschenden Steuerphilosophie die sogenannten Leistungsträger maximal entlastet und damit die Grundlage für diese perverse Entwicklung geschaffen. Zum anderen sorgen die Unternehmen selbst dafür, dass Gewinne vorzugsweise dort anfallen, wo die Steuersätze am niedrigsten sind. Mit dem beschönigenden Begriff Steuergestaltung wird die systematische Planung der Steuervermeidung umschrieben. Die großen, international tätigen Unternehmen sind dabei besonders innovativ. Nicht umsonst werden die Steuerabteilungen von Konzernen als eigene »Profitlinie«, als eigener Geschäftszweig bezeichnet, der den Gewinn eines Unternehmens wesentlich beeinflussen kann.

Wie die Steuervermeidung der Unternehmen praktisch aussieht und welches Desaster zum Beispiel für die Kommunen daraus folgt, das demonstriert der Continental-Konzern. In der hessischen Kleinstadt Karben steht ein Werk der früheren Siemens-Tochter VDO, die 2007 von Continental übernommen wurde. Die Hiobsbotschaft für die Gemeinde Karben kam per Brief von der Conti-Geschäftsleitung: Im Jahr 2008 werde die Gewerbesteuer auf null zurückgefahren, auch die Zahlung für das vierte Quartal 2007 falle aus. Außerdem könnten demnächst bei der Gemeinde auch Steuerrückforderungen eingehen – für schon geleistete Steuerzahlungen 2007.

Bisher hatte Siemens VDO als größter Steuerzahler der Gemeinde jährlich 2 Millionen Euro an Gewerbesteuern gezahlt. Dasselbe passierte im südhessischen Babenhausen. Dort hatte Siemens VDO jährlich mindestens 200 000 Euro an Gewerbesteuern abgeführt. Continental als neuer Eigentümer teilte auch dieser Gemeinde Ende 2007 mit, dass die Steuervorauszahlung auf null gefahren werde (*metallzeitung* 2, 2008).

Der Hintergrund dieser Panikmeldungen für die betroffenen Kommunen: Die rot-grüne Bundesregierung hat mit der Unternehmensteuerreform 2001 neue Regeln eingeführt, wie konzerninterne Gewinne und Verluste verrechnet werden können. Continental hat an Siemens 2007 für die Übernahme von Siemens VDO 11,4 Milliarden Euro gezahlt. Die ganze Operation kostet die Aktionäre des Konzerns aber weit weniger, weil die Steuerzahler und damit die Gesellschaft zur Kasse gebeten werden. Continental kalkuliert eine Steuerersparnis von 1 Milliarde Euro aus der Übernahme von Siemens VDO. Denn der Konzern hat sie über Bankkredite finanziert und kann seit der Steuerreform 2001 die Zinsen absetzen. Das Geld, das bisher als Steuern an die Kommunen floss, geht nun an die Banken.[33]

Noch jede Unternehmensteuerreform wurde in Deutschland damit begründet, dass die Steuerersparnis die Unternehmen zu mehr Investitionen und zur Schaffung von neuen Arbeitsplätzen anreizt. Die Realität sieht anders aus: Continental hat zwar investiert – aber in Niedriglohnländern. Vor allem aber hat der Konzern mit den nicht gezahlten Steuern seine Kriegskasse für weitere Zukäufe aufgebessert und die Aktionäre belohnt. Gleichzeitig hat derselbe Konzern nicht nur die Kommunen, deren Leistungen allen Bürgern zugutekommen und deren Infrastruktur er in Anspruch nimmt, auf Jahre hinaus arm gemacht. Continental hat nach der Übernahme von Siemens VDO auch gleich Entlassungen an diesen hessischen und an anderen Standorten angekündigt. Das steuerliche Milliardengeschenk hat den Konzern nicht davon abgehalten, Tausende Beschäftigte in das drohende Hartz-IV-Schicksal zu entlassen und die gerade um die Gewerbesteuer betrogenen Kommunen noch weiter ins Elend zu stürzen.

Mit dieser Sorte selbstzerstörerischer Steuerpolitik der reichen Unternehmen und ihrer Eigentümer, die die Arbeitenden und die Gemeinwesen immer mehr belasten, sind die deutschen Finanzminister international in bester Gesellschaft:

In den USA hatte die Bush-Regierung 2004 ein Gesetz zur Rückführung von Profiten aus dem Ausland erlassen. Es heißt American Jobs Creation Act – eine Namensgebung ganz im Sinne des »Neusprech« aus dem Roman *1984* von George Orwell, in dem der »Große Bruder« mit neuen Begriffen das Denken manipuliert. Jedenfalls gestattete das Gesetz als Anreiz für die Schaffung neuer Jobs den amerikanischen Konzernen, Profite aus dem Ausland in die USA zurückzubringen und dort mit einem Steuerrabatt von bis zu 85 Prozent zu versteuern. Etwa 100 Konzerne brachten ca. 300 Milliarden US-Dollar zurück und sparten etwa 90 Milliarden US-Dollar an Steuern – das Geld wanderte hauptsächlich in die Taschen der Aktionäre.

Denn statt für mehr Arbeitsplätze zu sorgen, organisierten viele Konzerne, die von diesem Steuerrabatt profitierten, Massenentlassungen, speziell im Pharmasektor. Der weltgrößte Pharmahersteller Pfizer repatriierte mit Steuerrabatt 36 Milliarden US-Dollar, setzte 2006 zum Dank 8000 Beschäftigte auf die Straße und 2007 nochmals weitere 10 000. Dasselbe Spiel spielten die Pharmakonzerne Eli Lilly und Schering-Plough. Der Computerkonzern HP führte im Jahr 2005 14,5 Milliarden US-Dollar an Gewinnen zurück und feuerte gleich 14 500 Beschäftigte. In einigen Fällen war die Steuerersparnis höher als die Abfindungen und die sonstigen Kosten des Personalabbaus (*New York Times*, 24.7.2007).

Natürlich ermutigt der US-Steuerrabatt die Unternehmen zur weiteren Nutzung von Niedrigststeuerparadiesen – in Erwartung des nächsten Steuerrabatts.

Innerhalb der EU wird seit langem über den »unfairen« Steuerwettbewerb geklagt. Dabei wird nur zu gern vergessen, dass die EU-Staaten auf diesem Feld eher Täter als Opfer sind. Steuerparadiese und Steueroasen fallen nicht vom Himmel – sie folgen dem Ratschluss nationaler Regierungen. Gut die Hälfte der Steuerparadiese befindet sich nach wie vor in Europa und wird – wie die britischen Kanalinseln – von EU-Staaten am Leben erhalten. In der Hoffnung, dem Kapital alle Fluchtgedanken auszutreiben und Investoren bei Laune zu halten, haben die EU-Regierungen den internationalen Steuerwettbewerb erst richtig in Gang gebracht. Sie schaden damit sich selbst und anderen noch viel mehr.

So war die Osterweiterung bestens geeignet, das Lamento über »Steuerdumping« anzufachen. Nicht ohne Grund, denn die EU ist heute die am stärksten und besten integrierte Wirtschaftsregion der Welt mit relativ geringen räumlichen Distanzen. Dementsprechend wandert das Kapital viel stärker innerhalb der EU, als es aus der EU in andere Regionen abwandert. Als »unfair« gilt, wenn etwa Mitgliedsstaaten wie Belgien, die Niederlande und Irland versuchen, globale Finanzunternehmen mit speziellen Steuervorteilen für sogenannte »Koordinationszentren« ins Land zu locken.

Um ein solches Gebaren zu verhindern, gab es schon in den neunziger Jahren ernsthafte Überlegungen, die Unternehmensbesteuerung für alle EU-Länder zu vereinheitlichen. Und einige Angleichungen der nationalen Steuersysteme sind innerhalb der EU auch durchaus gelungen, etwa die Harmonisierung der Umsatzbesteuerung und in jüngster Zeit die Harmonisierung der Quellenbesteuerung für Zinseinkünfte. Der internationale Steuerwettbewerb ist eine Tatsache. Dass man daran nichts ändern kann, ist aber falsch. Leider ist es ebenso eine Tatsache, dass die zwei deutschen Unternehmensteuerreformen von 2001 und 2008 vor allem den Unternehmen geholfen haben.

Unternehmensteuerreformen – Unternehmer sagen danke

»Im Steuerwettbewerb holt Deutschland kräftig auf.« Das erklärte Anfang 2008 ein Wissenschaftler des IFO-Instituts in München. »Für sich genommen wirkt die Steuerreform gewinnerhöhend. Je höher der in Deutschland steuerpflichtige Unternehmensertrag und je höher die Eigenkapitalquote, umso positiver die Wirkungen der Steuerreform« (*Capital* 1, 2008).

Offensichtlich hat die Lobbyarbeit der Unternehmen und das ständige Wehklagen der Reichen und Superreichen über das angebliche Hochsteuerland Deutschland Wirkung gezeigt und der Politik Beine gemacht. Noch vor wenigen Jahren hatte Josef Ackermann, Chef der Deutschen Bank, geklagt, die steuerliche Belastung zwinge sein Unternehmen, zu prüfen, ob man nicht Teile des Geschäfts in »Länder mit einer niedrigeren Steuerquote« verlagern könne. Und Roland Berger, Gründer der gleichnamigen Unternehmensberatung und Einflüsterer aller Kanzler und diverser Bundespräsidenten, hatte moniert: »Dieses Steuersystem wird zum Wachstumshemmnis.« Nach Modellrechnungen des Bundesverbandes der Deutschen Industrie kamen Unternehmen angeblich sogar auf die astronomische Steuerbelastung von 53 Prozent (zitiert nach *Spiegel* 51, 2004).

Doch entgegen weitverbreiteten und bewusst gepflegten Vorurteilen schont der deutsche Fiskus die Unternehmens- und Vermögenseinkommen. Die tatsächlich gezahlte Steuerlast auf Einkommen aus Unternehmertätigkeit und Vermögen (im Vergleich zu den viel höheren nominalen Steuersätzen) ist mit deutlich unter 20 Prozent niedrig im internationalen Vergleich. Sie beträgt nur gut ein Drittel der Steuer- und Abgabenlast, die auf den Einkommen aus abhängiger Beschäftigung lastet. Das haben auch Untersuchungen der OECD ergeben (*Zeit Online*, 17.10.2007).

Schon mit der Steuerreform von 2001 hat die damalige rot-grüne Bundesregierung eine massive Umverteilung von unten nach oben, von Arm zu Reich in die Wege geleitet. Die Steuereinnahmen aus Unternehmens- und Vermögenseinkommen gingen wegen der Unternehmensteuerreform 2001 drastisch zurück. Auch 2005 lagen sie noch unter dem Stand des Jahres 2000, während die Einkommen aus Unternehmertätigkeit und Vermögen gleichzeitig kräftig stiegen. Allein bei der Körperschaftssteuer, die von Kapitalgesellschaften zu zahlen ist, summierten sich die Steuerausfälle von 2001 auf 2006 auf fast 80 Milliarden Euro, bei der veranlagten Einkommensteuer nochmals auf ca. 18 Milliarden Euro. Es handelte sich praktisch um eine mehrjährige Steuerbefreiung speziell für Konzerne – eine Unternehmenssubvention in gigantischem Ausmaß. Und das wohlgemerkt, obwohl die deutsche Wirtschaft von 1998 bis 2006 um über 10 Prozent gewachsen ist. Die Arbeitnehmer haben davon nicht profitiert, ihre Löhne sind preisbereinigt gesunken. Das gesamte Wachstum ist den Unternehmens- und Vermögenseinkommen zugutegekommen, die in dem Zeitraum um 30 Prozent gestiegen sind. Nach den Daten des Statistischen Bundesamtes sind die Unternehmens- und Vermögenseinkommen 2007 um weitere 7,2 Prozent gestiegen.[34] Der überproportionale Anstieg gegenüber den Arbeitnehmerentgelten hat sich 2008 fortgesetzt.

Friedrich Merz, ein aller sozialer Anwandlungen unverdächtiger Rechtsanwalt, CDU-Abgeordneter und heute Vertreter von Finanzinvestoren, hatte die rot-grüne Steuerreform von 2001 als handwerklichen Skandal bezeichnet, weil die Kapitalgesellschaften im Jahr 2001 500 Millionen Euro an Körperschaftssteuer erstattet bekamen, während sie im Jahr 2000 noch über 24 Milliarden Euro gezahlt hatten: »Dieses Land leistet sich allen Ernstes den Luxus, mehr Körperschaftssteuer auszuzahlen als einzunehmen« (*Wirtschaftswoche*, 11.7.2002). Grund war die Steuerbefreiung bei Unternehmensverkäufen.

Die Kapitalgesellschaften machten mit ihren Steuerstrategen aus dem vom damaligen Finanzminister Hans Eichel behaupteten »Einmaleffekt« der Steuerausfälle ein dauerhaftes Steuersparmodell: Im nächsten Jahr, 2002, sanken die Einnahmen aus der Körperschaftssteuer noch dramatischer als befürchtet.

Beispiel Siemens: Der Konzern hat im Geschäftsjahr 2002 für 936 Millionen Euro Aktien seiner abgespaltenen Halbleiter-Tochter Infineon verkauft – ganz steuerfrei. Obendrein konnte Siemens den auf den Konzern entfallenden Anteil an den Verlusten von Infineon in Höhe von 452 Millionen Euro zur Steuergestaltung, also zur Verrechnung mit zu versteuernden Gewinnen nutzen. In den Jahren zuvor hatte Siemens für den Aufbau der Chipfertigung in Dresden Subventionen in Milliardenhöhe kassiert. Von einer Rückzahlung der Subventionen oder einer Anrechnung auf die Steuerbefreiungen für Siemens aus dem Ausstieg aus Infineon war aber niemals die Rede.

Für das Jahr 2001 hat das Finanzamt Starnberg, Deutschlands Landkreis mit den meisten Vermögensmillionären, nach einem Bericht der *Süddeutschen Zeitung* mehr Steuern erstattet, als es einnahm. Das gab es sonst nirgendwo in der Republik – schon gar nicht in Regionen mit hohem Anteil an Arbeitern, Arbeitslosen und Sozialhilfeempfängern wie etwa im Ruhrgebiet oder den neuen Bundesländern.

Doch die obszöne staatlich organisierte Umverteilung zugunsten von Unternehmens- und Vermögenseinkommen geht noch weiter: Die Unternehmensteuerreform 2008 senkt nochmals die Steuern für diejenige Gruppe in der Gesellschaft, die es am wenigsten nötig hat. Anfangs hatte die Regierungskoalition noch die Aufkommensneutralität versprochen. Davon ist schon lange nicht mehr die Rede. Finanzminister Peer Steinbrück erwartet offiziell dauerhafte Mindereinnahmen von 5 Milliarden Euro jährlich aus der Senkung der Unternehmensteuern. Auch 2001 hatte die Bundesregierung bei der damaligen Unternehmensteuerreform zunächst in Optimismus gemacht. Die in Wirklichkeit auflaufenden riesigen Fehlbeträge dienten dann als weitere Munition zum Abbau des Sozialstaates.

Die Vereinfachung des Steuersystems und die Schließung von Steuer-Schlupflöchern hatte die Regierungskoalition 2005 großspurig als Ziel der Unternehmensteuerreform verkündet. Alles Lüge! Wie sonst ist zu erklären, dass die Bundesregierung nicht einmal den allergröbsten Steuerfehler von Rot-Grün, die Steuerbefreiung der Gewinne aus Beteiligungsverkäufen, rückgängig gemacht hat?

Darüber hinaus bleiben auch weitere beliebte Steuer-Schlupflöcher: Das deutsche Steuerrecht sieht im Gegensatz zum Steuerrecht in vielen anderen Ländern reichlich Möglichkeiten vor, den erwirtschafteten Gewinn formal vorübergehend, aber de facto dauerhaft steuerfrei zu stellen und unversteuerte »stille« Reserven zu bilden. Außerdem gestattet es, dass auch beim Verkauf des Wirtschaftsgutes oder des Unternehmens diese stillen Reserven unangetastet und unversteuert bleiben. Die Versteuerung oder Aufdeckung der stillen Reserven kann auf einen späteren Zeitpunkt verschoben werden. Das gilt besonders bei Auslandsinvestitionen.[35] Dagegen werden echte Investitionen im Inland besonders belastet. Denn statt der degressiven wird seit 2008 nur noch die lineare Abschreibung zugelassen. Das trifft am härtesten jene Unternehmen, die viel investieren.

Der Finanzminister fördert Abzocker

Wie gezeigt, beruht die niedrige und tendenziell weiter sinkende Steuerlast, die von Unternehmen und speziell von den Kapitalgesellschaften tatsächlich gezahlt wird, nur zum Teil auf niedrigeren Steuersätzen. Sie basiert vor allem auf einer Vielzahl systemwidriger Steuerprivilegien. Die werden vorzugsweise international tätigen Konzernen und Finanzinvestoren eingeräumt, zum Beispiel auch ausländischen Private-Equity- und Hedgefonds. Die besonderen Steuerprivilegien hat der Finanzminister der Öffentlichkeit als Förderung des Wagniskapitals, der Investition in junge Unternehmen mit vielen Arbeitsplätzen verkauft. Gefördert werden in Wirklichkeit jedoch raffgierige Investoren und die Verlagerung ins Ausland.[36]

Das funktioniert folgendermaßen: Nach der Unternehmensteuerreform 2008 müssen deutsche Anteilseigner von gewerblichen Personengesellschaften bis zu 47 Prozent Steuern auf ihre Gewinne bezahlen, dies ist sogar etwas mehr als vor 2008. Aber wenn sie ihre Geschäfte als Vermögensverwaltung deklarieren, etwa durch Übertragung ihres Immobilienbesitzes in einen Real Estate Investment Trust, dann sind nur noch 25 Prozent Abgeltungsteuer fällig – wie für Zinserträge aus dem Festgeldkonto des kleinen Sparers.

Damit haben diese »Heuschrecken«-Fonds, die nicht nur weltweit Geld von reichen Privatleuten und von Pensionsfonds einsammeln und verwalten, sondern direkt die Geschäfte der übernommenen Unternehmen steuern, ein massives Steuerprivileg. Die cleveren Initiatoren dieser Fonds, die Partner, die in den letzten Jahren reihenweise Unternehmen aufgekauft, zerlegt und mit Gewinn weiterverkauft haben, sind ebenfalls steuerlich begünstigt: Sie zahlen zwar Einkommenssteuern auf ihre

Gehälter, die sich aus den Managementgebühren (meist 2 Prozent der Anlagesumme) der Investoren finanzieren. Aber den dicken Reibach, dem sie ihren Aufstieg in die Millionärskaste verdanken, machen sie, wenn sie das übernommene Unternehmen profitabel verkaufen. Bei den cleveren Fonds-Managern bleiben in der Regel 20 Prozent vom Gewinn hängen. Diese Erfolgsprämie (*carried interest* genannt) kann schon einmal 20 Millionen Euro betragen. Davon wird nach dem Halbeinkünfteverfahren lediglich die Hälfte mit dem persönlichen Steuersatz des Beteiligungsmanagers besteuert.

Die Anteilseigner der Fonds mit Sitz im Ausland zahlen durch entsprechende Steuergestaltung in Deutschland in der Regel nur noch höchstens 10 Prozent Steuern. Dies verführt außerdem dazu, aus überwiegend steuerlichen Gründen den Sitz der Kapitalverwaltung ins Ausland, etwa nach Luxemburg oder in den Kanton Zug der Schweiz zu verlegen, weil damit ganz legal massiv Steuern gespart werden können. Allerdings reicht eine Briefkastenadresse in Luxemburg nicht.

In Deutschland ansässige Aufkäufer von Unternehmen können also ihre Konkurrenzfähigkeit erhöhen, indem sie ihre Kapitalverwaltung ins Ausland verlegen. Erfolgreiche inländische, vor allem mittelständische Konkurrenten müssen weiter voll Steuern zahlen, sind deshalb womöglich nicht mehr dauerhaft konkurrenzfähig und werden früher oder später von Finanzinvestoren aufgekauft.

Damit subventioniert unser Steuersystem das Ausschlachten profitabler inländischer Unternehmen. In Deutschland tätige Finanzbeteiligungsgesellschaften erzielen seit Jahren hohe Renditen für ihre meist ausländischen Anleger. Sie haben Unternehmen aufgekauft, zerlegt und ausgeschlachtet, Arbeitsplätze abgebaut und steuerlich subventioniert ins Ausland verlegt. Gleichzeitig zahlen sie trotz hoher Gewinne ganz legal kaum Steuern.

Die besondere steuerliche Förderung von Unternehmensbeteiligungen mit dem Extrabonus für ausländische Anleger hat mit der behaupteten Förderung von Wagniskapital, von Beteiligungen an jungen Unternehmen, freilich nichts zu tun. Unternehmen haben bekanntlich vor allem in der Gründungs- und Frühphase Schwierigkeiten, ausreichend Beteiligungskapital zur Stärkung ihrer Eigenkapitalausstattung zu bekommen. Zur Finanzierung solcher mit guten Gründen empfohlenen Unternehmensgründungen – und nur dafür – könnten nach Höhe und Art begrenzte steuerliche Vorteile gewährt werden. Sinnvoll ist eine Förderung der innovativen, jungen Unternehmen, die Geld brauchen, nicht die Förderung der Fonds und ihrer Manager.

Steuerexperte Lorenz Jarass erklärte dazu: »Es gibt überhaupt keinen Grund, Unternehmensbeteiligungen generell steuerlich zu begünstigen. In Deutschland herrscht keine Kapitalknappheit. Den Aufkauf von Firmen sollte man nicht fördern. Die Regelung will ja eigentlich junge Unternehmer unterstützen und ihnen bei der Bildung von Eigenkapital helfen. Stattdessen werden aber Heuschrecken angezogen. Und deren Methoden werden begünstigt. (...) Personenunternehmen müssen für Gewinne bis zu 45 Prozent Steuern zahlen. Dies können die Eigentümer umgehen, indem sie ihr Kapital abziehen und es durch fremdes Heuschrecken-Geld ersetzen. Das abgezogene Geld lassen sie auf der Bank arbeiten und zahlen künftig nur noch 25 Prozent Abgeltungssteuer. Die Firma wiederum weist weniger oder keine Gewinne aus, weil sie ja neue Schulden hat. Es müssen also keine Steuern bezahlt werden. Mit genau den gleichen Mechanismen arbeiten die Heuschrecken auch.«[37]

Die in Deutschland ansässigen Unternehmen haben 2005 ihren Finanzierungsbedarf laut Bundesbank zu fast 90 Prozent aus eigenen Mitteln gedeckt. Von einem Eigenkapitalmangel kann also keine Rede sein. Kerngeschäft der Private-Equity-Branche ist der kreditfinanzierte Firmenkauf. Auf den Aufkauf großer Firmen entfielen 2006 fast 90 Prozent des Geldes, das die Fonds in Deutschland anlegten. Beteiligungen an High-tech-Neugründungen machten hingegen nur einen kleinen Anteil aus: Gerade mal 6 Prozent ihrer Ausgaben investierte die Private-Equity-Branche nach eigenen Angaben 2006 in Start-ups.

Deutsche Konzerne verfügen über reichlich Spielräume zur Steuergestaltung. Doch selbst sie können Schlupflöcher nicht so ausnutzen wie Private-Equity- und Hedgefonds. Der international tätige Erwerber erreicht allein durch die Steuerfreistellung der Unternehmenserträge einen erheblichen Wertzuwachs seiner Beteiligung. Die Folge: Fonds können höhere Kaufpreise zahlen als andere Investoren und kommen so häufiger zum Zug – eine Wettbewerbsverzerrung gegenüber stärker regulierten und voll steuerpflichtigen Konkurrenten. Diese Schieflage sollte die Politik nicht noch weiter verstärken.

Die Bundesregierung hat zudem trotz der Finanzkrise das Spielfeld von Private-Equity-Fonds und Hedgefonds erweitert. Künftig dürfen deutsche Lebensversicherer 10 statt bisher 5 Prozent in derartige Fonds und Rohstoffanlagen investieren. Dies mag kurzfristig deren Rendite erhöhen, führt aber zugleich zum Risiko eines totalen Kapitalverlusts und einer weiteren Destabilisierung der Volkswirtschaft.

Die Steuertricks der Konzerne

Die bundesdeutsche Steuerpolitik hat die Internationalisierung der deutschen Unternehmen planmäßig gefördert und auf diese Weise den Standortwettbewerb systematisch verzerrt. Verlagerungen werden mit Steuermitteln bezuschusst, vor allem von den Lohn- und Einkommenssteuerzahlern. Sie gehen auf Kosten der Beschäftigten in Deutschland. Die werden dann mit einer Kostendifferenz konfrontiert und erpresst, in die nicht nur die Lohnkostenunterschiede zwischen Deutschland und dem Niedriglohnland eingehen, sondern auch noch die steuerlichen Mitnahmeeffekte.

Denn ein Unternehmen mit Hauptsitz in Deutschland, das im Ausland eine neue Tochterfirma gründet, kann viele der Kosten mit dem in Deutschland erwirtschafteten Gewinn verrechnen. Da sind zunächst die Einmalkosten einer Verlagerung, die wie jede andere Betriebsausgabe absetzbar sind. Das betrifft:

- den Großteil der Planungskosten für die neue Investition,
- die Honorare für Berater, Anwälte, Notare etc. für das Projekt,
- alle Kosten für den Abbau von Arbeitsplätzen in Deutschland und deren Transfer z. B. in die Slowakei,
- die Umzugskosten für Maschinen etc.

Richtig lohnend ist aber erst die »steuerliche Gestaltung« des laufenden Geschäfts, die zweckmäßige Zuordnung von Gewinnen und Verlusten im Inland und bei den Auslandstöchtern. Dazu gehören auch steuerliche Konstruktionen mit dem ausschließlichen Zweck sinkender Besteuerungsgrundlagen in

Deutschland. Wer sich etwa im Ausland Geld leiht oder dort Lizenzgebühren zahlt, schmälert damit seine Gewinne im Inland. Dauerhaft können alle Schuldzinsen für die Kapitalausstattung der Tochterfirma im Ausland (meist über internationale Finanzierungsgesellschaften) in Deutschland von der Steuer abgesetzt werden. Und die Aufwendungen für das ausländische Werk waren bislang für den deutschen Fiskus auch dann Betriebsausgaben, wenn der im Ausland erzielte Ertrag in Deutschland steuerfrei ist.

Nicht zu vergessen sind die Extrakosten für die Steuerung und laufende Verwaltung der Auslandswerke in der deutschen Zentrale. Die erhöhen nicht nur die Personalkosten in Deutschland und werden gegen die dortigen Belegschaften in Anrechnung gebracht, sondern an ihnen wird natürlich auch der deutsche Fiskus beteiligt.

Wenn beispielsweise ein Konzern Werke in der Slowakei hat, werden dort steuerlich nur die Kosten für die Löhne, die Abschreibungen für Maschinen und Anlagen und die Kosten für die Vorprodukte geltend gemacht. Der resultierende Gewinn wird in der Slowakei niedrig besteuert (Steuersatz: 19 Prozent) und kann dann nach Deutschland transferiert werden, wo er abschließend mit 2 Prozent nachbesteuert wird (nur 5 Prozent der zugeflossenen Dividenden unterliegen dem regulären Satz der Unternehmensteuer).

Ist die Auslandstochter aber ein Flop, kann der deutsche Investor, der für den Kredit der slowakischen Tochter geradesteht, den Kreditausfall wenigstens mit den in Deutschland erwirtschafteten Gewinnen verrechnen. Bei Erfolg der Investition kann der Konzern die Tochterfirma mit einer Steuerbelastung von 2 Prozent des Gewinns verkaufen.

»Wir verdienen unser Geld im Ausland.« Das ist die Botschaft der international tätigen Unternehmen nicht nur an den deutschen Finanzminister, dem Steuern vorenthalten werden, sondern auch an die Beschäftigten, die um ihren fairen Anteil an den sprudelnden Gewinnen betrogen werden oder die auf die nächste Auslandsverlagerung vorbereitet werden sollen.

Im Zentrum stehen die konzerninternen Verrechnungs- oder Transferpreise beim grenzüberschreitenden unternehmensinternen Leistungsaustausch: Auf der Homepage der Schweizer Dependance der internationalen Steuerberatungs- und Wirtschaftsprüfungsgesellschaft PricewaterhouseCoopers (PwC) heißt es dazu:

>>Transfer Pricing ist ein entscheidender Werttreiber für jedes international operierende Unternehmen. Die Dokumentation der konzerninternen Verrechnungspreise spielt dabei eine entscheidende Rolle. Richtig eingesetzt, minimiert Transfer Pricing die globale Steuerrate und optimiert global erzielte Konzerngewinne. Dabei stellen intensive Steuerprüfungen, kritische Untersuchungen nach nicht abzugsfähigen Gewinnverschiebungen, das effiziente und pragmatische Erfüllen der lokalen Dokumentationsanforderungen sowie neue Transfer-Pricing-Regulierungen ein Unternehmen vor kontinuierliche Herausforderungen.

Ihre Herausforderungen:
* Sie möchten als international tätiges Unternehmen Ihre Unternehmensteuern dank steuerlich optimaler Transfer-Pricing-Strukturen optimieren.
* Sie wollen die lokalen Dokumentationsanforderungen stets erfüllen.
* Sie führen grenzüberschreitende Transaktionen in ver-

*schiedenen Industrie- und Dienstleistungsbereichen
aus.*

So unterstützt Sie PwC:
- *PricewaterhouseCoopers verfügt über das größte Spe-
  zialistennetzwerk im Transfer-Pricing-Bereich. ›International Tax Review‹ zeichnete das Schweizer Transfer-
  Pricing-Team mit dem Award ›Transfer Pricing Firm of
  the Year 2005‹ sowie ›Transfer Pricing Firm of the Year
  2006‹ aus. Es bietet Ihnen Lösungen in folgenden Bereichen:*
- *Nutzen von Optimierungschancen und Eliminieren po-
  tenzieller Risiken*
- *Dokumentation und Verteidigung von Verrechnungspreisen*
- *Reduzieren von Verrechnungspreisrisiken*
- *Lizenzstrukturen, -gebühren und -verteidigung von
  geistigem Eigentum (Intellectual Property)*
- *Steuerwirksame Verrechnung konzerninterner Manage-
  ment- und Support-Dienstleistungen*
- *Bestimmen von At-Arms-Length-Verrechnungspreisen*
- *Aufbau einheitlicher und transparenter Wertschöp-
  fungsketten*
- *Senken der Konzernsteuerbelastung dank steuerlich
  optimierter Geschäftsstruktur in einem globalen oder
  regionalen Business Control Centre*
- *Erfüllen nationaler Anforderungen an die Transfer-
  Pricing-Dokumentation*
- *Schaffen optimaler Grundlagen für Umstrukturierun-
  gen (M&A).«*

Das Festlegen von steuergünstigen Verrechnungspreisen, die dennoch von den Steuerbehörden in aller Welt akzeptiert werden, ist offensichtlich ein riesiges Geschäft für international operierende Unternehmen und für ihre Helfer von der boomenden Branche der Steuerberater und Wirtschaftsprüfer. Der Boom ist Folge des mit der Globalisierung explodierenden grenzüberschreitenden unternehmensinternen Austauschs von Gütern und Dienstleistungen. Nach Daten der OECD entfallen über 60 Prozent des gesamten Welthandels auf konzerninterne Lieferungen (zitiert nach *Guardian*, 6.11.2007).

So funktioniert das Spiel: Als Verrechnungspreis oder Transferpreis wird der Preis bezeichnet, der zwischen verschiedenen Bereichen eines Unternehmens oder zwischen verschiedenen Unternehmen desselben Konzerns für innerbetrieblich ausgetauschte Güter und Dienstleistungen (z. B. Warenlieferungen, Lizenzen, Darlehen) in Rechnung gestellt wird. Weil es sich aber um Transaktionen in demselben Unternehmen oder Konzern handelt, gibt es keinen Markt, der durch das Kräftespiel zwischen Angebot und Nachfrage den Preis regelt.

Die Preisbildung bei einem Verrechnungspreis oder Transferpreis ist eine unternehmerische Entscheidung. Die hat in zweifacher Hinsicht ökonomische Bedeutung: Mit der Gestaltung der Verrechnungspreise kann das Unternehmen erstens steuern, in welchem Land oder bei welcher Konzerntochter welche Gewinne oder auch Verluste anfallen. Zweitens kann so die Höhe der Besteuerung beeinflusst werden.

Das gilt nicht für konzerninterne Transaktionen innerhalb desselben Landes. Da gilt für verbundene Unternehmen nahezu derselbe Steuersatz wie zwischen fremden Unternehmen. Unternehmensgewinn und Besteuerung bleiben unverändert – ob die Produktion dem Vertrieb die reinen Herstellungskosten in Rechnung stellt oder einen höheren Preis verlangt. Der Unterschied: Einmal steht die Produktion besser da, bei der anderen Variante der Vertrieb. Aber für das Unternehmen oder den Konzern als Ganzes ist die Wahl des Verrechnungspreises innerhalb desselben Landes wirtschaftlich irrelevant.

Doch bei innerbetrieblichen Transaktionen über Ländergrenzen hinweg hat die Wahl des Verrechnungspreises erhebliche Auswirkungen für die betroffenen Länder. Schon bei gleichen Steuersätzen macht es einen großen Unterschied für die Staatskassen in den zwei beteiligten Ländern, ob die Produktion in dem einen Land der Vertriebsorganisation im anderen Land die reinen Herstellungskosten in Rechnung stellt oder einen höheren Preis. Für das Konzernergebnis macht das noch keinen Unterschied.

Aber bekanntlich sind die Steuersätze international unterschiedlich. Damit besteht ein massiver Anreiz, die konzerninternen Verrechnungspreise so zu gestalten, dass die Konzerngesellschaften in Ländern mit niedrigeren Steuersätzen relativ höhere Verrechnungspreise ansetzen und umgekehrt. Denn bei unterschiedlichen Steuersätzen in den beteiligten Staaten besteht die Möglichkeit, Unternehmensgewinne in niedrig besteuerte Länder zu verlagern. Das wirkt sich direkt auf den Konzerngewinn nach Steuern aus, wenn die Konzernsteuerquote durch geschickte Wahl der Verrechnungspreise minimiert wird. So machen Konzerne mit einem populären Buchhaltungstrick ihr Auslandsgeschäft viel profitabler als etwa ihr amerikanisches oder ihr deutsches Stammgeschäft.

Internationale Steuerparadiese gibt es seit Jahrzehnten. Aber die weltweite Verschiebung von Kapital und von Gewinnen hat mit der Entwicklung der internationalen Datennetze einen zusätzlichen Schub bekommen.

Die multinationalen Konzerne steuern nicht nur weltweite Produktions- und Lieferketten, sondern auch systematisch geplante und global integrierte Systeme der Steuervermeidung. Am Anfang der Lieferkette steht eine Konzernniederlassung, die die Banane oder den PC produziert. Die verkauft das Produkt zum Herstellungspreis oder nur etwas mehr an eine andere Konzerntochter in einem Niedrigsteuerparadies. Diese Konzerntochter wiederum ist Eigentümerin der Patente, der Markenrechte und des Logos, des Vertriebsnetzes und des Marketings. Dafür kassiert sie hohe Lizenzgebühren und kann deswegen das Produkt teuer, fast zum Ladenpreis, an die Konzerntochter verkaufen, die die Kunden beliefert. Natürlich wird das Produkt selbst direkt aus dem Land, in dem die eine Konzerntochter produziert, in das Land transportiert, in dem das Produkt einen Käufer findet.

Als ich bei dem US-Computerhersteller Digital Equipment arbeitete, der später von Compaq übernommen wurde, steuerte der Konzern seine internationalen Liefer- und Zahlungsströme über Konzerngesellschaften in dem Steuerparadies Bermudas. Die stellten die Rechnungen an die Konzerntöchter in Deutschland und anderswo für Computerlieferungen aus den USA. Der ganze Zweck dieser Konstruktion virtueller Waren- und Zahlungsströme war die Vermeidung hoher Steuerzahlungen in den USA oder etwa in Deutschland. Außerdem wurde die deutsche Konzerntochter so gesteuert, dass sie wenigstens alle vier Jahre einen Gewinn für das Finanzamt auswies, damit das Milliardengeschäft in Deutschland nicht steuerlich als Liebhaberei eingestuft wurde und die Verluste weiter mit den Gewinnen verrechnet werden konnten.

Nach einer Studie von Simon J. Pak von der Pennsylvania State University und John S. Zdanowicz von der Florida State

University haben US-Firmen allein 2001 durch Preismanipulationen über 53 Milliarden US-Dollar Steuern zu wenig gezahlt. Auf Basis der Datenanalyse von US-Importen und -Exporten fanden sie so bizarre Beispiele für Verrechnungspreise wie den US-Import von britischen Zahnbürsten zum Stückpreis von 5655 US-Dollar, von Lampen aus Japan zum Stückpreis von 5000 US-Dollar, von Geschirrtüchern aus Pakistan zum Stückpreis von 153 US-Dollar oder den US-Export von Autositzen nach Belgien zum Stückpreis von 1,66 US-Dollar und von Raketenwerfern nach Israel zum Stückpreis von nur 52 US-Dollar – ein echtes Schnäppchen.[38]

Nach einer Schätzung der Washingtoner Brookings Institution, einer »Denkfabrik«, die politisch im Mittelfeld der US-Politik angesiedelt ist, nutzen die multinationalen Konzerne internationale Steueroasen, um so ihre Zahlungen an das US-Finanzministerium um 50 Milliarden US-Dollar jährlich zu drücken. Die Pharmakonzerne, deren Umsatzrenditen von 30 Prozent und mehr nur noch von Microsoft und dem Rauschgifthandel übertroffen werden, liegen dabei unangefochten an der Spitze. In den USA sind die Pharmapreise teilweise wesentlich höher als überall sonst auf der Welt. Die Natur des Pharmageschäfts erlaubt den Pharmafirmen den Einsatz zahlreicher Steuertechniken, wie etwa die Registrierung wertvoller Patente in Niedrigsteuerländern wie Irland oder Holland. Die enorme Größe der US-Pharmabranche, die allein 2006 Gewinne vor Steuern von ca. 60 Milliarden US-Dollar auswies, macht die Bedeutung von Steuerverlagerungstechniken deutlich.

Pharmafirmen müssen in den USA bis zu 35 Prozent ihrer weltweiten Gewinne als Unternehmensteuern zahlen. Aber 2006 zahlte der Pharmariese Eli Lilly ausweislich des Geschäftsberichts weniger als 6 Prozent seiner weltweiten Profite von 3,4 Milliarden US-Dollar an die US-Steuerbehörden. Eli Lilly berichtete 2006 eine weltweite Steuerquote von 20 Prozent vom Konzernergebnis. Die weltweite Steuerquote umfasst alle Steuern, die der Konzern irgendwo auf der Welt gezahlt hat, sowie Rückstellungen für künftig zu zahlende Steuern. Der Biotechnologiegigant Amgen machte 2006 zwar 80 Prozent seiner Umsätze von 14,3 Milliarden US-Dollar in den USA, zahlte aber auf den Konzerngewinn von 4 Milliarden US-Dollar nur 22 Prozent Bundessteuern in den USA. Amgen erklärte die Diskrepanz mit einer Profitmarge von fast 100 Prozent im Auslandsgeschäft, aber nur 15 Prozent im US-Geschäft.

Der britische Pharmariese GlaxoSmithKline einigte sich 2007 mit den US-Steuerbehörden auf eine Nachzahlung von 3,4 Milliarden US-Dollar. Die US-Steuerbehörden hatten nämlich herausgefunden, dass die US-Tochter von Glaxo-SmithKline die Pharmalieferungen der Konzernmutter in Großbritannien von 1989 bis 2005 viel zu teuer bezahlt hatte. Diese Preismanipulationen sollten die Profite und damit die Steuerzahlungen der US-Tochter senken.

Gewinnsteigerung durch Verrechnungspreise ist keineswegs nur eine Spezialität angelsächsischer Konzerne. Die Umweltorganisation Greenpeace hat im Sommer 2008 enthüllt, dass der deutsch-schweizer Holzkonzern Danzer mit passend gestalteten Verrechnungspreisen dem bettelarmen afrikanischen Staat Kongo systematisch Steuern vorenthält (*Süddeutsche Zeitung*, 31.7.2008). Nach Informationen der tschechischen Metallgewerkschaft OS Kovo soll Siemens in dem jetzt zur Schließung anstehenden Prager Werk für Massenverkehr die konzerninternen Verrechnungspreise jahrelang so gestaltet haben, dass das Werk Verluste machte und der tschechische Fiskus leer ausging.

Als Antwort auf derartige Tricks gibt es auf internationaler Ebene den Fremdvergleichsgrundsatz. Danach sind die Unternehmen zu steuerlichen Zwecken verpflichtet, für grenzüberschreitende innerbetriebliche Leistungen einen solchen Preis als Verrechnungspreis zu wählen, auf den sich auch fremde Unternehmen – also völlig unabhängige Unternehmen – für die gleiche Transaktion geeinigt hätten. Dieses At-Arms-Length-Prinzip besagt, dass Konzerne ihre Verrechnungspreise so gestalten müssen, als ob die zugrunde liegende Transaktion nicht zwischen Gesellschaften des gleichen Konzerns, sondern zwischen unabhängigen Marktteilnehmern stattfinden würde.

Aber die Ermittlung eines solchen als fremdüblich anzusehenden Preises ist wegen fehlender vergleichbarer Transaktionen schwierig. Denn es gibt nicht den Fremdvergleichspreis. Es entspricht gerade dem Charakter von verbundenen Unternehmen, Austauschbeziehungen ausschließlich innerhalb des eigenen Konzerns zu unterhalten und keine Transaktionen mit fremden Unternehmen zu tätigen. Besonders schwierig ist die Bestimmung eines Marktpreises in Branchen, in denen wenige Firmen den Markt unter sich aufteilen.

Praktisch gestalten die Konzerne, wie die Werbung der Wirtschaftsprüfer und Steuerberater von PricewaterhouseCoopers zeigt, ihre Steuerstrategien mit Hilfe spezialisierter großer Beratungsfirmen selbst. Die Wahrscheinlichkeit, dass die Steuerprüfung das komplexe Transaktionsgeflecht innerhalb eines Konzerns untersucht und dabei der kreativen Steuergestaltung genau auf die Schliche kommt, ist gering. So hatte die US-Steuerbehörde 2007 gerade 500 (!) auf internationale Gewinntransfers spezialisierte Steuerfahnder. Schon daran wird das mangelnde politische Interesse deutlich, mit den Steuertricks um die Verrechnungspreise tatsächlich aufzuräumen. Die konzerninternen Verrechnungspreise sind kein rechtsfreier Raum ohne gesetzlichen Rahmen, aber die Kontrollen sind mangelhaft.

Für Steuerexperten wie Michael J. McIntyre von der Wayne State University in Detroit profitieren die US-Pharmakonzerne von antiquierten Steuerregeln, die höchstens noch für Stahl und Autos funktionieren. Für die Gestaltung der Transferpreise gibt es erheblichen Spielraum, speziell bei Produkten mit hohen Margen. Die Produktion einer Pille kostet nur wenige Cents, wenn das Präparat erst einmal entwickelt ist, aber der Ladenpreis kann mehrere Euro oder Dollar für die einzelne Pille betragen. Die hohe Profitmarge hat ihre Ursache teilweise in den Patenten, die das Präparat jahrelang vor Konkurrenz schützen.

Indem die Konzerne ihre Patente außer Landes schaffen, können sie auch den Steuerbehörden erklären, dass die Profite den Patenten außer Landes folgen sollen. Nach den steuerlichen Regeln für Verrechnungspreise muss die Auslandstochter der Konzernmutter den Marktpreis zahlen, wenn der Konzern Patente und andere immaterielle Güter auf die Auslandstochter überträgt. Für Außenstehende ist es aber schwierig zu bestimmen, inwieweit die Firmen Patente, Marken und andere immaterielle Güter angemessen bewertet haben. Außerdem finanzieren inzwischen Konzerntöchter in Singapur, den Niederlanden oder den Virgin Islands direkt Forschung und Entwicklung in den USA oder in Deutschland.

Die Finanzoperation dient allein dem Steuersparen. Denn dadurch sind die Konzerntöchter auch die Eigentümer der neuen Patente und müssen sie nicht von der Konzernmutter kaufen. Das steuerliche Ergebnis: Die Einnahmen der Konzerntöchter für Patente und Lizenzen mindern den zu versteuernden Gewinn der Konzernmutter.

Die einfachste Lösung wäre der Wechsel zu einem System der Besteuerung, in dem die Konzerne ihren Konzerngewinn entsprechend den lokalen Umsätzen auf die Länder verteilen. Dann würden die Steuerbehörden in Deutschland oder den USA einfach ihren Anteil am Gewinn von den im Land gemachten Umsätzen kassieren, anstatt den in aller Welt erzielten Profiten hinterherzujagen. So ein Steuersystem wäre schwerer auszutricksen – man muss es nur wollen.

Die Lüge von der Kontrolle über Vorstände und Banker

»Externe Aufsichtsräte sind wie Christbaumschmuck.«
TINY ROWLAND
früherer Chef des britischen
Rohstoffkonglomerats Lonrho[39]

Vier Jahre gehörte ich dem Siemens-Aufsichtsrat an: von der Hauptversammlung 2003 bis zur Hauptversammlung 2007. Ich war als Arbeitnehmervertreter gewählt und habe in dieser Zeit auch den Siemens-Konzern für die IG Metall betreut. Diese Jahre haben einen bleibenden Eindruck bei mir hinterlassen. Denn zeitweilig war es überaus desillusionierend zu verfolgen, wie unprofessionell und wie leichtfertig manche Entscheidungen durchgewunken wurden, die massive Auswirkungen nicht nur auf Arbeitsplätze hatten, sondern auch die Interessen der Aktionäre verletzten oder die Zukunft des Technologie- und Industriestandortes berührten.

Siemens: Die Wahrheit über Manager, die sich selbst kontrollieren

Es war an einem warmen Samstagabend im Juni im WM-Sommer 2006. Kurzfristig hatte der damalige Siemens-Auf-

181

sichtsratschef Heinrich von Pierer den Aufsichtsrat zu einer Sitzung in München eingeladen. Auf der Tagesordnung stand: zustimmungspflichtige Geschäfte. Um was es im Einzelnen ging, darüber konnte ich nur spekulieren. Nach der Trennung vom Handy-Geschäft im Sommer 2005 waren zwar weitere Aufräumarbeiten in der Siemens-Kommunikationssparte wahrscheinlich, eine weitergehende Vorbereitung der Sitzung war aber nicht möglich.

Während meine Familie sich beim Fußball vergnügte, fuhr ich zum Wittelsbacher Platz. Dort trafen sich eine halbe Stunde vor Sitzungsbeginn die Arbeitnehmervertreter. Der damalige Siemens-Zentralvorstand und Arbeitsdirektor Jürgen Radomski informierte uns nun knapp über das Projekt »Arsenal/Barca«. Das war der Codename für das geplante Gemeinschaftsunternehmen von Nokia und Siemens. In »Arsenal/Barca« sollte das gesamte Geschäft mit der Infrastruktur für Kommunikationsnetze eingebracht werden – ein Beschluss, der ein Umsatzvolumen von ca. 9 Milliarden Euro 2005 beinhaltete und etwa 32 000 Mitarbeiter weltweit betraf. Doch erst eine halbe Stunde vor der Sitzung bekam ich die schriftliche Entscheidungsunterlage mit einer kurzen Folienpräsentation!

Der Siemens-Aufsichtsrat segnete anschließend in einer knappen Stunde den Vorschlag des Vorstands ab – ohne größere Diskussion. Es handelte sich immerhin um die Entscheidung über ein Viertel des Konzernumsatzes und um den teilweisen Abschied von dem Geschäft, das einst an der Wiege von Siemens gestanden hatte. Die meisten Arbeitnehmervertreter stimmten dagegen – wohl weniger, weil sie das Zusammengehen mit Nokia grundsätzlich ablehnten, sondern weil vorher und in der Sitzung keine genauere Auseinandersetzung mit der Entscheidung möglich war. Die Aufsichtsräte der Anteilseignerseite hatten augenscheinlich kein Problem mit dieser Blitzentscheidung. Die Umstände der Beschlussfassung waren offenbar kompatibel mit ihrer Auffassung von guter Unternehmensführung.

Zur Erläuterung: Die Lage der Siemens-Kommunikationssparte war in den Jahren zuvor immer wieder Thema im Aufsichtsrat – vor allem bei der Vorlage der Quartalsergebnisse, in denen die Sparte in der Regel die vom Vorstand gesetzten Ziele verfehlte. Aber es gab nie eine grundsätzliche Diskussion in dem höchsten Gremium des Konzerns, welche Optionen für die kriselnden Geschäfte sinnvoll waren und welche nicht. Trotz wiederholter Aufforderungen von einzelnen Aufsichtsräten legte der Vorstand nur Absichtserklärungen, aber keine plausiblen Pläne vor, wie die Siemens-Kommunikationssparte wieder flottgemacht werden sollte.

Die Aufsichtsräte waren also nicht vorbereitet auf die Entscheidung, das Geschäft in ein Gemeinschaftsunternehmen mit Nokia einzubringen. Dagegen verkündete der Siemens-Vorstand in seiner Selbstherrlichkeit strategische Überlegungen über die Medien. So erfuhren die Aufsichtsräte zum Beispiel von der Äußerung des damaligen Finanzchefs Joachim Neubürger vom Herbst 2004: »Mobiltelefone richten sich an den Endverbraucher und passen nicht gut zum sonstigen Geschäft von Siemens.« Damit hatte er den Daumen über die Handy-Sparte und die Arbeitsplätze gesenkt. Ich las dies in der Zeitung.

Ich habe mich in meiner Zeit im Siemens-Aufsichtsrat oft gefragt, ob wenigstens die Vertreter der Anteilseigner über mehr Informationen verfügten und besonders »gebrieft« waren, aber ich glaube, das war auch nicht der Fall. Der Vorstand war das Machtzentrum, der Aufsichtsrat nur Beiwerk, der auch in Bezug auf das Siemens-Korruptionssystem systematisch hintergangen worden ist.

Siemens war ein besonderer Konzern. Da gab es die große »Siemens-Familie« mit dem »Familienoberhaupt« Heinrich von Pierer an der Spitze und mit der besonderen Unternehmenskultur. Zur Kultur der »Siemens-Familie« gehörte die Abschottung nach außen. Das Gefühl, etwas Besonderes zu sein und außerhalb oder besser oberhalb der Gesellschaft zu stehen, weil man eben bei Siemens war. Die Heuchelei und die Ehrpusseligkeit der Vorstände, die jede Kritik – auch die aus dem Aufsichtsrat – als Majestätsbeleidigung wahrnahmen. Die Wagenburgmentalität und die Immunisierung gegen Kritik, wenn der Konzern in der öffentlichen Diskussion stand.

Externe Aufsichtsräte gehörten irgendwie nicht dazu – ob sie nun von der IG Metall kamen oder als Vertreter der Anteilseigner aus Frankfurt, London oder New York. Die Aufsicht, die Kontrolle durch den Aufsichtsrat, war für den Vorstand mehr eine lästige Pflicht, die vom Gesetz auferlegt worden war. Am besten schien es zu sein, wenn wichtige Informationen in der Familie blieben. Und das geht natürlich am einfachsten, wenn der frühere Vorstandschef oder Finanzchef nach Erreichen der Altersgrenze zum Aufsichtsratschef wird. Dann kontrolliert er weiter sich selbst.

Die Aktionärsstruktur bei Siemens förderte dieses Allmachtsgehabe der Vorstände. Der Aktienbesitz ist breit gestreut. Es gibt keinen Mehrheitsaktionär, der dem Vorstand auf die Finger schaut, und auch keine relevanten Minderheitsaktionäre, die Druck machen. Das bedeutete in der Praxis: Der Siemens-Vorstand kontrollierte sich selbst. Der Aufsichtsrat war nicht so wichtig. Er war mehr ein Honoratioren-Verein, besetzt mit einigen Vertretern der früheren Deutschland AG sowie einigen Ausländern zur Pflege der internationalen Geschäftsbeziehungen.

Dabei könnte der Aufsichtsrat durchaus Einfluss auf das Geschehen im Konzern nehmen. Denn nach dem deutschen Aktienrecht muss der Aufsichtsrat zwar nur den Jahresabschluss billigen und die Vorstände bestellen und entlassen. Alle relevanten geschäftlichen Entscheidungen – Investitionen, Kauf und Verkauf von Unternehmensteilen – kann der Vorstand selbst treffen. Der Aufsichtsrat ist nur zu informieren. Aber nach dem Gesetz kann der Aufsichtsrat auch einen Katalog zustimmungspflichtiger Geschäfte definieren, die dann vom Aufsichtsrat entschieden werden müssen. Wie unwichtig der Aufsichtsrat (natürlich mit Ausnahme des Aufsichtsratsvorsitzenden, der aus den eigenen Reihen kam) den Vorständen war, zeigte der Konflikt um diese zustimmungspflichtigen Geschäfte. Bei Siemens gab es eine solche Festlegung lange nicht.

Seit Jahren hatten die Arbeitnehmervertreter im Aufsichtsrat eine Änderung der Geschäftsordnung verlangt. Wir wollten, dass der Aufsichtsrat seine Kontrollpflichten ernst nahm. Immer wieder scheiterte das am Widerstand der Kapitalseite, letztlich aber an den Vorständen und den zu Vorsitzenden des Aufsichtsrats mutierten Exvorständen, die sich nicht kontrollieren lassen wollten. Erst als Siemens in den Zeiten der Internet-Blase gegen Ende der neunziger Jahre das Telekom-Unternehmen Efficient Networks aus Texas völlig überteuert für 800 Millionen US-Dollar kaufte – natürlich ohne Beschluss des Aufsichtsrats – und nach nur zwei Jahren als praktisch wertlos abschreiben musste, setzte ein Umdenken in dem Gremium ein. Die Geschäftsordnung wurde um einen Katalog zustimmungspflichtiger Geschäfte ergänzt. Sonst hätte der Vorstand auch ohne Aufsichtsratsbeschluss die Handy-Sparte an BenQ verschenken (2005) und das Gemeinschaftsunternehmen mit Nokia (2006) gründen können.

BenQ: Wie der Aufsichtsrat hintergangen wurde

Das Handy-Geschäft war ein Dauerbrenner im Siemens-Aufsichtsrat. Die Sparte war in Schwierigkeiten, weil Produkte und Technologien nicht stimmten. Wir mahnten ein Konzept für das Handy-Geschäft an, es wurde aber nicht geliefert. Stattdessen forderte Pierer 2004 als damaliger Vorstandschef ultimativ längere Arbeitszeiten plus Lohnsenkung von den Beschäftigten der Handy-Sparte und drohte mit Verlagerung. Er pries das als Modell für Deutschlands Genesung.

In einem Interview hatte ich Zweifel an der Entscheidung des Exbundeskanzlers und Pierer-Tennispartners Schröder angemeldet, Pierer zum Chef des Innovationsrates der Bundesregierung zu berufen, obwohl er das Siemens-Handy-Geschäft nicht in den Griff bekam, während der frühere Gummistiefelhersteller Nokia zum Weltmarktführer bei Handys geworden war. Auf der anschließenden Aufsichtsratssitzung war der Teufel los wegen dieser Majestätsbeleidigung. Heinrich von Pierer verwahrte sich in seinem Bericht des Vorstands gegen »diese nie da gewesene Kritik eines Aufsichtsratsmitglieds gegen den Firmenchef«.

Die wirklichen Probleme der Handy-Sparte waren jedoch beileibe nicht die Lohnkosten. Beispiel China: Dort hatte Siemens einige Jahre lang den explosionsartig wachsenden, inzwischen größten Handy-Markt der Welt dominiert und die Konkurrenz von Nokia, Motorola etc. ebenso wie die lokalen Herausforderer weit hinter sich gelassen. Aber 2004 war von der früheren Marktposition von Siemens in China nichts mehr geblieben. In den Handy-Läden in Peking und Shanghai verstaubten Siemens-Handys irgendwo in der Ecke – dort, wo in den Supermärkten nach dem Osterfest die Schoko-Osterhasen vergammeln. Der frühere Chef der Siemens-Landesgesellschaft in China erklärte das Desaster damit, dass der Konzern am Geschmack der chinesischen Kundschaft vorbeientwickelt und -produziert hatte. Vergeblich hatte er jahrelang in der Münchener Zentrale darauf gedrungen, Siemens Mobile solle endlich Klapphandys für den Geschmack der chinesischen Kundschaft entwickeln.

Die Fehlentscheidungen in der Führung von Siemens Mobile und im Siemens-Zentralvorstand waren Legion. Im Spreeblick-Blog[40] haben ehemalige Siemens- und BenQ-Entwickler Interna ausgebreitet, wie wesentliche Innovationen gestoppt wurden: Für die Eigenentwicklung von UMTS-Handys, der nächsten technologischen Generation im Mobilfunk, war kein Geld mehr da. Die Entwickler der Basis-Software, also des Handy-Betriebssystems, wurden an Infineon verkauft.

Die Prozesse von der Produktidee über die Entwicklung bis zur Produktion waren ineffizient. Ein Beispiel: Neue Handy-Tastaturen wurden in München entwickelt, die Prototypen der Tastaturen aber in Kamp-Lintfort im Ruhrgebiet gefertigt. Die Folge: längere und kostspielige Abstimmungsprozesse, verzögerte Markteinführung neuer Modelle und damit entgangene Umsätze und Gewinne. So waren neue und von den Mobilfunkgesellschaften schon in hohen Stückzahlen geordnete Modelle für das entscheidende Weihnachtsgeschäft nicht rechtzeitig fertig und lagen später als Ladenhüter in den Regalen.

Hinter den Kulissen – also im Siemens-Vorstand – waren angesichts dieser Entwicklung längst die Weichen für die mögliche Trennung vom Handy-Geschäft gestellt worden. Schon im Mai 2003 wurde in einer internen Vorstandsvorlage, verfasst von der Siemens-internen Unternehmensberatung CDA (CD steht für Corporate Development oder Unternehmensstrategie), als oberste Priorität verkündet, das Handy-Geschäft mit massiven Investitionen zu stabilisieren und gegenüber der Konkurrenz aufzuholen. Danach werden in demselben Papier die Entscheidungsalternativen für April 2004, also für zwölf Monate später beschrieben: Falls das Handy-Geschäft in diesem Zeitraum nicht flottgemacht werden könne, sei die Konsequenz: *Dress the bride.* Hinter diesem flotten Satz (wörtlich: »die Braut schmücken«) versteckte sich ein knallhartes Vorhaben: Das Handy-Geschäft sollte verkauft werden oder in ein Gemeinschaftsunternehmen eingehen. Genau das schlugen auch die Siemens-internen Unternehmensberater vor, falls das Handy-Geschäft nach zwölf Monaten wieder florieren sollte, aber der Konzern nicht mehr weiter in das Geschäft investieren wolle.

Mit anderen Worten hatte der Vorstand schon im Frühjahr 2003 den Ausstieg aus dem Handy-Geschäft als Option ins Auge gefasst. Ein Jahr später – im Frühjahr 2004 – verlangte Siemens Opfer von den Beschäftigten. Da war der Ausstieg längst anvisiert. Im Herbst 2004 spekulierten einige Vorstände erstmals öffentlich über ein Ende der Handy-Produktion. Aber in die dargestellten internen Überlegungen zur Zukunft des Handy-Geschäfts wurde der Aufsichtsrat nicht einbezogen. Er wurde vom Siemens-Vorstand jahrelang für dumm verkauft.

Im Frühsommer 2005 berief Aufsichtsratschef Pierer dann kurzfristig eine Sondersitzung des Aufsichtsrats ein. Die meisten Mitglieder waren nur telefonisch zugeschaltet. In einer halben Stunde segnete der Aufsichtsrat mit großer Mehrheit den Verkauf der Handy-Sparte an BenQ ab. Die vorher elektronisch versandte Beschlussvorlage umfasste nur wenige Seiten. Details über den Käufer, die Marktentwicklung, mögliche Szenarien und Risiken fehlten. Mit dem taiwanesischen Auftragsfertiger war ein Interessent gefunden, der – wohl unwissentlich – das Abwracken des Geschäfts übernahm. Die mögliche Pleite wurde nicht diskutiert, war aber wohl einkalkuliert. Denn der damalige Siemens-Chef Kleinfeld verteidigte den Ausstieg später öffentlich damit, für eine erfolgreiche Sanierung des Handy-Geschäfts habe Siemens mit Investitionen von bis zu 4 Milliarden Euro rechnen müssen (*Frankfurter Allgemeine Zeitung*, 10.9.2005). Dagegen waren die über 400 Millionen Euro »Abwrackprämie« wahrlich »Peanuts«. Diese Summe ist übrigens niemals voll an BenQ geflossen. Denn Siemens hat von jedem BenQ-Handy Lizenzgebühren kassiert, weil wesentliche Patente bei dem Konzern geblieben waren. Mit dem juristischen Übergang des Geschäfts an BenQ hatte sich der Stückpreis pro Handy damit um ca. 2 Euro verteuert.[41]

Es bleibt unerfindlich, wie ein No-Name-Hersteller aus Taiwan mit einem Bruchteil des Aufwands, den Siemens selbst errechnet hatte, das Handy-Geschäft wieder flottmachen sollte. Der taiwanische Konzern BenQ verzeichnete im 2. Quartal 2005 einen Gewinn von gerade 12 Millionen Euro. Analysten von der Citigroup bewerteten BenQ damals als »High-Risk«-Unternehmen. Die Siemens-Handy-Sparte machte einen Tagesverlust von ca. 1,5 Millionen Euro. Dieses Szenario lässt nur einen Schluss zu: Die damaligen Siemens-Vorstände haben bewusst die Pleite von BenQ Mobile in Kauf genommen.

Nach der BenQ-Entscheidung wollte ich als Mitglied des Aufsichtsrats Einsicht in die Verträge nehmen. Die zuständigen Vorstände ließen mich abblitzen. Ein Jahr später, im September 2006, war BenQ Mobile insolvent. Da unternahm ich noch einen Versuch. Ich verlangte schriftlich vom damaligen Siemens-Chef Klaus Kleinfeld Aufklärung über den Inhalt der Verträge. Kleinfeld reagierte nicht, dafür meldete sich Pierer als Aufsichtsratschef. Er versuchte, mich aufzuklären: Es gebe keine Rechtsgrundlage für meinen Wunsch. Es ist in der Tat so, dass einzelne Aufsichtsräte Probleme haben, einen Rechtsanspruch auf Einsicht in die Verträge des Unternehmens durchzusetzen. Sie können aber Aufklärung über den Inhalt verlangen. Dagegen kann der Aufsichtsrat als Gremium alle Akten und Kassenbücher einsehen.

Ich habe dann meine Rechtsposition nochmals schriftlich dargelegt und außerdem ausführliche Fragen an Kleinfeld als Vorstandsvorsitzenden gestellt. Der Brief ging an Pierer als Aufsichtsratsvorsitzenden zur Kenntnis. Darin hieß es:

»In meiner Eigenschaft als Mitglied des Aufsichtsrates der Siemens AG bitte ich aus gegebenem Anlass um Aufklärung zu einigen Hintergründen der BenQ-Transaktion:
* *In der telefonischen Aufsichtsrats-Sondersitzung am 6.6.2005, in der über die Zukunft des Handy-Geschäftes entschieden wurde, wurde uns für das Geschäftsjahr 2004 bis 2005 ein voraussichtlicher negativer Ergebniseffekt von 350 Millionen Euro aus dem Verkauf der Handy-Aktivitäten an BenQ avisiert. Im Konzernabschluss wird ein Gesamtverlust aus dem Verkauf von*

546 Millionen Euro berichtet, davon 413 Millionen
Euro Verlust aus der Übergabe des Geschäfts an BenQ,
dazu weitere verkaufsbezogene Verluste von 133 Millio-
nen Euro. Ich bitte um Darstellung, warum die Verluste
im Zusammenhang mit dem Verkauf um knapp 200 Mil-
lionen Euro gegenüber der Präsentation im AR gestie-
gen sind und was sich hinter der Position »weitere ver-
kaufsbezogene Verluste« verbirgt. Gibt es für das jetzt
abgeschlossene GJ 2005 bis 2006 noch weitere ergeb-
nisrelevante Einflüsse aus der Übergabe des Geschäfts
an BenQ?

- *Im Konzernabschluss 2004 bis 2005 wird als Ergebnis*
  der nicht fortgeführten Aktivitäten ein Verlust von 810
  Millionen Euro berichtet. Wie schlüsselt sich dieser
  Verlust auf, der im Wesentlichen das Handy-Geschäft
  betrifft?

- *Im Konzernabschluss 2004 bis 2005 werden Zahlungs-*
  abflüsse in Höhe von 500 Millionen Euro in den folgen-
  den Quartalen genannt. Wie haben sich die Zahlungs-
  abflüsse entwickelt? An welche BenQ- bzw. BenQ-Mo-
  bile-Gesellschaften sind die Zahlungen geflossen?

- *Gab es eine Siemens-interne Risikoabschätzung, wel-*
  che Turnaround-Chancen ein Erwerber bei einem Ge-
  schäft mit einem täglichen Verlust von 1 bis 1,5 Millio-
  nen Euro hatte und welche Kapitalausstattung bzw.
  welche Mitgift dafür nötig war?

- *Wer hat für die Siemens AG die Verhandlungen mit*
  BenQ geführt? War die jetzt in der Diskussion stehende
  gesellschaftsrechtliche Konstruktion Gegenstand der
  Verhandlungen? Warum wurde extra eine Management
  GmbH geschaffen?

- *Gibt es für Manager der BenQ Mobile eine Rückkehr-garantie zu Siemens?*
- *Patente: Welche Maßnahmen hat Siemens zum Schutz des konzerneigenen IP getroffen? Welchen Wert haben die Patente, die an BenQ Mobile bzw. die Konzernmutter übergegangen sind?*

Für eine Beantwortung dieser Fragen wäre ich Ihnen sehr verbunden. Außerdem möchte ich Einsicht in die Vertragswerke mit BenQ nehmen. Ich hatte bereits im Sommer 2005 diesbezüglich mit den Herren Kaeser und Ganswindt mehrfach Kontakt aufgenommen, leider ohne Erfolg.«

Die Reaktion: Schweigen, 14 Tage lang. Dann habe ich Kleinfeld angerufen und gefragt, ob die Aufsichtsratsmitglieder der Kapitalseite auch so behandelt würden von dem Vorstand, den sie eigentlich kontrollieren sollten. Das brachte etwas Bewegung in die Sache. Aber ich wurde mit heißer Luft abgespeist. Ich bekam von Kleinfeld einen zweiseitigen Brief ohne Antworten auf meine Fragen und außerdem den längst veröffentlichten Quartalsbericht. Der Vorstand hatte aus verständlichen Gründen wohl keine Lust, Aufsichtsräten Interna über das inzwischen geplatzte Geschäft mit BenQ preiszugeben. Ich bin damals als einzelnes Mitglied des Aufsichtsrats der Sache leider nicht weiter nachgegangen.

Kurz danach, im Herbst 2006, platzte eine weitere Bombe: die Korruptionsaffäre und die Durchsuchungen der Münchener Staatsanwaltschaft. Auch hier waren wir als Aufsichtsräte im Tal der Ahnungslosen und wurden vom Vorstand bewusst desinformiert. In den vier Jahren meiner Mitgliedschaft in dem Gremium wurde der Aufsichtsrat nach meinen Unterlagen maximal zwei- bis dreimal über Korruptionsermittlungen kurz informiert, und zwar im Rahmen der Berichterstattung aus dem Prüfungsausschuss des Aufsichtsrates.

Schon 2004 hielt der damalige Finanzchef Joachim Neubürger vor den Aufsichtsräten ein Referat zum Thema Compliance, der Einhaltung von Gesetzen und Vorschriften bei Siemens und der internen Kontrollsysteme. Anlass waren unter anderem Ermittlungen der EU-Kommission wegen unerlaubter Preisabsprachen bei Hochspannungsschaltanlagen und das Bestechungsverfahren bei dem italienischen Stromkonzern Enel. Neubürger betonte: »Integrität und Geschäftsethik zahlen sich aus. Deswegen haben wir unsere Regeln und deswegen sorgen wir mit aller Entschlossenheit für deren Einhaltung.« Zu diesem Zeitpunkt hatten italienische Gerichte längst festgestellt, dass systematische Bestechung offenbar Bestandteil der Siemens-Unternehmensstrategie war. Die Aufsichtsräte erfuhren kein Wort davon. Auch der mit den Büchern befasste Prüfungsausschuss des Aufsichtsrats bekam nur gefilterte Informationen.

Derselbe Finanzchef Neubürger hatte übrigens im Dezember 2003 an prominenter Stelle im Rahmen einer BDI-Kampagne gegen die Mitbestimmung im Aufsichtsrat polemisiert und dazu mit Vorstandskollegen anderer Konzerne und mit ausgesuchten Professoren auf einem Kongress in Berlin referiert. Er argumentierte, dass Mitbestimmung die Aufsichtsratsarbeit ineffizient macht und ein Standortnachteil ist. »Die Mitbestimmung steht im Widerspruch zu einer guten Corporate Governance. (…) Wir müssen versuchen, uns von diesem Tabu zu befreien, und dürfen die Mitbestimmung nicht länger von Reformen aussparen.« (*Frankfurter Allgemeine Zeitung*, 6.12.2003)

Wie wir heute wissen, meinte Neubürger wahrscheinlich

die Kontrollfunktion von Aufsichtsräten generell – ob mitbestimmt oder nicht. Denn warum braucht es Aufsichtsräte, wenn die Siemens-Vorstände praktisch sowieso alles unter sich ausmachen? Wenn sogar die ganz großen Dinger wie systematische Korruption beispielsweise, an den Kontrolleuren vorbeigehen?

Siemens ist wahrscheinlich ein Sonderfall, was die planmäßige Ausschaltung des Aufsichtsrats angeht. Und die komplizierte Konzernstruktur sowie die zersplitterte Aktionärsstruktur haben die Allmacht des Vorstands weiter gefördert. Aber auch grundsätzlich ist das Verhältnis zwischen Unternehmensführung und dem Aufsichtsrat als oberstem Kontrollorgan einer Kapitalgesellschaft immer komplex. Das zeigen Erfahrungen aus vielen Aufsichtsräten – auch in den USA oder England. Denn die Vorstände kennen ihr Unternehmen und die Märkte meistens am besten, jedenfalls viel besser als externe Kontrolleure. Ist da wirksame Kontrolle und Unternehmensaufsicht überhaupt möglich?

Zockende Banker

Im Sommer 2007 krachte es im Gebälk der Finanzmärkte. Das hochspekulative Geschäft mit Wertpapieren auf Basis von praktisch wertlosen Hypotheken brach plötzlich zusammen und löste eine weltweite Finanzkrise aus. Private Großbanken hatten zuerst mit Wertpapieren, die heute als »Giftmüll« bezeichnet werden, kräftig verdient – und sich dann verzockt. Reihenweise stehen seitdem Banken vor dem Zusammenbruch. Nur durch staatliche Eingriffe und durch Bürgschaften der Steuerzahler bzw. durch Kapitalspritzen aus China und den

Ölländern konnten manche Banken gerettet werden. Ein Großteil der Spekulationsverluste wird sozialisiert.

Inzwischen laufen die Aufräumarbeiten im Finanzsystem, es werden Schuldige gesucht. Als schon ausgemacht gilt die Schuld der staatlichen Aufsichtsbehörden und der internationalen Finanzinstitutionen. Denn die Finanzkrise hat demonstriert, dass die Finanzmärkte und die neuen Finanzprodukte und Finanzinnovationen, mit denen Banker und andere Spekulanten riesige Räder gedreht haben, völlig unreguliert und unkontrolliert sind. Dagegen unterliegt jeder Gemüsemarkt strengeren Regeln.

Mangelnde Aufsicht und fehlende Regulierung haben das volkswirtschaftlich zerstörerische Treiben der Banken und Finanzkonzerne ermöglicht. Deshalb hat die Finanzkrise die Diskussion um die Aufsicht speziell über die Finanzindustrie auf die Tagesordnung gesetzt. Dabei gibt es kaum Hinweise darauf, dass Gesetze und Vorschriften verletzt worden sind. Das spricht aber weniger für die Banken und für die dort beschäftigten Zocker. Es zeigt vielmehr, dass die gesetzlichen Regulierungen in Deutschland, in der EU und in den USA viel zu lasch sind. Die Aufsicht hat nicht Schritt gehalten mit den Bündeln von sogenannten Finanzinnovationen, mit deren Hilfe in der Finanzindustrie die großen Spekulationsgeschäfte gelaufen sind.

Teure Wirtschaftsprüfer haben die Bankbilanzen über Jahre bedenkenlos unterschrieben. Hochbezahlte Banken-Aufsichtsräte in Deutschland, England, Frankreich, der Schweiz und den USA fanden nichts dabei, dass ihre Banken das große Geld mit spekulativen Fonds außerhalb der Bilanzen machten, solange die Rendite stieg. Die Europäische Zentralbank, die Bundesbank, die Bankenaufsicht BaFin und das Finanzministerium haben das Spekulationskasino nicht rechtzeitig geschlossen. Und was sind eigentlich die Bewertungen der angeblich neutralen Rating-Agenturen wirklich wert, wenn sie gleichzeitig für die Bewertung der von der Finanzindustrie entwickelten Finanzprodukte kassieren?

In den Bestimmungen der Bankenaufsicht ist festgehalten, dass es eine feste Relation zwischen Eigenkapital und risikobehafteten Aktiva wie etwa Krediten geben muss. Das soll die Stabilität des Bank- und Finanzsystems sichern und verhindern, dass die Banken riesige Kreditsummen ohne Eigenkapitaldeckung vergeben. Aber um die feste Eigenkapitalquote zu umgehen und die beispielsweise von Josef Ackermann anvisierte irrsinnige Kapitalrendite von 25 Prozent zu erzielen, »mussten die Banken größere Teile ihres Geschäfts in Zweckgesellschaften verlagern, für die es bisher keine entsprechenden Regulierungen gibt. Auch Hedgefonds, die als Zwitter zwischen einer Bank und einem Investmentfonds angesehen werden können, können uneingeschränkt Risiken eingehen. All diese Akteure konnten also sämtliche Risikobegrenzungen ungestraft überschreiten. Natürlich ist es der Bankenaufsicht nicht entgangen, dass sich immer mehr solch risikofreudiger Schattenbanken im Finanzverkehr breitmachten, aber sie hielt sich an eine legalistische Sichtweise, wonach Beschränkungen nur für Institutionen gelten, die im juristischen Sinn als Bank einzustufen sind«. So das Urteil von Peter Bofinger, einem der fünf Wirtschaftsweisen, zum Verhalten der Bankenaufsicht, die einfach weggeschaut hat (*Handelsblatt*, 24.4.2008).

Jetzt schlagen die Banken, die Verursacher und Hauptübeltäter der Finanzkrise, zur Regulierung einen Banken-Kodex, eine Selbstverpflichtung vor, die einen Best-Practice-Katalog für mehr Transparenz in den Kredit- und Liquiditätsrisiken enthalten soll. Das ist Regulierung »light«. Der Vorschlag des internationalen Großbankenverbands IIF soll offensichtlich härtere Gesetze und staatliche und internationale Kontrollen verhindern. Ackermann hat diesen Vorschlag für die internationalen Großbanken unterbreitet.

Die offene Frage: Was taugt die Selbstbindung eines solchen Banken-Kodex? Was passiert, wenn mehr Transparenz bei der Bewertung von Kreditrisiken im Widerspruch steht zu den Gewinnzielen der Bank und den Bonusvorgaben der Banker? Zielkonflikte sind im Geschäftsleben an der Tagesordnung. Die Annahme, dass das Transparenzgebot über das Profitinteresse siegt, ist naiv.

Warum die Gesellschaft ihre Unternehmen kontrollieren muss

Hinter dem Siemens-Korruptionsskandal, den Bankskandalen und anderen Fällen, in denen Unternehmen oder Vertreter der Unternehmen amoralisch handeln und an Regeln und Gesetzen vorbeiagieren, steckt ein strukturelles Dilemma: Der Eigentümer – oder die Vorstände als seine Agenten – kann mit seinem Eigentum nach Belieben verfahren. Das gilt für das kleine Häuschen ebenso wie für das Eigentum an einer Fabrik, einer Supermarktkette oder einem Bergwerk. Anders als in Zeiten des Absolutismus ist im Kapitalismus das Privateigentum unantastbar. Dieser staatlich garantierte Schutz hat für das in der Geschichte nie da gewesene Wirtschaftswachstum und die enormen Sprünge in der technischen Entwicklung gesorgt. Ob China, Kuba, Russland oder Vietnam: Wo immer ein Land sich der Marktwirtschaft, also dem Kapitalismus öffnet und ausländische Investitionen ins Land fließen sollen, ist die erste Frage der Investoren: Ist mein Eigentum geschützt? Wird es nicht angetastet?

Das Eigentum an einer Fabrik oder an einer Supermarktkette sorgt in der Regel dafür, dass die Eigentümer immer reicher werden, gesellschaftliche Macht über viele Menschen, ganze Gemeinden und Regionen haben und dass ihr Eigentum manchmal auch eine große zerstörerische Wirkung haben kann. Deswegen schützen manche Gesellschaften, darunter auch die deutsche, in ihrer Staatsverfassung nicht nur das Eigentum, sondern betonen auch die gesellschaftlichen Verpflichtungen, die sich aus dem Eigentumstitel ergeben. In der Praxis bleibt das aber meist folgenlos. Im deutschen Grundgesetz ist nicht weiter ausgeführt, wie die Pflichten des Eigentums eigentlich aussehen.

Für demokratisch verfasste Gesellschaften liegt in diesen beiden Seiten des Eigentums großes Konfliktpotenzial. Indem der Schutz des Privateigentums, der unternehmerischen Freiheit ein Grundrecht ist und denselben Verfassungsrang genießt wie die Gleichheit der Bürger, kommt es unweigerlich zu Konflikten mit den gesellschaftlichen Pflichten, die aus Eigentum erwachsen. Immer wieder können dabei die Interessen der Bürger und der ganzen Gesellschaft unter die Räder der praktizierten unternehmerischen Freiheit geraten.

Zwangsläufig müssen die Staaten in diese Konflikte regulierend eingreifen und durch Auflagen und Gesetze – vom Verbraucherschutz über das Unternehmensrecht bis zum Arbeitsrecht – den Interessen der Gesellschaft gegenüber der zerstörerischen Raffgier einzelner Eigentümer Geltung verschaffen. Bei diesen staatlichen Eingriffen gibt es ein Auf und Ab: Manchmal ist mehr Regulierung angesagt, dann triumphiert wieder das schrankenlose Recht der Eigentümer, der Investoren. In den letzten Jahrzehnten hat das Privateigentum, die unternehmerische Freiheit überall auf der Welt geradezu göttliche Weihen genossen. Der Markt werde Exzesse selbst korrigieren, hieß es beruhigend.

Aber angesichts globaler Wirtschaftsströme und Lieferbeziehungen, bei denen Staatsgrenzen und damit nationalstaatliche Kontrollen kaum mehr eine Rolle spielen, ist es ziemlich naiv und gefährlich, auf die Selbstheilungskräfte der Märkte zu vertrauen. Die transnationalen Unternehmen sind inzwischen weit mächtiger als viele Staaten.

Nach den Jahresberichten der Unctad, der United Nations Conference on Trade and Development, gibt es auf dem Globus in Produktion und Handel 77 000 transnational operierende Konzerne. Von denen gehört natürlich nur eine kleine Zahl zu den echten internationalen Schwergewichten, deren weltweite Umsätze teilweise höher sind als das Sozialprodukt auch größerer Volkswirtschaften und von deren Investitions- und Steuerpolitik das Wohlergehen ganzer Gesellschaften abhängt. Nach den Unctad-Zahlen konzentrieren die 100 größten der 77 000 transnational operierenden Unternehmen 11 Prozent des gesamten Auslandsvermögens, 16 Prozent aller Umsätze und 12 Prozent der Beschäftigten aller transnational operierenden Unternehmen.[42]

Nach den Daten von 2006 hatten 53 der 100 größten transnationalen Konzerne in Produktion und Handel ihren Hauptsitz in der EU, 25 in den USA. Sie kommen vor allem aus den Branchen Automobil, Pharmazie, Telekom, Versorger, Ölförderung und Elektronik und elektrische Ausrüstung. Der Anstieg der Rohstoffpreise und vor allem des Ölpreises hat in den letzten Jahren für eine Umschichtung in der Rangliste gesorgt. Vor allem Ölkonzerne haben ihr Vermögen kräftig gesteigert. Auch die Finanzbranche ist immer mehr internationalisiert: Unter den 25 größten Finanzinstituten waren im Jahr 2006 fünf US-Banken und je vier britische und vier französische Institute. Die fünf größten Finanzkonzerne – GE Capital Services, Citigroup, UBS, Allianz, BNP Paribas – sind im Schnitt jeweils in 44 Ländern aktiv. Allein die fünf größten Bankenkonzerne weltweit vereinigen rund 10 Prozent der aggregierten Bilanzsumme der 1000 größten Banken in der Welt auf sich.

Das Dilemma: Wie können die Gesellschaften diese Großunternehmen, die längst zu Monstern jenseits der Gesellschaften geworden sind, zähmen und zum Nutzen der Gesellschaft steuern? Dafür gibt es im Kapitalismus verschiedene Modelle, aber wenig befriedigende Antworten.

Corporate Governance – das Wunschbild von guter Unternehmensführung

Beim amerikanischen Modell der Corporate Governance – übersetzt heißt das: gute Unternehmensführung – geht es darum, wie die Führung des Unternehmens am besten organisiert wird, damit es maximalen Erfolg hat. Erfolg ist ausschließlich über den Gewinn, die Höhe der Dividende und den Börsenkurs definiert. Das amerikanische Modell von guter Unternehmensführung ist nicht aus der gesellschaftlichen Diskussion und Erfahrung abgeleitet. Es macht vielmehr Vorgaben für die Unternehmensführung auf Basis der Annahme, dass maximaler Wert für die Anteilseigner geschaffen werden muss. Arbeitnehmer kommen in den amerikanischen Diskussionen um Corporate Governance nicht vor, sie werden nach Bedarf geheuert und gefeuert.[43]

Das amerikanische Modell macht damit das Interesse des Aktionärs mit wenigen Prozent Anteilen zum bestimmenden Interesse am Unternehmen. Dahinter steht die Vorstellung, dass die Aktionärsinteressen für maximale Effizienz eines Unternehmens sorgen, denn die Aktionäre haben ein Interesse daran. Über die Durchsetzung der Partikularinteressen der Aktionäre werden die Interessen aller am besten verwirklicht – auch die Ziele der Gesellschaft. Faktisch ist es also das Interesse des Minderheitsaktionärs mit 5 Prozent Stimmrechtsanteil, der maximalen Druck auf das Management ausüben will: Wie ist gesichert, dass das Management mein Geld, mein eingesetztes Kapital, in meinem Sinn verwendet und nicht verschwendet? Wie kann ich meinen Willen gegen das Management durchsetzen, obwohl es den Aktionären an Organisationsmacht und Handlungsfähigkeit weit überlegen ist?

Die Politik muss durch das Unternehmensrecht und Transparenzvorschriften dafür sorgen, dass die Aktionäre das Management maximal kontrollieren können. Denn es soll nicht genügsam sein und sich etwa mit dem Durchschnittsprofit begnügen. Es soll sich nicht unverdiente Extra-Einkommen oder Firmenflugzeuge zuschanzen und darf auch nicht das den Aktionären zustehende Geld für andere Ziele wie etwa zur Sicherung von Arbeitsplätzen nutzen.

Feindliche Übernahmen müssen natürlich möglich sein, denn damit steigt der (Börsen-)Wert des Zielunternehmens, und unfähige Manager können abgesetzt werden – so weit die Theorie.

Nur: Wenn die Annahmen untauglich sind, kann das auf ihnen basierende Modell nicht funktionieren. Das gilt auch für das Modell von Corporate Governance oder guter Unternehmensführung. Die Kernfrage, wie zersplitterte, atomisierte Kleinaktionäre einen einheitlichen Willen bilden und diesen dann auch gegenüber dem Vorstand durchsetzen können, ist nicht gelöst. Ein atomistischer Kapitalmarkt kann einer Unternehmensleitung keine strategischen Instruktionen, keine Handlungsanleitung geben. Faktisch sind die US-Konzernchefs selbstherrliche Despoten, die über die Schranken staunen, die die Mitbestimmung den Vorständen in Kontinentaleuropa auferlegt. So sprengen die Exzesse von Vorstandsvergütungen und Vorstandsluxus in den USA trotz fallender Kurse und auch bei Unternehmensverlusten alle Dimensionen, an die sich die Öffentlichkeit in Europa erst langsam gewöhnt hat.

Der Kapitalmarkt wird es schon richten. Dieses Credo ist eine weitere Voraussetzung des amerikanischen Modells. Aber diese Annahme ist ziemlich absurd. Wie die großen US-Wirtschaftsskandale der letzten zehn Jahre gezeigt haben, ist der Kapitalmarkt ziemlich blind für Fehlsteuerungen, Fehlentscheidungen und Fehlverhalten von Vorständen – manchmal bis zum bitteren Ende, bis die Firma ausgeweidet ist und die Aktionäre mit leeren Händen dastehen und ihren Einsatz komplett verloren haben. Dass zuweilen aggressive und meist sehr reiche Investoren mit nur paar Prozent Anteilen an einem börsennotierten Unternehmen auftauchen – inzwischen auch in Europa – und das Management erfolgreich aufmischen, spricht auch nicht für die Weisheit des Kapitalmarkts und für die Corporate Governance. Denn diese Aktionäre sind bestens verdrahtet und wollen meist den schnellen Dollar, haben aber keine Langfristplanung für das angegriffene Unternehmen.

Für das europäische Modell von Unternehmensführung und -kontrolle sind dagegen die Interessen der Aktionäre – ab welcher Quote eigentlich? – nicht deckungsgleich mit den Unternehmensinteressen. Fredmund Malik, Wirtschaftsprofessor aus St. Gallen, kritisiert das aktionärsfixierte Shareholder-Value-Denken: »Die Apostel des Shareholder Value und der Wertsteigerungsdoktrin sind die Totengräber der Wirtschaft, und sie arbeiten in Wirklichkeit gegen die Interessen der Aktionäre, (…) weil der heutige Investor in keiner Weise mehr dem echten Eigenkapitalgeber entspricht. Die durchschnittliche Haltedauer von Aktien liegt unter zwei Jahren (…)« (*Handelsblatt*, Beilage »Initiativbankung«, 2, 2008). Wenn die Aktien immer mehr zum spekulativen Poker-Chip werden, dann ist der Aktionär zum Zocker geworden und nicht mehr ein langfristig orientierter Investor. Die Kopplung der Unternehmensentwicklung an den Shareholder Value, an den Börsenkurs produziert dann zwangsläufig Fehlentwicklungen.

Doch es gibt durchaus Gruppen, die langfristige Interessen am Unternehmen haben. Das sind zum einen die Beschäftigten. Das sind die Vorstände, die jedenfalls laut Arbeitsvertrag die langfristige Entwicklung und das Wachstum des Unternehmens fördern sollen – manchmal auch auf Kosten kurzfristiger Gewinne und Dividenden. Und das sind schließlich die Gesellschaften, in denen das Unternehmen produziert und verkauft und die von den Entscheidungen des Unternehmens teilweise massiv betroffen sind. Diese unterschiedlichen Interessen am Unternehmen – von den Mitarbeitern über Kunden und Lieferanten bis zur Gesellschaft und zum Staat – werden auch unter dem Begriff Stakeholder (Anspruchsgruppen) zusammengefasst.

Denn ein Unternehmen ist eine gesellschaftliche Organisation, in der sich vielfältige Interessen bündeln. Die Interessen der Anleger sind da nur ein Gesichtspunkt. Beispiel Deutsche

Bahn: Die vorgesehene (Teil-)Privatisierung stellt die Interessen der Investoren an Rendite und Börsenkurs gegen das gesellschaftliche Interesse an einer bezahlbaren, flächendeckenden Versorgung mit Mobilität.

In Deutschland ist der Begriff Corporate Governance in der Unternehmenspraxis längst angekommen. Er hat vor allem eine plakative Funktion und vermittelt das Wohlgefühl, dass das Unternehmen gut geführt wird und sich an Gesetze und Vorschriften hält. Ob das den Tatsachen entspricht oder vor allem PR ist, steht auf einem anderen Blatt. Jedenfalls kontrastiert die Inflation von Corporate-Governance-Büchern, Corporate-Governance-Lehrstühlen und -Instituten sowie Corporate-Governance-Beratern merkwürdig mit den Exzessen bei Siemens oder den Banken. Die offenbar zum bloßen Etikett verkommene Corporate Governance hat jedenfalls noch keinen Exzess verhindert.

Als vor Jahren die Internet-Blase platzte und auch in Deutschland windige Spekulanten den Börsenrausch für das schnelle Geld genutzt und mit unseriösen Geschäftsmodellen und Betrug die Anleger und die Gesellschaft geprellt hatten, kam die Forderung nach mehr Aufsicht, nach mehr Kontrolle. Ein Ergebnis war der deutsche Corporate-Governance-Kodex. Er wurde von einer Kommission erarbeitet, die von der Bundesregierung eingesetzt wurde und unter Leitung des jetzigen ThyssenKrupp- und Siemens-Aufsichtsratschefs Gerhard Cromme arbeitete.

Der deutsche Corporate-Governance-Kodex ist eine Selbstverpflichtung der börsennotierten Unternehmen, bestimmte Verhaltensregeln einzuhalten, die viele Kann-, Soll- und Muss-Vorschriften enthält. Dazu gehören Berichtspflichten, auch über die Vergütung der Spitzenmanager. Seit der Verabschiedung des Corporate-Governance-Kodex berichten die Unternehmen regelmäßig an ihre Aktionäre, inwieweit sie den Verhaltensregeln des Kodex entsprechen und an welchen Punkten sie abweichen.

Sanktionen sind freilich nicht vorgesehen. Die Logik auch hier: Der Kapitalmarkt wird es schon richten. Fehlverhalten und Intransparenz von Unternehmen und seitens ihrer Vorstände werde von den Investoren an der Börse mit Kursverlusten abgestraft.

Ein selbst auferlegter Verhaltenskodex hat für die Unternehmen den Charme, dass er der eigenen Kontrolle oder der von Prüfern unterliegt, die vom Unternehmen bestellt und bezahlt werden. Externe, staatliche Kontrolleure sind dagegen nur dem Gemeinwesen, der Gesellschaft verpflichtet. Sie stehen nicht in einem Interessenkonflikt, weil sie nicht vom Unternehmen beauftragt sind und bezahlt werden. Deshalb hat eine staatliche Regulierung mit Gesetzen, strafbewehrten Sanktionen und staatlichen Kontrollen im Grundsatz mehr Biss als ein selbst auferlegter Verhaltenskodex.

Es widerspricht zudem demokratischen Grundsätzen, dass ausgerechnet die Unternehmen als die mächtigsten gesellschaftlichen Institutionen, die über die Arbeitsplätze und den Wohlstand aller entscheiden, von den Normen, Regeln und Sanktionen des demokratischen Gemeinwesens teilweise ausgenommen sind, indem sie sich selbst kontrollieren können. Die gesellschaftlichen Schäden, die Unternehmen und ihre Vorstände anrichten können, sind in der Bilanz mindestens so verheerend wie Sachschäden bei Unfällen im Straßenverkehr. Für den Straßenverkehr gibt es deshalb sehr strenge Kontrollen. Die Unternehmen können dagegen innerhalb sehr weiter Grenzen machen, was sie wollen.

Wie deutsche Aufsichtsräte arbeiten

In verschiedenen europäischen Ländern gibt es das Modell einer mitbestimmten Unternehmensaufsicht. Nach deutschem Recht ist für Kapitalgesellschaften, also für Aktiengesellschaften sowie für GmbHs ab 500 Arbeitnehmern, ein Aufsichtsrat zu bilden. Aber viele deutsche Großunternehmen wie Aldi, Lidl oder auch die Schaeffler-Gruppe sind als Personengesellschaften verfasst und werden direkt von den Eigentümern kontrolliert, meist unterstützt durch einen handverlesenen Beirat.

In Deutschland tagen Aufsichtsräte in der Regel vier- bis fünfmal im Jahr, um die Berichte der Vorstände und die Quartalsergebnisse zur Kenntnis zu nehmen und eventuell zu diskutieren. Einmal im Jahr berichten die von der Hauptversammlung bestellten Wirtschaftsprüfer dem Aufsichtsrat, der dann den Jahresabschluss billigt. Die Sitzungen dauern in der Regel mehrere Stunden oder einen halben Tag lang. Außerdem gibt es im Aufsichtsrat regelmäßig Berichte aus den Ausschüssen des Gremiums, dem Präsidium und Personalausschuss und aus dem Prüfungsausschuss. Das ist das Standardprogramm eines deutschen Aufsichtsrats.

Im turnusmäßigen Wechsel stehen Hintergrundberichte über einzelne Geschäftsfelder, Märkte oder Unternehmensbereiche auf der Tagesordnung, etwa über das China-Geschäft oder über die aktuellen Schwerpunkte in der Entwicklung. Falls der Aufsichtsrat das in seiner Geschäftsordnung so geregelt hat, entscheidet er auch über Personalfragen und zustimmungspflichtige Geschäfte wie den Kauf oder Verkauf von Geschäftsbereichen oder die Investitionsplanung für die nächsten Jahre.

Vor den Aufsichtsratssitzungen gibt es in der Regel separate Vorbesprechungen der Kapitalseite und der Arbeitnehmerseite. Dabei werden die Themen der bevorstehenden Sitzung durchgesprochen. Außerdem berichten die Aufsichtsratsmitglieder, die zugleich Mitglieder im Präsidium oder in anderen Ausschüssen sind, aus den Sitzungen dieser Ausschüsse des Aufsichtsrats.

Dass ein solches Gremium in vier bis fünf Sitzungen pro Jahr plus Vorbesprechungen eine effektive Aufsicht eines Großkonzerns wie Siemens schwerlich leisten kann, liegt auf der Hand. Dazu sind die Unternehmen viel zu groß und die Geschäfte zu komplex. Zudem ist das Informationsgefälle zwischen Unternehmensvorstand und den externen Kontrolleuren enorm. Da hilft es auch wenig, wenn vielleicht jährlich eine Klausurtagung dazukommt, in der die Konzernstrategie diskutiert wird.

Aufsichtsratssitzungen dienen der formalisierten Entscheidung und Kontrolle. Aber Voraussetzung für eine halbwegs effektive Unternehmensaufsicht ist die ständige Beschäftigung mit der Entwicklung des Konzerns und des Marktes – ein Aufwand von etwa einem Tag pro Woche. Dieser Aufwand ist mindestens nötig für Anfragen an das Management, Gespräche, Hintergrundinformationen, eigene Analysen und Untersuchungsaufträge an andere. Wird er unterlassen, sind die externen Aufsichtsräte wirklich nur »Christbaumschmuck«, wie es der frühere britische Konzernchef Tiny Rowland formuliert hat.

Seine zynische Verachtung von externen Aufsichtsräten belegt übrigens, dass mangelnde Unternehmensaufsicht und -kontrolle ein massives Problem in vielen Ländern ist. Das hat nichts mit der deutschen Mitbestimmung zu tun, wie von der

Arbeitgeberseite manchmal behauptet wird. Aber nicht nur in deutschen Aufsichtsgremien befassen sich die externen Aufsichtsräte nicht ständig mit der Entwicklung des Konzerns und des Marktes und nehmen sich dafür die nötige Zeit. Vertreter der Kapitalseite, die sich mit sechs und mehr Aufsichtsrats-Mandaten gleichzeitig schmücken, kassieren zwar mehrfach hohe Tantiemen und einen exorbitanten Stundenlohn für die wenigen Sitzungen, können aber unmöglich die notwendige Aufsicht und Kontrolle gewährleisten.

Auch die Banker sitzen weiterhin überall in deutschen Aufsichtsräten. Seit der Steuerbefreiung für den Verkauf von Unternehmensbeteiligungen 2001 gibt es eine der bisherigen Besonderheiten des deutschen Kapitalismus, die Beteiligung der Banken an Industrieunternehmen, nicht mehr. Die deutschen Banken haben sich von 90 Prozent der Unternehmensbeteiligungen getrennt. 1994 waren immerhin 4 Prozent des Kapitals von 137 AGs im Besitz der Banken, 2006 nur noch 0,4 Prozent. Aber die Banker hielten 2004 immer noch 50 Prozent ihrer vorherigen Sitze in den Aufsichtsräten. In 19 der 30 Dax-Konzerne sitzen Banker oder pensionierte Banker im Aufsichtsrat. Das dient wahrscheinlich weniger der Kontrolle der Unternehmen und der Professionalität der Aufsichtsratsarbeit als der Pflege der Geschäftsbeziehungen.

Mitbestimmung:
Sind Arbeitnehmervertreter überflüssig?

Aufgrund der Erfahrungen im Nationalsozialismus, dass führende deutsche Großindustrielle Hitler systematisch gefördert und Hitlers Weltkrieg aktiv unterstützt hatten, hat es in Deutschland nach dem Krieg eine starke gesellschaftliche Bewegung für die demokratische Kontrolle von Unternehmen gegeben. Aus dieser Bewegung ist die Unternehmensmitbestimmung mit der paritätischen Vertretung von Arbeit und Kapital in den Aufsichtsgremien der Kapitalgesellschaften entstanden.

Genau diese Mitbestimmung wird in Deutschland seit Jahren wieder in Frage gestellt. Die Unternehmerverbände haben die Anwesenheit von Arbeitnehmervertretern und speziell von externen Gewerkschaftsvertretern als Standortnachteil identifiziert, der unbedingt korrigiert werden müsse.

Angeblich macht die Mitbestimmung, die Anwesenheit von Arbeitnehmervertretern im Aufsichtsrat, gute Unternehmensführung schwieriger. Sie hindere die Anteilseigner darin, das Management zu ihrem und ausschließlich ihrem Exekutivorgan zu machen. Nach den Kritikern führt die deutsche Unternehmensmitbestimmung dazu, dass der Aufsichtsrat nicht hart genug mit dem Management diskutieren kann. Denn die Kapitalvertreter wollen vor den Arbeitnehmervertretern den Vorstand, die Angehörigen der eigenen Klasse, nicht bloßstellen. Es gibt da wohl einen Ehrenkodex, wonach die Mitglieder des gemeinsamen Clubs nicht vor Dritten und schon gar nicht vor lästigen Arbeitnehmern kritisiert werden sollen.

Jedenfalls soll die Mitbestimmung das Aufkommen einer »richtigen Boardroom-Atmosphäre« verhindern. Außerdem müssten Vorstände wegen ansonsten befürchteter Karriereschäden mit den Arbeitnehmervertretern im Aufsichtsrat paktieren. Schon deswegen könne man positive öffentliche Aussagen von Managern zur Mitbestimmung nicht ernst nehmen. Schließlich beklagen die Kritiker, dass vor den Aufsichtsratssitzungen auch mit den Arbeitnehmern Absprachen stattfinden.

Aber genau dieser Interessenausgleich ist vom deutschen

Unternehmensrecht gewollt. Hinter der Mitbestimmung steht die Idee unterschiedlicher, teilweise divergierender Interessen, die im Unternehmen immer wieder neu ausbalanciert werden müssen, anstatt ausschließlich die Interessen der Shareholder, der oft nur kurzfristig engagierten Aktionäre, zu verfolgen. Mitbestimmte Unternehmen in Deutschland legen Wert auf gute Unternehmenskultur, auf loyale Mitarbeiter, auf die Einbindung der Arbeitnehmer und ihrer Vertreter in Unternehmensentscheidungen. Auf diese Weise wird eine höhere Zustimmung in den Belegschaften erreicht – auch für teilweise schwierige Unternehmensentscheidungen wie Sparprogramme in Unternehmenskrisen.

Die gegen die Mitbestimmung vorgebrachten Argumente sind hochgradig albern: Es gibt in der Forschung und in der Praxis keine Belege dafür, dass Mitbestimmung Wachstum kostet und dass ausländische Investoren um Deutschland einen Bogen machen wegen Gewerkschaftern im Aufsichtsrat. Der erwartete Profit ist der Maßstab für Investments, für das unternehmerische Handeln. Lästige Debatten im Aufsichtsrat oder kritische Diskussionen durch die Betriebsräte werden hingenommen, solange der Profit stimmt.

Im Übrigen haben bei der derzeitigen rechtlichen Gestaltung der deutschen Unternehmensmitbestimmung die Vertreter der Anteilseigner die Stimmenmehrheit. Sie haben das Sagen. Denn der Aufsichtsratsvorsitzende, der von der Kapitalseite gestellt wird, hat bei einer Patt-Situation ein Doppelstimmrecht. Damit ist es unmöglich, beispielsweise eine Werksverlagerung zu verhindern. Zudem haben die Aufsichtsräte der deutschen Töchter (z. B. Opel) von ausländischen Konzernen in der Regel keinerlei Einfluss auf Konzernentscheidungen. Denn die werden anderswo diskutiert. Damit die Arbeitnehmervertreter wirklich eine »harte« Kontrolle der Vorstände ausüben können, muss die Mitbestimmung also ausgeweitet und nicht eingeschränkt werden.

Mangelnde Professionalität wird den Arbeitnehmervertretern im Aufsichtsrat auch nachgesagt. Konsequent zu Ende gedacht, steht mit diesem Argument jede Kontrolle von Vorständen von Kapitalgesellschaften zur Disposition. Denn per definitionem verstehen die Vorstände am meisten vom Geschäft. Die Vorstände kennen das Unternehmen, das Tagesgeschäft, sie sind die Profis. Deswegen sind sie angestellt. Die externen Aufsichtsräte können ihnen in dieser Beziehung nicht das Wasser reichen. Das gilt übrigens genauso für US-Boards, auch wenn diese vielleicht eher mit hochkarätigen Harvard-Professoren besetzt sind.

Allerdings bringt die Mitbestimmung in Deutschland und anderen europäischen Ländern einen unschätzbaren Vorteil: das unmittelbare Wissen aus dem Unternehmen und um die Probleme. Dieses Wissen fehlt den meisten Vertretern der Kapitaleigner und leider auch manchen Vorständen.

Mitbestimmung kostet Zeit. Insofern lag der vor ein paar Jahren gefeuerte Infineon-Chef Ulrich Schumacher richtig mit seiner Bemerkung, dass es in manchen Ländern nur 30 Minuten dauert, bis das Management grünes Licht für eine Standortentscheidung bekommt. In Russland stört bekanntlich keine Mitbestimmung. Allerdings ist auch der monetäre Aufwand zu berücksichtigen, um die staatlichen Organe rechtzeitig zu schmieren.

Wer die Mitbestimmung angreift, sollte sich nicht hinter vorgeblichen wirtschaftlichen Gründen verstecken. Er sollte vielmehr klar sagen, dass er weniger Demokratie und weniger Kontrolle in den Unternehmen will. Er sollte deutlich erklären, dass ein Unternehmen als feudales, autoritäres System geführt werden muss. Die Managementliteratur ist voll von Titeln, die erfolgreiche Unternehmensführung als militärische Aufgabe definieren und Anleihen bei Clausewitz oder bei chinesischen Militärtheoretikern machen. In diesem Geist entstehen dann auch Exzesse wie in den USA. Dort haben die mitbestimmungsfreien Aufsichtsräte von Disney, Citibank, GE, Tyco etc. den Konzernchefs exorbitante Vergütungen zugesprochen.

Wer die Mitbestimmung einschränken oder sogar abschaffen will, der gefährdet einen wichtigen Bestandteil der Demokratie, der zielt auf eine Re-Feudalisierung der Unternehmen auch in Deutschland. Beispiele aus den USA oder auch aus dem neuen China, dass sich manche Vorstände wie moderne Sonnenkönige aufführen, gibt es genug.

Übrigens lässt sich jedes Argument zur Einschränkung oder zur Abschaffung der Mitbestimmung ebenso gegen das demokratische System selbst vorbringen. Denn demokratische Kontrolle kostet Zeit und ist aus betriebswirtschaftlicher Sicht nicht effizient. Auch die Parlamente sind nicht unbedingt hochprofessionell besetzt und leisten nicht immer die nötige Kontrolle des Regierungshandelns. Wäre es da nicht effektiver, wenn uns eine selbst ernannte, sich selbst kontrollierende Elite regiert?

Schrankenlose Gewinne – beschränkte Haftung

7

Die Lüge von der Verantwortung der Unternehmen

> »Eine Firma kann nicht sozial sein.«
> MILTON FRIEDMAN[44]

Die Wahrheit über Gewinnmaximierung ohne Haftung

Schon lange zeichnet sich ab, dass die Aufsicht über die Unternehmen mit der Expansion von deren wirtschaftlicher Macht und ihrer Rolle als Gewinnmaschinen nicht Schritt gehalten hat. Zu allem Überfluss sorgt das Unternehmensrecht durch die Haftungsbeschränkung auch dafür, dass bedenkenloses und riskantes Handeln im Rahmen von Unternehmen nicht bestraft wird. Aufforderungen zu mehr sozialem Handeln, zu Unternehmensethik wirken deshalb wie Tugendpredigten im Bordell.

Eine Firma soll Gewinn machen. Basta! In der Wirtschaftstheorie wird das als Profit-Imperativ bezeichnet, als Befehl an die Akteure in einem Unternehmen, den Gewinn zu maximieren. Unternehmenszweck sind nicht etwa zufriedene Kunden oder zufriedene Mitarbeiter und ein gesellschaftliches Umfeld, das vom Unternehmen profitiert. Der Profit-Imperativ bedeutet: In letzter Konsequenz hat der Gewinn Vorrang vor Gesetzen, vor den Interessen der Gemeinschaft, vor Arbeitssicherheit und gesundheitlichen Erwägungen, vor der Erhaltung des Friedens und dem Umweltschutz. Die Manager stecken im Dilemma zwischen dem Profit-Imperativ, dem sie zu gehorchen haben, und den Anforderungen der Gesellschaft. Soziale und ethische Bedenken werden dabei zwangsläufig sekundär.

Damit es keine Missverständnisse gibt: Ich spreche nicht von der Döner-Bude, deren Besitzer und Familienmitglieder sieben Tage die Woche bis zu 16 Stunden arbeiten, damit genug zum Leben und für eine kleine Rücklage übrig bleibt. Es geht auch nicht um Handwerksbetriebe mit wenigen Beschäftigten, deren Eigentümer selbst zu kämpfen haben und die niemals die Chance haben, im größeren Maßstab Kapital zu bilden und selbst zum Unternehmer aufzusteigen.

Es geht um das Unternehmen als ein soziales System, dessen eigentlicher Zweck die ständige Gewinnmaximierung ist. Ein Unternehmen hat theoretisch eine unbegrenzte Lebensdauer. Es hat keine Angst vor dem Tod, vor Schmerz oder Gefängnis. Es braucht kein frisches Wasser und keine saubere Luft, keine Krankenversicherung und keine Altersversorgung. Ein Unternehmen kann über Nacht seine Staatsbürgerschaft ändern. Es kann binnen einer Stunde aus einem Unternehmensteil ein neues Unternehmen gründen und vermag unbegrenzten Reichtum und damit schrankenlose Macht zu akkumulieren, ohne dass dieser Reichtum jemals der Vermögens- oder Erbschaftssteuer unterliegt.

Die angestellten Manager sind Teil dieses Systems. Für die Gewinnmaximierung müssen sie permanent die Kosten und damit auch die Personalkosten minimieren. Es gehört auch zu ihrem Job, die Kosten für die Kollateralschäden, die bei der Gewinnmaximierung entstehen, möglichst zu externalisieren, also der Gesellschaft aufzuhalsen. Die Sozialisierung der riesigen Verluste oder der »Goldman-Sachs-Sozialismus« ist weltweit das Rezept gegen die aktuelle Finanzkrise. Die Gesellschaft muss auch zahlen für den Umweltschutz, für den Erhalt der Infrastruktur oder für die Entsorgung überflüssig gewordener Mitarbeiter. Die persönliche Einstellung der Manager spielt dabei keine Rolle. Vielfach begreifen sie das Dilemma, in dem sie stecken, und werden trotzdem zur rücksichtslosen Gewinnmaximierung getrieben. Der amerikanische Sozialwissenschaftler Noam Chomsky hat einmal ihre Situation mit der früherer Sklavenhalter verglichen: Die Sklaverei war ein monströses Verbrechen gegen die Menschlichkeit, auch wenn viele Sklavenhalter persönlich integre und moralische Individuen waren.

Auch juristisch ist die Gewinnmaximierung als oberstes Unternehmensziel verankert: Das Handeln der Manager ist dem Prinzip unterworfen, »im besten Interesse des Unternehmens« zu agieren. Im US-Recht wurde schon 1916 in einem Verfahren gegen Henry Ford festgeschrieben, was das bedeutet. Den Prozess hatten seine Geschäftspartner angestrengt. Henry Ford hatte damals die Dividende gestrichen, damit er den Preis des legendären Ford T im Interesse der Kunden senken konnte. Das Gericht entschied, dass der Vorteil für die Aktionäre Vorrang vor allen anderen Unternehmenserwägungen habe. In der internationalen Wirtschaftsdiskussion ist das Primat der Gewinnmaximierung inzwischen unbestritten – von der Wall Street über die City von London bis nach China und Indien. In den Leitlinien für gute Unternehmensführung, 1999 von der OECD als Dachorganisation von 25 Industrieländern herausgegeben, stehen die Interessen der Investoren, der Shareholder, an erster Stelle.[45]

Dieser Profit-Imperativ hat Konsequenzen mit dramatischen Folgekosten für die Gesellschaften: So konnte die von der Raffgier der Finanzindustrie verursachte weltweite Finanzkrise 2007 bis 2008 selbst mit zig Milliarden Staatsgeldern nicht eingedämmt werden. Manchmal sind die Folgen des Profit-Imperativs auch unmittelbar tödlich. Der Ford-Konzern riskierte in den neunziger Jahren trotz des Wissens um die Risiken tödliche Unfälle bei bestimmten Ford-Modellen mit Firestone-Reifen. Es war ein rationales Kosten-Nutzen-Kalkül der Manager: Eine große Rückrufaktion wäre teurer gekommen als die Einigung mit einigen Opfern oder Hinterbliebenen in Gerichtsverfahren. Jeder Privatmann würde für ein solches Verhalten mindestens wegen fahrlässiger Körperverletzung mit Todesfolge im Knast landen. Vorstände dagegen genießen Immunität für solche fatalen Entscheidungen. Denn die schrankenlose Gewinnmaximierung funktioniert am besten, wenn Unternehmen und ihre Agenten von der Haftung, der Verantwortung im juristischen Sinne, weitgehend freigestellt sind. Die Haftungsbeschränkung ist der Turbo für die Expansion der Konzerne in der globalisierten Wirtschaft: für riesige Spekulationsgeschäfte, deren Risiken dann die Kleinaktionäre, die Rentner und die Gesellschaften tragen, für den Umgang von Weltkonzernen mit Staaten, als wären sie kleine Provinzen auf ihrer Weltkarte. Wer ernsthaft die schrankenlose Konzernmacht antasten will, muss deshalb die Haftungsbegrenzung in Frage stellen.

In der Demokratie sind alle Bürger vor dem Gesetz gleich. Sie haben gleiche Rechte und gleiche Pflichten. Das legen die Verfassung und die Gesetze, die auf ihr basieren, fest. In der Propaganda gegen vorgebliche Sozialschmarotzer sind diese demokratischen Grundprinzipien in Deutschland in den letzten Jahren pervertiert worden – frei nach der Parole: »Keine Rechte und Ansprüche ohne Pflichten.« Nach diesem Motto wird inzwischen in allen Industrieländern das Verhalten der Armen reguliert, die Sozialleistungen beziehen.

Aber es gilt beileibe nicht für alle. Fein raus sind nämlich die Eigentümer der großen Kapitalgesellschaften und der anderen Unternehmen mit beschränkter Haftung sowie die angestellten Manager als Agenten der Eigentümer und die Aktionäre. Denn sie alle sind für ihre Handlungen nach den Gesetzen nur sehr beschränkt verantwortlich – mit ihrer Kapitaleinlage. Sie haben zwar immense Macht, aber durch die beschränkte Verantwortung gleichsam einen Freibrief für ihr Handeln. Die dominierenden Anteilseigner von Konzernen und die Vorstände ihrer Unternehmen stehen so über dem Gesetz. Auf diese Weise werden die Grundlagen der Demokratie unterminiert.

Auch die Unternehmensvorstände können meist der persönlichen Haftung entgehen. Denn Manager agieren ja als Agenten der Anteilseigner, die selbst nicht haften. Heute leben Vorstände faktisch in einer Schutzzone, jenseits des Zugriffs der Kleinaktionäre und jenseits der gesellschaftlichen Ansprüche. Denn in den Chefetagen gilt eisern das Prinzip zu kassieren, aber bei Fehlverhalten und Fehlentscheidungen nie selbst zu haften.

Dementsprechend gab es in den Führungsetagen der Wirtschaft bislang auch noch nie einen Verantwortlichen, der für sein Versagen persönlich zahlen musste. So ist überhaupt noch nicht ausgemacht, inwieweit die früheren Siemens-Vorstände wegen der Milliardenkorruption im System Siemens strafrechtlich wie zivilrechtlich belangt werden. Der frühere Siemens-Vorstandsvorsitzende und spätere Aufsichtsratschef Heinrich von Pierer musste nach der Aufdeckung der Milliardenkorruption im Hause Siemens sogar förmlich aus seinem Sessel getragen werden. Bis heute kann er kein persönliches Fehlverhalten eingestehen. Die Begriffe Verantwortung und Haftung sind ihm in ihrem Inhalt wohl fremd, auch wenn er erbauliche Traktate über die Moral der Manager geschrieben hat.

Wer nur Erfolge auf seinem Konto verbucht, für Fehler aber nie finanziell aufkommen muss, der neigt zu hohen Risiken und tendiert dazu, Ressourcen zu vergeuden. Das Scheitern von Jürgen Schrempp, des ehemaligen Chefs von DaimlerChrysler, war ein Musterbeispiel für die Fehlanreize, die aus diesem System erwachsen. Schrempp musste zwar seinen Posten räumen und gilt als gescheiterter Manager. Finanziell aber steht er als Multimillionär glänzend da, während Tausende Mitarbeiter Job und Einkommensquelle verloren haben. Und solch absonderliche Chancen- und Risikoverteilung ist auf den Chefetagen deutscher Konzerne die Regel – zu besichtigen auch bei der Bankenkrise: Ulrich Hartmann, der frühere EON-Chef und Aufsichtsratsvorsitzende der IKB-Bank, deren Manager sich auf den Weltfinanzmärkten grandios verspekuliert hatten, erklärte: »Wir hatten keine Chance, das Risiko zu erkennen.« Fall erledigt. Die Folge: Im August 2008 wurde bekannt, dass jeder deutsche Staatsbürger über 100 Euro für die IKB-Pleite zahlen darf.

Damit haben sich die Topmanager von dem Prinzip, dass jeder für die Folgen seines Tuns haftet, verabschiedet. In kürzester Zeit verdienen sie derart astronomische Summen, dass sie ausgesorgt haben, sobald sie ihren ersten Vierjahresvertrag als Vorstand ergattern. Wer vorzeitig scheitert, wird üppig ausbezahlt oder abgefunden. Gegen Schadensersatzforderungen wegen Missmanagement sind Vorstände abgesichert – durch sogenannte Directors- und Officers-Policen, eine Art Vollkaskoschutz gegen Managementversagen. Selbst für die Prämien kommt in der Regel das Unternehmen auf.

Es sind dies dieselben Vollkasko-Manager, die gerne den mangelnden Unternehmergeist in Deutschland anprangern. Wen wundert es da, dass bei solchen Vorbildern kein gesundes Risikobewusstsein mehr entwickelt wird? Wenn die einen nur verdienen und die anderen im Zweifel bezahlen, dann hat das Wirtschaftssystem einen schweren Defekt, welcher der Ressourcenvergeudung Vorschub leistet.

Auch die sogenannten Oligarchen, die sich im nachsozialistischen Russland und anderen Ländern, die vom Staatssozialismus zum Kapitalismus gewechselt sind, die Reichtümer ihrer Länder während der Privatisierung für oft nur wenige Cents unter den Nagel gerissen haben, profitieren von dieser Praxis – unter dem Schutz anonymer Kapitalgesellschaften. Denn sehr schnell haben diese Kleptokraten, aber auch afrikanische Diktatoren für sich die beschränkte Haftung als den Kern der westlichen Freiheit begriffen. Sie gibt den neuen Wirtschaftsaristokraten mehr Schutz, als früher im Staatssozialismus die Mitglieder der sowjetischen Nomenklatura genossen haben.

Unternehmen sind meist als juristische Personen organisiert. Ein Unternehmen als juristische Person hat viele Rechte, die auch fleißig ausgeweitet werden, aber es hat nur beschränkte Pflichten, nur eine begrenzte Verantwortung – was die Anteilseigner, aber insbesondere die bestimmenden Aktionäre vor der Verantwortung für den oft spekulativen Einsatz ihres Investments, eventuellen Folgeschäden von Unternehmensentscheidungen und vor Haftungsansprüchen schützt – ganz anders etwa als Handwerker und kleine Selbständige, die selbstverständlich mit ihrem ganzen Vermögen haften und sich entsprechend versichern müssen. Zum Markt gehört das

Risiko des Scheiterns. In Deutschland und anderen Industrieländern gilt dieses Marktrisiko aber nur für Arbeitnehmer, für Selbständige und kleinere Unternehmen.

Die verschiedenen Rechtsformen der beschränkten Haftung minimieren die Risiken bei der Unternehmensexpansion und bei der zunehmend spekulativen Finanzmarktorientierung der Konzerne. Die meisten deutschen und internationalen Mittel- und Großunternehmen sind heute als Kapitalgesellschaften in Rechtsformen mit beschränkter Haftung organisiert. Die Haftungsbeschränkung stellt die Kapitalversorgung der Unternehmen sicher. Komplexe rechtliche Konstruktionen, die Tochtergesellschaften, Stiftungen und Fonds umfassen, die nicht in der Bilanz erscheinen, sichern die Interessen der Anteilseigner und des Kernunternehmens und schützen sie gleichzeitig im Ernstfall vor den Ansprüchen und dem Zugriff der Geschädigten. Renommierte Großkonzerne sind ebenso in undurchsichtigen Firmengeflechten organisiert wie die legalen Zweige der organisierten Kriminalität. Ein Konzern mit den zugehörigen Konzernunternehmen ist eine wirtschaftliche Einheit, die zentral geleitet wird. Aber rechtlich sind die Konzerntöchter separate Einheiten. Die Konzernmutter kann für Gläubigeransprüche an eine Konzerntochter nur dann eindeutig haftbar gemacht werden, wenn ein Beherrschungsvertrag vorliegt.

Immerhin kann in den meisten Ländern – die große Ausnahme ist Deutschland (siehe unten) – ein Unternehmen strafrechtlich belangt werden, wenn es defekte Produkte verkauft, die Umwelt vergiftet oder Waffen an den Feind veräußert.

Die Haftungsbeschränkung hat also nur einen Zweck: Die Kosten für die eingegangenen Risiken sollen von denen abgewälzt werden, die die Gewinne einstreichen, wenn alles gutgeht. Dafür soll die Gesellschaft zahlen, wenn es schiefgeht.

Die Haftungsbegrenzung ist damit eine wesentliche Voraussetzung für die Ausdehnung von Konzernmacht. Als »Unternehmensschleier« (*corporate veil*) bezeichnen die Amerikaner dieses Konzept, das die Gesellschafter in der Regel vor der persönlichen Verantwortung für die Handlungen ihres Unternehmens, einer eigenen Rechtsperson, schützt. Diesen Schleier erfolgreich zu lüften kostet die Gläubiger und Geschädigten vor den Gerichten viel Aufwand.

Mehr oder weniger schwere Unfälle, Umweltschäden durch Tankerunglücke, aber noch mehr die meist unsichtbaren Folgen der Operationen multinationaler Unternehmen mit ihren globalen Wertschöpfungsketten sind zu einem wesentlichen Problem für die Weltwirtschaft und für die betroffenen Gesellschaften geworden.

Während die Konzerne die weltweiten Geschäfte zentral steuern und über SAP und ähnliche Systeme jederzeit bestens informiert sind über den Tagesumsatz in China oder über die Bestände bei Tochter- oder Subunternehmern in Indien oder den USA, sind die Geschäftsbeziehungen juristisch auf *armslength* organisiert.

Konzerntöchter und Subunternehmen werden sozusagen am langen Arm geführt. Diese juristische Fiktion der weitestgehenden Unabhängigkeit in den Geschäftsbeziehungen in einem weltweiten Produktionsnetz widerspricht den wirtschaftlichen Realitäten, den engen Lieferbeziehungen. Dass beispielsweise die Konzerntöchter von Siemens oder von Shell in Nigeria juristisch am langen Arm geführt werden und dass deswegen die Konzernspitzen formal mit der Bestechung der Diktatoren oder mit verheerenden Pipeline-Unglücken nichts zu tun haben, verhindert die substanzielle Haftung dieser Konzerne für die Geschädigten. Die werden damit unfreiwillig zu

Kreditoren des Unternehmens. Aber ihr Durchgriff auf das Konzernvermögen ist unmöglich.

Katastrophen mit beschränkter Haftung

Manche werden sich noch an die Giftgaskatastrophe im indischen Bhopal, Hauptstadt des Bundesstaats Madhya Pradesh, erinnern. Dort traten 1984 in einem Chemiewerk der indischen Tochtergesellschaft des US-Chemiekonzerns Union Carbide mehrere Tonnen giftiger Stoffe aus. Die Ursache waren technische Pannen. Es war das bis dato schlimmste Chemieunglück, das inzwischen zu den bekanntesten Umweltkatastrophen der Geschichte zählt. Schätzungen der Opferzahlen reichen von 3800 bis zu 20 000 Toten durch direkten Kontakt mit der Giftgaswolke sowie bis zu 500 000 Verletzten.

Die zum Teil großen Abweichungen der Schätzungen erklären sich vor allem aus der mangelhaften Kenntnis der Einwohnerzahl des betroffenen Slums in dieser Zeit. Es lebten damals etwa 100 000 Menschen in einem Radius von einem Kilometer rund um die Pestizidfabrik. Die indischen Behörden hatten die Ansiedlung in den Slums rund um die bestehende Fabrik zunächst geduldet, später sogar mit der Übertragung des Landes an die Bewohner legalisiert. Die haben teuer dafür bezahlt: Tausende erblindeten, Unzählige erlitten Hirnschäden, Lähmungen, Lungenödeme, Herz-, Magen-, Nieren-, Leberleiden und Unfruchtbarkeit. Später kamen Fehlbildungen an neu geborenen Kindern hinzu.

Union Carbide hatte das Chemiewerk aus finanziellen Gründen in einem Niedriglohnland mit entsprechend laxen Sicherheitsvorschriften angesiedelt. Ab 1977 hatte der Konzern in Bhopal pro Jahr zunächst 2500 Tonnen des Schädlingsbekämpfungsmittels Sevin produziert. Die Anlage war für eine Kapazität von 5000 Tonnen ausgelegt. Da die Verkäufe von Sevin in Indien Anfang der achtziger Jahre aber rückläufig waren, hatte man Sparmaßnahmen durchgeführt. Personal wurde abgebaut, die Wartungsintervalle wurden verlängert, und billige Austauschteile aus einfachem Stahl anstelle von Edelstahl kamen zum Einsatz. Sogar die Schließung der Fabrik wurde diskutiert.

Nach der Katastrophe kam es 1989 zu einer Einigung: Union Carbide, später von Dow Chemical übernommen, zahlte insgesamt 690 Millionen US-Dollar an die indische Regierung. Die Opfer sahen von dem Geld jedoch nur wenig. Aber selbst wenn sie alles Geld erhalten hätten, hätte es für die Bezahlung des durch die Verletzungen entstandenen medizinischen Aufwands kaum gereicht. Das oberste indische Gericht bezeichnete die Summe als völlig unzureichend. Der damalige Jahresumsatz des US-Konzerns betrug 9,5 Milliarden US-Dollar. Viele Betroffene leiden noch heute unter den Folgen der Verletzungen und Vergiftungen. Ein Grund dafür ist auch, dass Dow Chemical sich bis heute weigert, das von Union Carbide ehemals genutzte Industriegelände von den hochgiftigen Überresten zu befreien und so die weitere Vergiftung von Luft und Grundwasser zu beenden.

Alle gerichtlichen Versuche der Geschädigten und ihrer Angehörigen, vor den Gerichten in den USA Schadensersatz einzuklagen, scheiterten. Die Argumentation von Union Carbide: Der Fall gehöre nicht vor US-Gerichte. Die Katastrophe habe sich in Indien ereignet, alle Zeugen und alle Indizien befänden sich auch dort. Außerdem habe die indische Justiz das größte politische Interesse, den Rechtsstreit zu lösen. Die

Kläger argumentierten, dass in dem integrierten Konzern die Konzernmutter verantwortlich war, weil sie die Fabrik in Bhopal entworfen, gebaut und betrieben hatte.

Die US-Gerichte gaben Union Carbide recht. Es gebe keine juristische Verantwortung der Konzernmutter. Sie verwiesen den Rechtsstreit nach Indien zurück. Auslieferungsgesuche der indischen Regierung für den zum Zeitpunkt des Unglückes amtierenden Chef von Union Carbide wurden von den USA abgelehnt.

Die Giftgaskatastrophe von Bhopal hat sich vor mehr als zwanzig Jahren ereignet und ist mit Ausnahme des Reaktorunfalls von Tschernobyl bis heute einmalig in ihrer Schreckensbilanz. Kleinere Katastrophen jedoch, deren Opfer wegen der beschränkten Unternehmenshaftung keine angemessene Entschädigung für ihr Leid bekommen, passieren ständig. Auch deutsche Firmen sind darin verwickelt. So im Fall der Pharmafirma TeGenero AG aus Würzburg, die nach fast tödlichen Pharmatests in Insolvenz ging:

Es sollte schnelles Geld für die Testpersonen sein: 2000 britische Pfund für eine Spritze, drei Tage Krankenhaus und ein paar Kontrolltermine. Getestet wurde das neu entwickelte Mittel TGN1412, das später einmal gegen Multiple Sklerose, Arthritis oder Blutkrebs helfen sollte. Was aber sechs Männer im Frühjahr 2006 in London bei einem Arzneitest der TeGenero AG erlebten, hätte aus einem Horrorfilm stammen können. Die sechs Versuchspersonen kamen fast zu Tode, haben bleibende Schäden und eine deutlich reduzierte Lebenserwartung. Dem jüngsten Versuchsteilnehmer mussten Finger und Zehen amputiert werden. Bei einer anderen Versuchsperson stellte man eine Frühform von Lymphdrüsenkrebs fest. Alle sechs Testpersonen leiden unter Müdigkeit und Erinnerungslücken.

Ursprünglich hatten die Tests in Berlin stattfinden sollen – aber dort dauerte es der TeGenero AG nach Angaben der zuständigen Behörden zu lange mit der Erlaubnis.

Auf Schmerzensgeld oder eine angemessene Entschädigung warten die Opfer bislang vergebens. Gerade 10 000 britische Pfund (rund 15 000 Euro) bekam jeder von ihnen bezahlt. Wäre ein solcher Unfall im staatlichen britischen Gesundheitssystem NHS passiert, hätten die Versuchspersonen das NHS voll in die Haftung nehmen können. Vor den Tests hatten die deutschen Manager von TeGenero zugestimmt, die Versuchspatienten im Fall von Unfällen immerhin nach den Richtlinien der Vereinigung der Britischen Pharmaindustrie zu entschädigen.

Aber die Zusagen waren nichts wert. Denn drei Monate nach der Katastrophe meldete die TeGenero AG Konkurs an. Die Firma hatte nur eine Versicherung über 2 Millionen Pfund für alle sechs Probanden abgeschlossen – meilenweit unter dem Standard in der Industrie. Die Police des Gerling-Konzerns enthielt zudem eine Klausel, die den Versicherungsschutz im Fall von Gerichtsverfahren ausschloss.

Der TeGenero-Fall ist auch ein Beispiel dafür, wie bei vernetzten Produktionsketten von verschiedenen, rechtlich selbständigen und wirtschaftlich voneinander unabhängigen Firmen die Verantwortung für schadhafte Produkte oder Prozesse immer weniger greifbar ist. Der Antikörper wurde von der Biotechnologiefirma TeGenero selbst entwickelt und vom Pharmakonzern Böhringer Ingelheim für TeGenero produziert. Böhringer Ingelheim stellt nach eigenen Angaben für viele Pharmafirmen Antikörper her. Mit den Pharmatests hatte TeGenero wiederum den US-Konzern Parexel (Jahresgewinn 2007: über 150 Millionen Euro) beauftragt, einen weltweit operierenden Bio- und Pharmadienstleister, der sich auf die Entwicklung, den Test und die Markteinführung von neuen Präparaten spezialisiert hat.

Parexel wusste vor dem Versuch von möglichen Komplikationen und Gegenindikationen im Fall von Unverträglichkeiten. Die Parexel-Mitarbeiter waren darüber aber nicht informiert, und das Gegenpräparat war nicht in ausreichender Menge verfügbar. Jetzt streiten sich die Opferanwälte mit Parexel, unter dessen Kontrolle der Versuch stattfand. Sie haben eine beeindruckende Liste aufgestellt, was alles schiefgegangen sein soll: Keiner weiß, warum die sechs Freiwilligen praktisch gleichzeitig getestet wurden. Demnach wurde den letzten Versuchspatienten TGN1412 auch noch gespritzt, als die ersten schon starke Schmerzen hatten. Außerdem sollen die Parexel-Ärzte ihre eigenen Unterlagen nicht richtig gekannt haben, weshalb mit der Vergabe von Gegenmitteln zu lange gewartet worden sei.

Die Opferanwälte haben Entschädigungsklagen auf den Weg gebracht. »Wenn dieser Test in Amerika stattgefunden hätte, ginge es um Hunderte von Millionen«, sagte der Anwalt Martyn Day der Tageszeitung *The Guardian*. Immerhin will er pro Versuchsopfer mindestens 1,5 Millionen Euro erstreiten.

Fast harmlos ist dagegen der Fall einer amerikanischen Internet-Telefonfirma, die ohne Vorankündigung Pleite machte: Im Sommer 2007 stellte die US-Firma SunRocket, Provider für Internet-Telefonate mit 220 000 Kunden, ihren Betrieb ein. Viele Kunden hatten vorab eine Jahresgebühr von 199 US-Dollar für unbegrenzte Telefonate gezahlt. Es war die erste Pleite einer Internet-Telekomfirma.

In der Vergangenheit wäre ein plötzliches Verschwinden einer Telefongesellschaft undenkbar gewesen. Telefonieren galt und gilt als ein unveräußerliches Recht wie ein Stroman-schluss auch. Welche Verantwortung haben solche Firmen, die Basis-Dienstleistungen anbieten, ihren Kunden gegenüber? Wie müssen sie reguliert werden? Normale Telefongesell-schaften mit einem Netzwerk von Kabeln, Vermittlungsstellen etc. müssen ihre Kunden informieren, wenn sie ihre Dienste einstellen. Aber für Internet-Telefonfirmen wie Skype oder eben SunRocket fehlen solche Auflagen in den USA und auch in Deutschland. Sie operieren in einem regulatorischen Nie-mandsland. Sie müssen in den USA nur den Notruf unter der Standard-Nummer anbieten und die nationalen Sicherheits-dienste an ihre Daten lassen.

Die gesellschaftlichen Risiken durch die beschränkte Haf-tung von Unternehmen werden immer noch größer, weil in allen kapitalistischen Ländern unter dem Diktat leerer öffent-licher Kassen und schrumpfender öffentlicher Investitionen Privatisierung angesagt ist. Profitorientierte Konzerne über-nehmen Bereiche der Daseinsvorsorge, deren Sicherstellung bislang weitgehend staatlichen Instanzen vorbehalten war. Nach der Telekommunikation und den Postdiensten stehen jetzt die Elektrizitäts- und Wasserversorgung, die Verkehrs-In-frastruktur mit Bahn und Straßennetz, das Gesundheitswesen und der Bildungssektor im Fokus der Investoren.

Aber diese Bereiche, die öffentliche Güter und Dienstleis-tungen zur Verfügung stellen, sind für private Investoren nur dann lohnend, wenn die Haftung für die Folgen ihrer unter-nehmerischen Entscheidungen und Handlungen eingeschränkt ist. Genau das geschieht zunehmend, etwa im Rahmen soge-nannter *public-private partnerships*, bei denen privates Kapi-tal öffentliche Aufgaben (z. B. Autobahnbau) finanziert.

Haftungsfragen haben in der Debatte um die Renaissance

der Atomenergie in Deutschland und um die Laufzeiten der existierenden Atomkraftwerke bislang kaum eine Rolle gespielt. Dabei ist gerade der Haftungsausschluss ein zentraler Anreiz für die Energiekonzerne, massiv in die Atomkraft zu investieren. In den USA kommt ein Bericht einer Umweltorganisation[46] aus dem Jahr 2002 über die Rechtskonstruktionen für Atomkraftwerke zu der Feststellung:

»*In den letzten zehn Jahren ist das Eigentum einer wachsenden Zahl von AKWs an ganz wenige große Konzerne übergegangen. Diese Konzerne haben Unternehmensstrukturen geschaffen, die separate Tochtergesellschaften mit begrenzter Haftung für jedes einzelne Kraftwerk beinhalten. Teilweise haben sie auch spezielle operative Gesellschaften und Zwischen-Holdings eingerichtet, die zusätzliche Haftungspuffer zwischen dem Atomkraftwerk und seinen wirklichen Eigentümern bilden. Die Strukturen zur Haftungsbegrenzung sind sehr effektive Mittel, um die Profite zur Mutter zu transferieren und gleichzeitig Steuerzahlungen zu vermeiden. Sie stellen auch ein Schutzschild für die Konzernmutter dar, falls ein Unfall, ein Anlagenausfall, ein Sicherheits-Upgrade oder eine außergewöhnliche Wartung bei einem Kraftwerk große, unvorhergesehene Kosten verursachen. Die Konzernmutter kann für diese separate Einheit den Bankrott erklären, ohne dass die anderen Investments in (Atom-)Kraftwerke gefährdet werden.*«

Adam Smith:
Geschäftsleute werden zu Abenteurern

Während die gesellschaftlichen Risiken der beschränkten Haftung immer weiter steigen, feiern ihre Verfechter sie als ein großartiges Konzept zur Kapitalmarktfinanzierung und Produktivitätssteigerung. Sie unterstellen, dass die modernen Gesellschaften ohne dieses Konzept zusammenbrächen.

Tatsächlich war die beschränkte Haftung jedoch nirgendwo auf der Welt und zu keiner Zeit Voraussetzung für die Industrialisierung. Viele große Ökonomen, auch der von den radikalen Verfechtern des Marktes als geistiger Vater verehrte Adam Smith, standen der Idee der beschränkten Haftung für private Unternehmen äußerst kritisch gegenüber. Es war für sie ein Skandal, eine gesellschaftliche Gruppe – die Kapitaleigner – von den Regeln einer demokratischen Gesellschaft auszunehmen, nämlich von der Gleichheit aller vor dem Gesetz und von der Pflicht, für die Folgen des eigenen Handelns zu haften. So argumentierte Adam Smith schon 1776 in seiner Schrift *Der Wohlstand der Nationen*. Der Einwand – gern unterschlagen von den Verfechtern des totalen Marktes – ist einfach und klar: Eine demokratische Gesellschaft darf nicht einige wenige nur deswegen von den allgemeinen Gesetzen ausnehmen, weil deren Geschäft dann besser floriert.

Adam Smith favorisierte Privatfirmen (oder Co-Partnerschaften) gegenüber Börsengesellschaften, dem Äquivalent der heutigen Aktiengesellschaften. Jeder Partner sollte für die Verpflichtungen der Firma mit seinem gesamten Vermögen haften. Diese potenziellen Ansprüche erzwingen von den Partnern die volle Konzentration auf das Geschäft. Dagegen tendieren die Anteilseigner von Börsengesellschaften nach Adam

Smith dazu, sich nicht um das laufende Geschäft zu kümmern und nur die Dividenden einzustreichen. Wenn das Geschäft scheitere, hätten sie allerhöchstens den Wert ihres Anteils verloren. Diese vollständige Befreiung von jedem Risiko jenseits einer begrenzten Summe ermutige die Geschäftsleute, zu Abenteurern zu mutieren.

Seit den ersten Gründungen in Holland und England im 17. Jahrhundert standen Kapitalgesellschaften für spekulative Anlagen und Börsenkräche. Spätere privatrechtliche Formen der beschränkten Haftung waren sehr viel restriktiver und unterlagen größeren staatlichen Kontrollen. In Großbritannien und den USA war die Einführung der beschränkten Haftung ein Ergebnis der Industrialisierung. Sie wurde von längst etablierten großen Geschäftsinteressen vorangetrieben. Noch 1900 waren nur 10 Prozent der britischen Unternehmen in der Rechtsform der beschränkten Haftung organisiert. In Deutschland, später industrialisiert als Großbritannien, spielte die Finanzierung über den Kapitalmarkt sogar eine untergeordnete Rolle bei der Industrialisierung.

Erst in den letzten drei Jahrzehnten ist mit der weltweiten Deregulierung der Finanzmärkte und mit dem Siegeszug des Neoliberalismus die Haftungsbeschränkung zur dominierenden Organisationsform von mittleren und großen Unternehmen geworden. Inzwischen ist sie ein zentrales Element der Operation und Organisation von Großunternehmen. Die Verbreitung angelsächsischer Rechtsformen für den Unternehmenssektor hat die beschränkte Unternehmenshaftung internationalisiert – und auch in den boomenden Schwellenländern Indien und China verbreitet. Dort hat die Liberalisierung der Märkte und des Unternehmensrechts zu einer wahren Explosion von Unternehmensgründungen mit beschränkter Haftung geführt.

Was die Gegner der Haftungsbegrenzung schon im 19. Jahrhundert befürchteten, hat sich mithin mehr als bewahrheitet: Beschränkte Haftung fördert schlechtes Management und unverantwortliche Spekulationen auf Kosten der Gesellschaft. Das zumindest ist das Ergebnis eines OECD-Berichts[47] aus dem Jahr 2001. Darin stellt die OECD fest, dass unternehmensrechtliche Konstruktionen von Kapitalgesellschaften bis hin zu Stiftungen und Partnerschaften oft zur Geldwäsche, Korruption, Verschiebung von Vermögenswerten, In-sich-Geschäften von Geschäftsführern und zu Steuerflucht, Betrug und anderen illegalen Aktivitäten genutzt werden. Die meistgenutzten Unternehmenskonstruktionen garantieren für die Eigentümer die maximale Anonymität. Das ist auch der Tenor einer Resolution des Europaparlaments vom 13. März 2007.

Wodurch kann beschränkte Haftung ersetzt werden?

Eigentlich ist es verrückt: Wenn wir ein Auto fahren, ist die Haftpflichtversicherung Pflicht. Aber wir brauchen keine Versicherung, wenn wir eine Firma auf den Markt, auf die Gesellschaft loslassen. In Großbritannien und in den USA gibt es seit Jahren kritische Diskussionen über die Haftungsbeschränkung, die meist in einem Atemzug mit Spekulation genannt wird – so beispielsweise in der britischen Zeitung *Guardian* (9.7.2007):

> *»In Großbritannien ist der Spekulant König. Wir verbrauchen mehr, als wir produzieren. Wir importieren mehr, als wir exportieren. Wir investieren lieber in nicht produktive*

Häuser statt in Fabriken und Anlagen. Für unsere Finanz-
märkte heißt langfristig: nächste Woche. In der Wirtschafts-
geographie unseres Landes ist die Londoner City mit den
Branchen, die an ihr hängen, weit wichtiger als die industri-
elle Basis. Seit über 100 Jahren sind die überbewertete
Währung und höhere Zinsen als in den Nachbarländern Be-
leg für den Triumph der Spekulanten (...). Das Ganze beruht
auf drei Säulen: Die erste ist die Fähigkeit des Banksystems,
Kredit zu schaffen. Die zweite ist das Steuer- und Planungs-
system, das sicherstellt, dass die Nachfrage nach Immobili-
en das Angebot übersteigt. Die dritte ist das Unternehmen
mit beschränkter Haftung. Es ist nicht überraschend, dass
die Bank von England sich schwer tut mit einem Wirtschafts-
kurs zwischen wilder Spekulation und Überschuldung.«

Und tatsächlich erlauben legale Strukturen Privatunternehmen nicht nur in Großbritannien, in wenigen Augenblicken
auf dem Kapitalmarkt astronomische Kapitalsummen aufzu-
nehmen und mit diesen Mitteln hinter einem eisernen Vorhang
aus Geheimniskrämerei und der Freiheit von Verantwortung
vor dem Gesetz zu spekulieren. Die Kreditkrise ist der jüngste
Beleg für den Irrsinn, den die wilde Spekulation unter dem
Schutz beschränkter Haftung ermöglicht.

Nur: Das ist kein Naturgesetz. Wir sollten uns von der Illu-
sion verabschieden, dass beschränkte Haftung und die daraus
entstandenen Profite ein natürliches Gut sind. Die gesetzliche
Immunität für die großen Anteilseigner verletzt das Men-
schenrecht jedes anderen, vor dem Gesetz gleich behandelt
zu werden. Das Unternehmensrecht gibt einer Konzernmutter dieselbe beschränkte Haftung wie jedem Kleinaktionär mit
ein paar Aktien, obwohl die Konzernmutter oder die Holding

aktiv managt und nicht nur investiert. Das Unternehmensrecht orientiert sich an der unternehmensrechtlichen Einheit, aber nicht an der Realität, nicht am ganzen Unternehmen und fragt nicht nach Kontrolle, wirtschaftlicher Integration, nach der administrativen, finanziellen und personellen Verflechtung.

Es geht also um die Regulierung der Großkonzerne und der Institutionen wie Pensionsfonds und um die Superreichen, es geht um die obersten 0,1 Prozent in der Wohlstandsverteilung. Sie kontrollieren den größten Teil der Wirtschaft. Es geht jedoch nicht um die Haftung der Kleinaktionäre. Der Schutz von Investoren und Aktionären muss endlich ins Verhältnis gebracht werden mit dem Schutz der großen Mehrheit der Gesellschaft. Die Haftungsbeschränkung muss insoweit reguliert werden, dass sie nicht länger ein Schutzschild für betrügerische oder spekulative Aktivitäten ist.

Aber es gilt auch die andere Seite zu beachten: Unternehmensgründer, die beispielsweise innovative Produkte und Dienstleistungen anbieten, aber dabei scheitern, dürfen nicht vor dem persönlichen Ruin stehen, nur weil es keinen Schutz mehr vor Risiken gibt.

Ein praktikabler Ansatz könnte die beschränkte Haftung durch eine proportionale Haftung ersetzen, unterstützt durch eine Haftpflichtversicherung. Bei proportionaler Haftung (das gab es in Kalifornien bis in die dreißiger Jahre des letzten Jahrhunderts) hätten große Investoren ein substanzielles Risiko, während Kleinaktionäre oder Anteilsbesitzer von Fonds eine winzige Haftung hätten. Längerfristig könnte in solch einem Ansatz die gegenwärtige Haftungsbegrenzung durch ein Versicherungssystem ersetzt werden. Für Anteilseigner gibt es dann einen Versicherungsmarkt.

Ein Versicherungssystem bräuchte klare, gesellschaftlich

akzeptierte Kriterien für die angemessene Versicherung spezieller Investmentrisiken auf der Basis einer wissenschaftlichen und gesellschaftlichen Debatte. Damit würde es für Anteilseigner einen Anreiz geben, dass »ihr« Unternehmen Standards einhält und deswegen günstiger versichert ist. Die Einhaltung der oft reklamierten, aber selten kontrollierten Umwelt- und Sozialstandards könnte ein Kriterium für niedrige Versicherungsprämien sein. Es ist auch zu überlegen, ob große Anteilseigner nach dem Strafrecht verantwortlich gemacht werden müssen für die Handlungen, die von den Unternehmen in ihrem Namen und für ihren Profit begangen werden.[48]

Speziell in Deutschland fehlt auch ein Unternehmensstrafrecht. Während etwa in den USA nicht nur die betrügerischen Manager der 2002 zusammengebrochenen Energiefirma Enron in den Knast gegangen sind, sondern auch die an den Betrügereien beteiligte Wirtschaftsprüfungsfirma Arthur Andersen bestraft wurde und von der Bildfläche verschwand, zeigt der Fall Siemens massive Defizite im Unternehmensrecht, wie Heribert Prantl in der *Süddeutschen Zeitung* (29.1.2008) kommentiert:

> *»Hätte ein Herr Siemens das alles angerichtet, ginge es dem Mann ziemlich schlecht. Auch die gewieftesten Wirtschaftsanwälte hätten ihn vor vielen Jahren Gefängnis nicht retten können, auch mit dem schönsten Deal nicht. Auf milliardenschwere Bestechung stehen bis zu zehn Jahre Haft. Und auf einen Freigang müsste Herr Siemens noch lange warten. Aber Siemens ist keine natürliche Person, sondern eine juristische Person, eine Aktiengesellschaft – und die kann nach deutschem Recht nicht einmal mit Geldstrafe bestraft werden. Nach amerikanischem, französi-*

schem, niederländischem, belgischem, dänischem, schwe-
dischem, japanischem und sogar schweizerischem Gesetz
ist das anders. Dort wird auch die juristische Person be-
straft, dort gibt es die Verbandsstrafe. (...) Siemens hat ein
Bußgeld von 200 Millionen Euro gezahlt, auf der Basis des
Ordnungswidrigkeitenrechts. (...) Es stimmt etwas nicht im
Staate Deutschland, wenn der kleine Laden- und Taschen-
dieb vom echten Strafrecht, der große Konzern aber nur
vom Bußgeldrecht erfasst wird.«

Eine perverse Idee:
Grundrechte für Unternehmen

Mit der Gründung der USA hatten erstmals nur natürliche Personen Rechte. Die Macht von Institutionen wie der Krone oder
des Adels war gebrochen. Unternehmen durften in den ersten
100 Jahren der USA nicht länger als vierzig Jahre existieren.
Sie mussten dann aufgelöst werden. Ihre oberste Aufgabe war
es, der Öffentlichkeit zu dienen. Geld zu verdienen war sekundär. Ihre Bücher und alle Aktivitäten mussten vollständig offen
und transparent sein. Ihre Manager waren persönlich haftbar
für Straftaten durch das Unternehmen.

Das hat sich grundlegend geändert: Unternehmen scheinen
heute zunehmend unbesiegbar. US-Firmen werden mehr und
mehr als Rechtspersönlichkeiten mit den Rechten einer natürlichen Person behandelt. Nach einer Entscheidung des Obersten Gerichtshofs der USA gilt das inzwischen auch für das
Recht auf freie Meinungsäußerung. Unternehmen können jetzt
über ihre Produkte sagen, was sie wollen. Sie müssen deswegen keine Klagen mehr wegen betrügerischer Werbung fürch-

ten. Auch andere demokratische Grundrechte wie den Schutz der Privatsphäre oder den Schutz vor Diskriminierung haben Unternehmen erstritten. Sie werden damit wie Bürger behandelt und den natürlichen Personen gleichgestellt. Mit dieser Entwicklung des US-Rechts, die nur die wirtschaftlichen Realitäten – den weltweiten Siegeszug unantastbarer Konzerne – reflektiert, werden die Grundlagen der amerikanischen Verfassung und der Demokratie angetastet.

Tom Hartmann beschreibt die Entwicklung so:

»Nike beanspruchte das Recht auf freie Meinungsäußerung. Dow Chemical berief sich auf den Schutz der Privatsphäre, um der US-Umweltbehörde unangemeldete Inspektionen seiner Chemieanlagen zu untersagen. Der US-Lebensmittelhändler J. C. Penney berief sich auf den in der US-Verfassung verankerten Schutz vor Diskriminierung, um gegen Kommunen vorzugehen, die keine Lebensmittelketten zulassen wollten. Dabei wurde der Schutz vor Diskriminierung in die US-Verfassung aufgenommen, um die Sklaven nach dem Bürgerkrieg zu befreien. Tabak- und Asbestkonzerne beriefen sich ebenfalls auf Bürgerrechte aus der US-Verfassung, um ihr Wissen über die Produktgefahren geheim zu halten. Mit Ausnahme von Nike waren alle genannten Klagen erfolgreich. Jetzt können mächtige Konzerne die Grundrechte, die ursprünglich die Bürger schützen sollten, als Keule gegen die Regierung benutzen. Amerikas Grundidee war, Grundrechte für die Bürger zu schaffen und Grenzen sowohl für die Regierung als auch für alle anderen Formen institutioneller Macht.«[49]

Und diese Grundidee war richtig: Die Gleichheit vor dem Gesetz darf sich nur auf natürliche Personen beziehen. Juristische Personen, also Unternehmen, können vor dem Gesetz nicht dieselben Rechte und Pflichten wie die Menschen einer Gesellschaft haben.

Das von cleveren Professoren im Auftrag der Konzerne entwickelte Konzept der Unternehmenspersönlichkeit ist eine groteske Verzerrung der Demokratie. Wie kann es eine Institution geben, die die Grundrechte eines Menschen beansprucht, ohne die körperlichen Schwächen oder die sozialen Verantwortlichkeiten von Menschen? Unternehmen haben kein soziales Bewusstsein. Weil Gewinnmaximierung ihre oberste Aufgabe ist, haben sie keine Verpflichtung für eine Gemeinde oder eine Gesellschaft. Sie sind auch nicht den grundlegenden Ideen der Menschlichkeit verpflichtet. Sie können nicht wie jeder Bürger zur Verantwortung gezogen werden beispielsweise durch Freiheitsentzug. Bevor das Konzept der Unternehmenspersönlichkeit modern wurde, war es Konsens, dass Unternehmen nicht wählen können und deswegen keine Rolle in der Politik spielen dürfen. Das ist jetzt anders, auch wenn Unternehmen noch immer nicht wählen dürfen.

Robert Reich, früherer Arbeitsminister unter US-Präsident Clinton und jetzt Universitätsprofessor, hat dazu festgestellt: »Unternehmen sind keine Bürger. Ein Unternehmen hat die Aufgabe, das Spiel der Wirtschaft so aggressiv zu spielen wie möglich. Wir als Bürger müssen Unternehmen daran hindern, die Spielregeln selbst festzulegen. Es gibt nur einen einzigen konstruktiven Weg der Veränderung: Wir müssen den Superkapitalismus daran hindern, auf die Demokratie überzugreifen.«[50]

Die gesellschaftliche Rolle der Unternehmen muss neu definiert werden. Sie müssen wieder der Demokratie, den Menschen untergeordnet werden. Es reicht nicht, Konzerne zum Wohlverhalten aufzufordern. Ein unverbindlicher Verhaltenskodex, eine Selbstverpflichtung ist nicht genug (siehe unten). Denn Unternehmen können sich nicht selbst reformieren. Sie müssen wieder auf ihre richtige Rolle zurechtgestutzt werden – als Werkzeuge im Dienste der Gesellschaft.

Soziale Verantwortung der Unternehmen – freiwillig und unverbindlich

Der Neoliberalismus hat auf seinem Siegeszug erfolgreich harte gesetzliche Vorschriften und Regulierungen der Geschäfte von Unternehmen und Konzernen zurückgedrängt und »einkassiert«. Der Regulierungsrahmen für das weltweite Agieren multinationaler Konzerne ist immer laxer geworden. Dafür gibt es in Deutschland und in vielen anderen Ländern umso heftigere Diskussionen in der Politik, in den Medien und in der Wissenschaft um gute Unternehmensführung und um die gesellschaftliche Verantwortung von Unternehmen. Konzerne werden an »weichen« Standards gemessen, sie werden zu verantwortlichem Verhalten aufgefordert, ihre gesellschaftliche Verantwortung wird reklamiert. Konzerne sollen sich ethisch verhalten, Unternehmensethik ist an vielen Hochschulen als neues Fach etabliert. In den USA entstanden, gibt es heute so etwas wie eine internationale Bewegung für die gesellschaftliche Verantwortung von Unternehmen, für Corporate Social Responsibility (CSR). Nicht-staatliche Institutionen wie Stiftungen, NGOs und globalisierungskritische Initiativen, Kirchen und Gewerkschaften unterstützen die Idee, von den

Unternehmen gesellschaftliche Verantwortung einzufordern. Diese Bewegung will freiwillige Vereinbarungen oder Selbstverpflichtungen der Unternehmen, damit sie sich mehr für die Beschäftigten, für die Gesellschaft und die Umwelt einsetzen.

In Deutschland ist die Bertelsmann-Stiftung, die den Bertelsmann-Konzern kontrolliert und der wichtigste Stichwortgeber für die Berliner Politik ist, besonders rührig bei diesem Thema. In ihrem Jahresbericht 2006 heißt es:

> »CSR bezeichnet das freiwillige, über den gesetzlich vorgeschriebenen Rahmen hinausgehende, ökonomische, soziale oder ökologische Engagement eines Unternehmens. Dabei kann es sich um Maßnahmen für die Mitarbeiter des Unternehmens handeln oder auch um Projekte im lokalen Umfeld, die dem Gemeinwesen zugutekommen. Die gesellschaftliche Verantwortung eines Unternehmens bezieht sich darüber hinaus auch auf sein Kerngeschäft, also beispielsweise auf Ressourcen sparende Produktionsverfahren oder Arbeitsbedingungen in der Zulieferkette.«

Für den amerikanischen Politikwissenschaftler Benjamin S. Barber zielt dieses Konzept von der gesellschaftlichen Verantwortung von Unternehmen auf die Privatisierung von Demokratie und Gerechtigkeit. In einem Vortrag vor der Friedrich-Ebert-Stiftung begründete er 2003 seine Kritik:

> »Wir gehen mit Gerechtigkeit und Wirtschaft um, indem wir Kurse über Unternehmensethik abhalten. Wir sprechen über die Verantwortung von Unternehmen. Wir sagen, in Ordnung, die Gerechtigkeit gehört nun in den privaten Sektor. Nun wollen wir die Unternehmen überzeugen, dass sie

gute »Unternehmensbürger« sein sollen – was für ein Pa-
thos, was für eine dumme Option. Sie ist sogar vom Stand-
punkt der Wirtschaft her dumm. Ich erwarte nicht, dass
Unternehmen verantwortliche und gute Bürger sind, ich
erwarte, dass sie Wohlstand und Güter produzieren. Das ist
ihre Aufgabe. Und unsere Aufgabe ist es, sie zu regulieren
und zu kontrollieren und zu überwachen. Unsere gemeinsa-
me Aufgabe ist die Gerechtigkeit. Ihre Aufgabe ist die Pro-
duktion, der Wettbewerb, aber wir versuchen, den Unter-
nehmen unsere Arbeit zu überlassen. Wir sagen, wir können
keine Bürger mehr sein, also sollt ihr Bürger sein. Die Un-
ternehmensleiter sollen Bürger sein, weil wir keine Bürger
mehr sind, wir sind Konsumenten und sonst nichts.«[51]

Für den bereits zitierten früheren US-Arbeitsminister Robert
Reich gibt es einen fundamentalen Widerspruch zwischen der
Idee von der gesellschaftlichen Verantwortung von Unternehmen und der Gewinnorientierung. Die Frage, ob Wal-Mart
oder Google gut oder böse sind, geht für ihn an der Sache vorbei. Zentral ist vielmehr, dass Regierungen Regeln setzen, damit konkurrierende, auf Profitmaximierung orientierte Firmen
nicht gegen die Interessen der Gesellschaft handeln. Die Behauptung, dass gesellschaftlich verantwortliche Firmen auch
profitabler sind, ist nach Robert Reich Unsinn. Denn wenn Star-
bucks seinen amerikanischen Teilzeitkräften eine Krankenversicherung spendiert, reduziert das die Fluktuation. Wenn die
deutschen Discounter Bio-Lebensmittel führen, steigert das
vor allem den Profit. Firmen nutzen gerne das Aushängeschild
von der gesellschaftlichen Verantwortung, um zu suggerieren,
dass sie die Probleme erkannt haben und handeln. Das verhindert aber echte politische Reformen. Die Politik verweist

populistisch auf Firmen, die sich schlecht verhalten, während sie gleichzeitig den Gesetzesrahmen für dieses Fehlverhalten nicht ändert. Hinter all den Konzepten der gesellschaftlichen Verantwortung von Unternehmen (CSR) steht keine finanzielle oder politische Macht, die die Unternehmen dazu veranlasst, ihre Geschäftspraktiken zu korrigieren – gegebenenfalls zu Lasten der Rendite für die Eigentümer. Alles ist freiwillig und unverbindlich – das Resultat ist entsprechend.

Wie sich Konzerne als »gute Bürger« präsentieren

Wenn man glaubt, was Großunternehmen über sich selbst sagen, sind sie niemals bessere »Bürger« gewesen. In den letzten zehn Jahren ist die soziale Verantwortung von Unternehmen Thema auf den Websites wie in den Aufsichtsräten jedes größeren Unternehmens in den Industrie- wie den Schwellenländern geworden. Gebetsmühlenartig und in immer gleichen Phrasen erklären sie, dass sie einer Politik verpflichtet sind, die auf allen Gebieten von der Wertschätzung der individuellen Verschiedenheit der Mitarbeiter über die Menschenrechte bis zum Umweltschutz nur Gutes tut. Zum Beleg ein paar Original-Verlautbarungen einiger Konzerne aus dem Sommer 2008.

Von der Siemens-Homepage tönt es:

»Verantwortungsvoll: Wir verpflichten uns zu ethischem und verantwortungsvollem Handeln. Wir bei Siemens sind entschlossen, alle gesetzlichen und ethischen Anforderungen zu erfüllen – und, wo wir können, sogar zu übertreffen. Unsere Verantwortung liegt darin, das Unternehmen ent-

sprechend den höchsten professionellen und ethischen Standards und Praktiken zu führen: ohne Spielraum für nichtkonforme Verhaltensweisen. Die Prinzipien, die für den Wert ›verantwortungsvoll‹ stehen, dienen als Kompass, den wir nutzen, um unsere Geschäftsentscheidungen zu treffen. Darüber hinaus müssen wir Geschäftspartner, Lieferanten und andere Interessenvertreter dazu ermutigen, einen ähnlichen Standard für ihre Geschäftsethik anzuwenden. Unsere Prinzipien: Wir befolgen Recht und Gesetz. Wir respektieren die Würde des Menschen. Wir fördern Gesundheit und Sicherheit. Wir führen unser Geschäft offen und ehrlich. Wir sind fair im Umgang mit Wettbewerbern und Interessenvertretern. Wir halten Verpflichtungen ein. Wir achten das Eigentum. Wir unterstützen den Umweltschutz. Wir verpflichten uns zu gesellschaftlichem Engagement. Wir sind voll engagiert und hochkompetent, um die besten Ergebnisse zu erzielen.«

Und auf der Nokia-Homepage heißt es vollmundig:

»Unternehmerische Verantwortung heißt für Nokia, die Einflüsse ihrer Arbeit auf Gesellschaft und Umwelt zu erkennen und entsprechend zu agieren. Als Marktführer und weltweit tätiges Unternehmen nimmt Nokia diese Verantwortung sehr ernst. Eine solide Unternehmensethik ist deshalb für das tägliche Geschäft enorm wichtig.
Verpflichtung zur sozialen Verantwortung: Unser Ziel ist ganz einfach – wir möchten, dass Nokia weiterhin ein interessantes Arbeitsumfeld bietet – und wir möchten zum Wohl der Gesellschaft, in der wir tätig sind, beitragen. Jeder Nokia-Mitarbeiter entscheidet mit über Leistung und Repu-

tation von Nokia in den Bereichen Gesundheit, Sicherheit, Mitarbeiterbeziehungen, Corporate Community Involvement und Menschenrechte. Aus diesem Grund ist jeder Mitarbeiter für den Erfolg von Nokia wichtig, denn er hat Anteil an der Verantwortung.«

Da möchte auch General Electric nicht zurückstehen:

»Dieses Unternehmen steht für Integrität. Standards werden bei uns großgeschrieben. Unser von vielen Menschen über lange Jahre aufgebautes weltweites Ansehen, das wir für ehrliche und verlässliche Durchführung unserer Geschäfte erworben haben, wird in jedem unserer Geschäftsvorgänge wieder auf die Probe gestellt und kann sich jedes Mal aufs Neue bewähren (...). Bei unserem Streben nach Wettbewerbsfähigkeit ist unser Verhalten jedoch von Recht und Ethik bestimmt. Als weltweit operierendes Unternehmen gilt es, weltweit geltende Richtlinien zu erstellen und zu befolgen. Jedes Mitglied der GE-Gemeinschaft trägt persönlich zur Einhaltung unseres Verhaltenskodex bei. Zur Einhaltung unseres ethischen Versprechens wurden bei GE einige Schlüsselrichtlinien zur Wahrung der Integrität aufgestellt. Sämtliche Mitarbeiter von GE haben sich zur Einhaltung dieser Richtlinien und des dahinterstehenden Geistes verpflichtet.«

So weit die Sonntagsreden. Doch wie zu erwarten war, hat das Konzept der gesellschaftlichen Verantwortung von Unternehmen oder Corporate Social Responsibility (CSR) die Erwartungen Wohlmeinender nicht erfüllt: In den USA hatten Konzerne wie Worldcom und Enron, die für die größten Skandale des Börsenhypes 2000 stehen, sich selbstverständlich vollmundig zu ihrer gesellschaftlichen Verantwortung bekannt und gleichzeitig Millionen US-Bürger um ihre Ersparnisse und Alterssicherung gebracht. Natürlich betont Nokia seine hohen moralischen Werte, seine Gesetzestreue und seine Verpflichtung für eine bessere Welt und erklärt gleichzeitig ohne Vorankündigung (klarer Gesetzesverstoß!) die Schließung des Bochumer Werkes. Siemens hat sich schon vor vielen Jahren zu einer guten Unternehmensführung, zur Transparenz und zur Einhaltung der Gesetze bekannt. Der langjährige Siemens-Vorstandsvorsitzende und ehemalige Aufsichtsratschef Heinrich von Pierer hat sogar ein Buch über Unternehmensethik mitverfasst. Zwischen den hehren Grundsätzen und der korrupten Siemens-Realität klafften aber bekanntlich Welten.

Auch für die Siemens-Tochter Osram sind die hochgehaltenen Grundsätze von gesellschaftlicher Verantwortung des Unternehmens das Papier nicht wert, auf dem sie stehen. So hat Siemens für den gesamten Konzern und wie viele andere Konzerne den Global Compact der Vereinten Nationen unterzeichnet. Darin sind auch die Einhaltung bestimmter Arbeitsstandards und der Umgang mit Gewerkschaften geregelt.

Aber die Siemens-Tochter Osram Sylvania hat in den USA jahrelang *union busting* betrieben, das dort gesetzlich erlaubte Ausgrenzen der Gewerkschaft mit dem Ziel, die selbständige Organisierung der Belegschaft zu verhindern. Dafür hat die US-Tochter viel Geld an Anwälte und spezialisierte Unternehmensberater gezahlt – letztlich erfolgreich. Nachdem eine nach US-Recht vorgeschriebene erste Abstimmung eine deutliche Mehrheit für die Gewerkschaft und für einen Tarifvertrag ergab, setzte das Unternehmen auf Zeit und lancierte dann nach fünfzehn Monaten und nach einer Gehirnwäsche der Belegschaft durch teure Unternehmensberater eine zweite Abstimmung: Diesmal fehlten der Gewerkschaft wenige Stimmen.

So weit der in den USA durchaus übliche Verlauf. Konfrontiert mit dem auch von Siemens unterschriebenen Global Compact und den anderen von Siemens behaupteten Normen, erklärte der oberste Osram-Chef in München, man habe in dieser Sache keinen Einfluss auf die US-Tochter. Die werde am berühmten »langen Arm« geführt. Es versteht sich aber von selbst, dass die Münchner Osram-Zentrale sofort durchgreift, wenn die US-Tochter nicht den budgetierten Gewinn abliefert.

Das Konzept von der gesellschaftlichen Verantwortung von Unternehmen ist ein untauglicher Ansatz, der enorme Energien von Regierungsinstitutionen, NGOs, Gewerkschaften, Wissenschaftlern und auch Unternehmen auffrisst. Nach einer Dekade eher weniger erfolgreicher Versuche muss man feststellen, dass dieser Ansatz keine Resultate produziert hat, die mit den Problemen Schritt halten. Der entscheidende Mangel dieses Konzepts: Es beruht auf Freiwilligkeit, es fehlt jeder rechtliche, mit Sanktionen bewehrte Zwang, dass die Unternehmen ihre Geschäftspraktiken verändern müssen.

Dafür haben diese Konzepte ganz neue Geschäftszweige entstehen lassen – von spezialisierten internationalisierten Anwaltskanzleien über Unternehmensberatungen bis zu Prüfgesellschaften wie den deutschen TÜV-Gesellschaften oder der amerikanischen Veritas. Die Kontrolle und Regulierung der Wirtschaft und der Unternehmen ist keine gesellschaftliche Aufgabe mehr, die von legitimierten und demokratisch kontrollierten staatlichen Institutionen wahrgenommen wird, sondern ein neues boomendes Geschäft geworden.

Besonders gut ist dafür die Konjunktur im boomenden Ostasien und in China. Audits mit anschließenden Zertifizierungen nach irgendwelchen Standards sind an der Tagesordnung. Für die Standards gibt es keine demokratische Legitimation, und niemand kontrolliert die Auditoren. Aber solche Zertifikate machen sich gut als Werbung.

Wie die Realität der Kontrollen in den südchinesischen Betrieben aussieht und wie es praktisch um die selbst proklamierte gesellschaftliche Verantwortung der internationalen Konzerne steht, habe ich Ende 2006 bei einer Konferenz im südchinesischen Perlflussdelta gelernt. Das Perlflussdelta zwischen Kanton und Hongkong in der südchinesischen Provinz Guangdong ist im wahrsten Sinne des Wortes die Fabrik der Welt: Ca. 80 Millionen Fabrikarbeiter und -arbeiterinnen, die meisten von ihnen Wanderarbeiter aus Chinas armen Inlandprovinzen, schuften hier meist bei chinesischen Sub-Sub-Unternehmern für alle namhaften Weltkonzerne in Industrie und im Handel. Die deutschen Handelskonzerne – ob Aldi, Metro oder Karstadt-Quelle – haben ihre wichtigsten Einkaufsabteilungen in dieser Region. Die deutsche Industrie hat hier auch eigene Fabriken. Und die globalen Brands von Adidas bis Puma und Timberland lassen hier produzieren.

Bei der Konferenz in Shenzhen bei Hongkong ging es um die gesellschaftliche Verantwortung von Unternehmen in den weltweiten Lieferketten. Gekommen waren nicht nur Vertreter globalisierungskritischer NGOs, von chinesischen und südasiatischen Gewerkschaften sowie chinesische Wanderarbeiter, sondern auch Repräsentanten von Weltkonzernen wie Karstadt-Quelle, Metro, H&M, Adidas, Nike, Disney, Carrefour, Levis sowie Legionen von CSR-Geschäftemachern und selbsternannten CSR-Auditoren.

Die Konferenz bot eine handfeste Lektion, wie sich die in den Konzernzentralen proklamierte gesellschaftliche Verantwortung der Unternehmen am Ende der globalen Lieferketten verflüchtigt hat – dort, wo 12 bis 16 Stunden täglich bei einem freien Tag im Monat (!) geschuftet wird. Die oft zitierten Normen und Standards werden praktisch nicht kontrolliert. Chinesische Vertreter berichteten, dass in der Privatwirtschaft unter dem Druck des Marktes die Arbeitsgesetze und Mindestnormen in der Regel nicht eingehalten werden. 95 Prozent der Beschäftigten der Privatindustrie machen mehr als 36 Überstunden pro Monat – unbezahlt bei offizieller 48-Stunden-Woche. In vielen Fabriken sind 100 Überstunden pro Monat üblich. Die Privatfirmen entrichten oft nicht einmal die minimalen Beiträge für Sozialversicherung oder Berufsgenossenschaften.

Die Markenfirmen und die großen Handelskonzerne haben die Kontrolle der Einhaltung der selbst auferlegten Standards im Arbeits- und Umweltschutz praktischerweise an Auditierungs- und Zertifizierungsfirmen ausgelagert. Aber die Auditoren werden nicht kontrolliert. Zwischen den Auditoren, die in die Fabriken gehen, und den Vertretern der Gewerkschaften in diesen Betrieben gibt es in der Regel keine Kontakte. Ein chinesischer Teilnehmer berichtete, dass in einer Fabrik der Auditor nach zwei Betriebsprüfungen ausgetauscht wurde. Grund: Er hatte grobe Verstöße gegen gesetzliche Normen festgestellt. Die Auditoren sollten besser unangemeldet und am besten nachts oder am Wochenende kommen, forderten daher die Vertreter chinesischer Wanderarbeiter.

Anwesende chinesische Subunternehmer demonstrierten eindrucksvoll, wie dieselben Konzerne und Markenartikler – z. B. Timberland – ihren Zulieferern in Preisverhandlungen Jahr für Jahr immer neue Konzessionen abpressen und sie gleichzeitig zur Einhaltung von Sozial- und Umweltstandards zwingen, was den ohnehin schon schmalen Profit noch weiter drückt. Wanderarbeiter berichteten, dass die kurzfristigen Orders der Konzerneinkäufer mitverantwortlich sind für die ständige unbezahlte Mehrarbeit, für 12- bis16-Stunden-Schichten, damit der Auftrag erledigt wird.

Denn die multinationalen Konzerne sind mit ihrer Produktion bzw. mit ihrer Lieferkette bewusst in Länder mit schwachen und willigen Regierungen und schwachen oder nicht vorhandenen Gewerkschaften gegangen. Ganz nach dem neoliberalen Credo: Möglichst wenig Staat! Möglichst wenig Regulierung! So wird der Erdball abgegrast auf der Suche nach verfügbaren billigen Arbeitskräften und möglichst kostenloser Infrastruktur.

Die Forderung der chinesischen Wanderarbeiter auf dieser Konferenz: Wenn die Multis ihre gesellschaftliche Verantwortung ernst nehmen, dann müssen sie für die gesamte Lieferkette mit allen Sub-Unternehmen Verantwortung übernehmen und deshalb für die Beschwerden und Probleme der Beschäftigten ihrer Lieferanten erreichbar sein, per Mail, Fax oder Helpline.

Raffgier und Bereicherung 8
Die Lüge von den Sachzwängen

»Das Problem mit dem Kapitalismus sind die Kapitalisten.
Sie sind so verdammt gierig.«
HERBERT H. HOOVER
US-Präsident 1929 bis 1933

Die Wahrheit über die Profiteure der Gewinnmaximierung

Wenn Unternehmen Arbeitsplätze abbauen oder verlagern, wenn sie Einkommen kürzen, dann begründen sie solche Brutalitäten in der Regel mit externen Faktoren, mit den Erfordernissen des Marktes – mit Sachzwängen. Wenn aber gleichzeitig auch höhere Dividenden ausgeschüttet werden und die Vorstandsbezüge kräftig steigen, dann ist das kein böser Wille, sondern ebenfalls den Marktgesetzen geschuldet.

Die Kernbotschaft der Manager lautet: Wir können nicht anders. Wir handeln in einem Systemzusammenhang, wir haben keine Alternativen. Letztlich sind die Entscheidungen zum Besten der Gesellschaft. Es gibt keine Profiteure der unternehmerischen Gewinnmaschine.

Besonders in Deutschland mit seiner langen Tradition eines gebändigten Kapitalismus, in dem noch jede Grausamkeit als sozialverträglich verkauft wird, in dem das Protzen mit krassem Reichtum noch immer verpönt ist, fehlt das Bewusstsein dafür, dass jede Entscheidung eines großen Unternehmens oder der Politik Gewinner und Verlierer hat: dass die einen sich systematisch bereichern, während die anderen ausgeplündert werden. Die Wahrheit ist: Der Kapitalismus hat Gesichter. Man nennt das Klassengesellschaft.

Das US-Wirtschaftsmagazin *Forbes* veröffentlicht alljährlich ein Trendbarometer über die Entwicklung des Reichtums der Plutokraten, der Dagobert Ducks auf dem Erdball. *Forbes* zählte im Sommer 2007 weltweit 946 Milliardäre. Ihr Gesamtvermögen betrug nach den Kalkulationen der Zeitschrift 2,5 Billionen oder 2500 Milliarden Euro – satte 35 Prozent mehr als im Vorjahr. Durch die Finanzkrise, die auch die Börsenkurse hat einbrechen lassen, fällt bei der nächsten *Forbes*-Statistik das Gesamtvermögen der Superreichen wahrscheinlich niedriger aus. 100 Milliardäre kommen nach den Berechnungen des Blatts inzwischen aus China. Vor zwei Jahren waren es erst vierzehn. Die Riesenvermögen der Reichsten sind in den letzten Jahren mit Jahresraten von 10 Prozent und mehr gewachsen.

Noch vor zehn Jahren registrierte *Forbes* erst 200 Milliardäre in der ganzen Welt. Die Globalisierung des modernen Kapitalismus hat zu einer explosionsartigen Vermehrung der Supervermögen geführt. Das neue goldene Zeitalter hat mit der Globalisierung, Deregulierung und der Privatisierung und Verschleuderung gesellschaftlichen Eigentums zu einer enormen Vermögenskonzentration geführt und die krasse Spaltung in Arme, Reiche und Superreiche weiter verschärft.

In Deutschland listet das *Manager-Magazin* jährlich die Milliardäre und Topmillionäre auf, insgesamt 300 an der Zahl. Aber immerhin 700 000 Einwohner haben mehr als 1 Million Euro auf der hohen Kante.

Die starke Zunahme der Reichen und Superreichen auf dem ganzen Erdball erfreut die Hersteller von Luxusgütern. Großbanken und Finanzkonzerne machen mit der Vermögensverwaltung viel Geld und erforschen und vermessen deshalb ihre Luxus-Klientel. So unterscheiden die Marktforscher der Unternehmensberatung Cap Gemini und der US-Investmentbank Merrill Lynch in *ihrem World Wealth Report*[52] zwischen den *ultra-high net worth individuals* – auf Deutsch etwa: Personen mit einem superhohen Nettovermögen, also die Superreichen – und den *high net worth individuals*, einem Personenkreis, der ein Nettovermögen von mehr als eine Million US-Dollar ohne Berücksichtigung selbstgenutzter Immobilien zur Verfügung hat. 9,5 Millionen Menschen auf der ganzen Welt – oder einer unter 700 Menschen auf dem Erdball – zählen die Marktforscher von Cap Gemini und Merrill Lynch zu diesen *high net worth individuals*, darunter 485 000 Briten und 798 000 Deutsche, immerhin 8,5 Prozent. Das Finanzvermögen dieser Gruppe der Vermögenden entspricht fast der Summe aller Werte, die in einem Jahr auf dem ganzen Erdball produziert werden. Allein 2006 stieg das Gesamtvermögen dieser Wohlhabenden um 11,4 Prozent auf 36,2 Billionen US-Dollar. Und zur Klasse der weltweit 85 400 Superreichen, der *ultra-high net worth individuals* mit mehr als 30 Millionen US-Dollar oder 22 Millionen Euro Bargeld zur persönlichen Verfügung (eine Definition von Cap Gemini und Merrill Lynch), gehörten etwa 20 000 Deutsche.

Für Rolls-Royce ist der Reichtumsfaktor ein wesentlicher Teil des Marktwachstums, erklärt der Chef von Rolls-Royce Motor Cars in Großbritannien, Ian Robertson. Rolls-Royce-Besitzer haben drei bis fünf Immobilien, davon eine oder zwei im Ausland. Sie besitzen sieben bis acht Autos, und 14 Prozent von ihnen haben einen Privatjet und 7 Prozent eine eigene Jacht. Die anderen Hersteller von Luxusgütern – ob die deutschen Premium-Autoproduzenten oder französische Konzerne wie LHMV mit ihren Edelmarken – können ebenfalls nicht klagen. Weil die Geschäfte der Superreichen und der Vermögenden auch in der Krise laufen, sind die Hersteller von Luxusgütern eine sichere Bank. An den Börsen halten sich die Aktien der Hersteller von Luxusgütern denn auch besser als andere Titel.

Der Volkswirt Ajay Kapur von der Citibank bezeichnet in einer Studie[53] die globale Ökonomie der Reichen und Superreichen mit dem Begriff Plutonomie. Die zugespitzte These von Kapur: Wenn ein immer größerer Teil des erwirtschafteten Nationaleinkommens und der Vermögen in den Händen eines winzigen Teils aller Haushalte konzentriert ist, dann ist der private Konsum, dann sind die Unternehmensgewinne und das Wirtschaftswachstum besonders stark abhängig vom Schicksal dieser Bevölkerungsgruppe. Je mehr die Wirtschaft wächst und je mehr die Gewinne und Vermögenspreise steigen, desto reicher wird diese winzige Bevölkerungsgruppe, und desto wichtiger ist sie für das Wachstum der Volkswirtschaft.

Kapur illustriert das anhand von Daten aus den USA: Im Jahr 2000 entfielen auf 1 Prozent aller Haushalte in den USA – das waren ca. 1 Million Haushalte – 20 Prozent aller US-Einkommen. Diese 1 Million Haushalte an der Spitze der Einkommensskala hatten damit zusammen fast so viel wie 60 Millionen Haushalte am unteren Ende der Skala. Die 1 Million Haushalte an der Spitze besaßen im Jahr 2000 33 Prozent des US-Nettovermögens inklusive Immobilien. Das ist mehr, als auf 90 Millionen US-Haushalte insgesamt entfiel. Die Spitzengruppe verfügte sogar über 40 Prozent des Finanzvermögens, mehr als 95 Prozent aller Haushalte zusammen. Deswegen – so die Schlussfolgerung von Kapur – ist für die Beurteilung der Wirtschaftsentwicklung und der Konjunktur die Analyse der obersten 1 Prozent besonders wichtig.

Für Kapur und andere Ökonomen liefert die Plutonomie auch die Erklärung, warum die USA bis 2007 schneller gewachsen sind als im langjährigen Durchschnitt – trotz höherer Ölpreise, steigender Staatsschuld und eines galoppierenden Handelsdefizits. Wachsende Einkommensunterschiede haben das schnelle Wachstum trotz wiederholter wirtschaftlicher Schocks angetrieben. Denn in einer Plutonomie sorgen hauptsächlich die Reichen und Superreichen für das Wirtschaftswachstum.

Die Konsequenz für Kapur von der Citibank: Es gibt keinen durchschnittlichen Verbraucher mehr. Vom Durchschnittsverbraucher ausgehende Analysen sind für ihn schon in ihren Grundannahmen falsch. Weil der private Verbrauch 65 Prozent der Weltwirtschaft ausmacht und weil eine schmale Schicht auf der Welt dominiert, konsumiert und prasst, sind die Reichen und Superreichen der Schlüssel für das wirtschaftliche Wohlergehen. In Kapurs Sicht sorgen sie dafür, dass die Wirtschaft brummt. Während sie prassen und kaufen, hat der große Rest wenigstens Arbeit und etwas zu essen. Logische Folge: Eine nachfrageorientierte Wirtschaftspolitik, die über die Steigerung der Massenkaufkraft die Wirtschaft zu stimulieren sucht, ist zwar sozial gerechter, aber wirtschaftlich eher wirkungslos – wegen der ungeheuren Einkommens- und Vermögenskonzentration in den Händen von wenigen.

Für Kapur sind die USA, Großbritannien und Kanada die »Schlüssel-Plutonomien«, deren Wirtschaft von den reichen Eliten angetrieben wird. Dort ist das Vermögen der Reichen seit den frühen achtziger Jahren geradezu explodiert, gefördert durch dem Kapital freundlich gesinnte Regierungen, entsprechende Steuergesetze etc. Die Eurozone und Japan bleiben für Kapur in der Entwicklung zur Plutonomie zurück, sie weisen noch eine gleichmäßigere Verteilung des Reichtums auf. Dagegen wachse die Plutonomie in Osteuropa, Russland, China und Indien immer stärker.

»Hinter jedem großen Vermögen steht ein Verbrechen«

Der britische Ökonom Adam Smith hielt Gier und Eigennutz für den Motor der Wirtschaft: »Nicht vom Wohlwollen des Metzgers, Brauers, Bäckers erwarten wir das, was wir zum Essen brauchen, sondern davon, dass sie ihre eigenen Interessen wahrnehmen.« Die unsichtbare Hand des Marktes sorgt also dafür, dass die Verfolgung der eigenen Interessen letztlich allen zugutekommt und damit der Gesellschaft nützt.

Bekanntlich lässt sich Reichtum und Bereicherung im Kapitalismus nicht verbieten. Wer mehr und härter arbeitet und talentierter ist, soll auch mehr verdienen. Andererseits ist es die alltägliche Erfahrung, dass durch Arbeit niemand reich wird. Auch eine gute Ausbildung macht nicht reich, sondern erhöht nur die Chancen auf ein auskömmliches Einkommen.

Es muss also andere Rezepte geben für den Weg zum Reichtum, zum großen Vermögen. Dazu gehört das Glück, der Zufall, zur richtigen Zeit mit dem richtigen Produkt oder der richtigen Idee am richtigen Platz zu sein. So wie Bill Gates, der mit Microsoft ein Wegbereiter neuer Technologien war. Am Anfang stand ein selbstentwickeltes Softwareprogramm. Der glückliche Zufall wollte, dass IBM für den neu entwickelten Personalcomputer solch ein Programm brauchte und dass Gates die Rechte an dem Programm behalten durfte. Aber Entwicklungen und Erfindungen haben auch Millionen andere gemacht. Die sind dadurch nicht reich, geschweige denn zu Milliardären geworden.

Warum Bill Gates? Gates und die anderen Mitgründer von Microsoft haben nicht nach den Regeln gespielt – den Regeln des fairen Wettbewerbs. Sie haben frühzeitig ihre Vormachtstellung beim PC-Betriebssystem ausgenutzt, um ein Software-Monopol rund um den PC und darüber hinaus aufzubauen. Microsoft hat systematisch Konkurrenten verdrängt und vernichtet – mit allen erlaubten und unerlaubten Tricks. Das Antitrust-Verfahren in den USA und die Verfahren der EU-Kartellbehörden gegen Microsoft sollten das Unternehmen nachträglich zur Einhaltung marktwirtschaftlicher Spielregeln zwingen. Ob das Wirken von Bill Gates bei der Verfolgung seines Eigeninteresses echten gesellschaftlichen Nutzen gebracht hat, darüber sind die Meinungen geteilt. Das gilt auch für die technischen Weichenstellungen, die Microsoft vorgegeben hat.

Die deutschen Gebrüder Albrecht, die Eigentümer von Aldi – oder Herr Schwarz aus Neckarsulm, der Eigentümer von Lidl – waren Wegbereiter für neue Verteilungs- und Discount-Preissysteme im Einzelhandel in Deutschland und Europa. Sie sind mit dieser Handelsidee groß geworden und in die Weltliga der Superreichen aufgestiegen, weil sie ihre Macht- und Monopolposition gnadenlos ausnutzen – gegenüber ihren Lieferanten, z. B. den Milchbauern, und gegenüber ihren Beschäftigten. Die Regeln des fairen Wettbewerbs, das Geschäftsgebaren ehrbarer Kaufleute, gehören nicht zu den Geschäftspraktiken dieser Discounter.

Bei den Glücksrittern der globalen Finanzindustrie sind

die Quellen des plötzlichen Reichtums klar: nackte Gier, gepaart mit Spekulation und manchmal auch krimineller Energie. Wenn ein Hedgefonds-Manager zum richtigen Zeitpunkt auf fallende Preise wettet und Millionen aus seiner Wette einstreicht, dann hat sein plötzlicher Reichtum nichts mit eigener Leistung oder einem Beitrag zum Nutzen der Gesellschaft zu tun. Auch die Partner aus der Private-Equity-Branche, die mit geliehenem Geld Firmen aufkaufen, den übernommenen Firmen die Schulden aufdrücken und sie anschließend zerlegen und weiterverkaufen und damit zig Millionen verdienen, haben weder etwas Besonderes geleistet noch einen Nutzen für die Gesellschaft erbracht. Ihr Egoismus, ihre maßlose Gier zerstören vielmehr gesellschaftliche Werte, vernichten Sachanlagen und Existenzen.

In einschlägigen Biographien erfolgreicher Unternehmer wimmelt es von Hinweisen auf den besonderen Fleiß, die Tatkraft und die innovativen Ideen dieser Erfolgsmenschen. Dass der Ursprung ihres Vermögens oft entstanden ist, weil sie nicht nach den Regeln gespielt haben, sich auf Kosten anderer bereichert haben und dabei teilweise kriminelle Mittel eingesetzt haben, wird meist unterschlagen. In Deutschland sind die Ursprünge vieler Milliardenvermögen nicht mehr im öffentlichen Gedächtnis, weil sie meistens vor 1945 oder kurz danach entstanden sind. Viele heutige Vermögensmilliardäre sind Erben, die mit dem Ursprung des Reichtums nichts zu tun haben.

»Hinter jedem großen Vermögen steht ein Verbrechen.« Dieser pointierte Satz von Honoré de Balzac aus seinem Roman *Geld*, erstmals erschienen 1876, ist hierzulande in Vergessenheit geraten. Denn neue große Vermögen entstehen typischerweise zu Zeiten großer gesellschaftlicher Umbrüche. Die sind in Deutschland und Westeuropa lange vorbei. Balzac beschrieb Karrieren, die in der nachnapoleonischen Zeit an der Börse und den Banken in einem gesellschaftlichen Klima des »Enrichez-vous!«, des »Bereichert euch!« begannen.

Superreich durch Privatisierungen und Enteignungen

Dagegen sind in den Ländern, die erst vor kurzem in die Galaxie des Turbokapitalismus geschleudert wurden und wo der gesellschaftliche Reichtum früher vor allem im Staatsbesitz war, die kriminellen Ursprünge des unermesslichen Reichtums Einzelner in einem Meer von Armut noch sehr präsent – so in Mexiko oder Russland. Als in den neunziger Jahren in Russland die Privatisierung im großen Stil durchgeführt wurde, nutzten die heutigen russischen Oligarchen ihre Verbindungen zu den alten Freunden im Kreml für Deals, die ihnen den Kauf ehemaliger staatlicher Industriekomplexe und Chemiewerke zu einem Bruchteil ihres wirklichen Wertes ermöglichten. 1995 gelang es dem später bei Putin in Ungnade gefallenen Oligarchen Chodorkowski zum Beispiel, dem Staat für 300 Millionen Dollar Jukos abzukaufen. Der Marktwert dieses Konzerns lag 2002 bei geschätzten 30 Milliarden – dem 100-Fachen des Kaufpreises. Auf diese Weise fielen etwa 70 Prozent des Reichtums der ehemaligen Sowjetunion in den Privatbesitz von kaum einem Dutzend Personen. Damit verbunden waren auch die massenhafte Stilllegung von Industriebetrieben, die Vernichtung von Millionen von Arbeitsplätzen und der Transfer von mehreren hundert Milliarden Dollar ins Ausland.

Mexikos Superreiche prassen dank staatlicher Konzessionen. 2007 waren zehn Mexikaner in der *Forbes*-Liste der 946

Milliardäre. Das ist nicht ungewöhnlich für ein Land mit 100 Millionen Einwohnern, das mit 1,6 Prozent an der Weltwirtschaft beteiligt ist. Der Mexikaner Carlos Slim Helu ist nach der *Forbes*-Liste mit einem Vermögen von 59 Milliarden US-Dollar sogar der reichste Mann der Welt.

Aber erst aus der richtigen Perspektive gewinnt der Reichtum von Carlos Slim die richtige Dimension: Er beträgt 7 Prozent der gesamten Güter- und Dienstleistungsproduktion von Mexiko. Bill Gates Vermögen von 58 Milliarden US-Dollar macht dagegen nur 0,5 Prozent der US-Wirtschaftsleistung aus. Slim ist mit seinem Einfluss und seiner Macht in Mexiko reicher als früher die neun größten Räuberbarone der US-Wirtschaftsgeschichte zusammen – John D. Rockefeller, Cornelius Vanderbilt, John J. Astor, Andrew Carnegie, Alexander Stewart, Frederick Weyerhaeuser, Jay Gould and Marshall Field.

Wie die russischen Oligarchen von Abramowitsch über Beresowski bis zu Vexelberg legte auch Slim den Grundstein für sein Vermögen, als er bei der Privatisierung von Staatseigentum seine guten Kontakte zur Politik nutzte und ein Teil des Staatsvermögens zum Schleuderpreis bekam. Das ist vielleicht im juristischen Sinn nicht kriminell, aber ein Verbrechen gegenüber der Bevölkerung, die dieses Staatsvermögen erarbeitet und dafür Steuern gezahlt hat. Weite Teile der mexikanischen Wirtschaft, vom Fernsehen bis zu Tortillas, werden von Monopolen oder Oligopolen kontrolliert. Die meisten Milliardenvermögen entstanden bei der Privatisierung von Staatsfirmen in den neunziger Jahren.

Außerdem ist Slim ein Monopolist. Darin gleicht er übrigens Bill Gates, der jetzt »nur noch« der zweitreichste Mensch auf dem Erdball ist. Monopole sind ein fundamentaler Verstoß gegen das Funktionieren freier Märkte. 1990 verkaufte der damalige mexikanische Präsident Carlos Salinas, ein Freund von Slim, die nationale Telefongesellschaft Telmex an ihn mit der Zusage, das Telefonmonopol für weitere Jahre zu garantieren. Außerdem bekam Telmex die einzige landesweite Mobilfunklizenz. Als schließlich Konkurrenz zugelassen wurde, hielt Telmex diese sehr geschickt und dank der politischen Netzwerke von Slim auf Abstand. Heute kontrolliert der Konzern nach wie vor 90 Prozent des Festnetzes und fast drei Viertel des Mobilfunkmarktes.

Monopole sind Gelddruckmaschinen. Slim kaufte mit dem Geld zahllose Firmen in Mexiko und Lateinamerika zusammen. Er ist überall in Lateinamerika im Mobilfunkgeschäft. Ein Mexikaner kann keinen Tag leben, ohne Geld bei Slim abzuliefern. Und Mexiko hat für Slims Monopol teuer bezahlt: Weil die Telmex-Monopoldienstleistungen so teuer sind, kamen 2005 in Mexiko auf 100 Einwohner nur zwanzig Telefonanschlüsse. Weniger als die Hälfte hat ein Handy, nur 9 Prozent haben Internet-Zugang. Im Jahr 2000 hat der frühere Präsident Vicente Fox einen Telmex-Manager zum Telekommunikationsminister gemacht.

Von »marktgerechten« Löhnen und Millionen für Vorstandsfürsten

»Seit wann wird denn ein Vorstand nach Stunden bezahlt? Auch bei einer Julia Roberts wird es niemandem einfallen, den Stundenlohn auszurechnen.« Dieses denkwürdige Zitat stammt von Porsche-Chef Wendelin Wiedeking im Zusammenhang mit der Kritik an seinem Jahresverdienst von 56 Millionen Euro. Hintergrund: So mancher Konzernvorstand vergleicht sich gern mit den Topstars im Showgeschäft und im Sport. Denn nach ihrem Selbstverständnis sind die Topmanager ebenfalls Superstars. Ihre Beschäftigten in der Produktion oder der Entwicklung sind dagegen schon lange keine Bezugsgröße mehr für die Einkommen. Nur: Anders als bei Hollywood-Stars oder Fußballprofis bestimmt nicht der Markt den Preis für deutsche Manager. Die berufen sich zwar gerne darauf, dass ihre US-Kollegen ähnlich teuer bezahlt werden, und schafften es 2008 erstmals weltweit an die Spitze bei den Festbezügen. Aber anders als beim Profisport ist unter Managern noch kein Fall von Abwerbung mit hohen Ablösesummen bekannt geworden. Der Markt für Manager ist eine Fiktion. Nicht der Markt, sondern der Eigentümer oder in der Aktiengesellschaft der Aufsichtsrat entscheidet über das Honorar für die Manager. Wenn die Managerhonorare im Verhältnis zu den Durchschnittslöhnen explodiert sind, liegt das nicht daran, dass plötzlich die deutschen Manager besonders knapp geworden sind.

Es liegt vielmehr an dem herrschenden Klima der besonderen Förderung von Eliten und sogenannten »Leistungsträgern« – ein idealer Nährboden für die Raffgier in den Vorstandsetagen. Deswegen sind die Debatten von Politikern um die Begrenzung von Vorstandsgehältern heuchlerisch, weil die Politik alles getan hat bis hin zur Senkung der Spitzensteuersätze, um Manager zu pflegen wie eine vom Aussterben bedrohte Spezies. Wichtiger noch: Wenn in Deutschland jede Vollzeit-Arbeit so bezahlt würde, dass sie zum Leben reichte, dann würde es wenig Aufregung um mehr oder weniger überzogene Vorstandshonorare geben.

Denn im Kern geht es darum, dass in einer arbeitsteiligen Gesellschaft alle Arbeitenden am Ergebnis der Arbeitsteilung so partizipieren, dass sie ohne staatliche Hilfe leben können.

Am Produktivitätsfortschritt müssen alle beteiligt werden, will man die Arbeitsteilung nicht fundamental in Frage stellen.

Eigentlich gilt im Wirtschafts- und Arbeitsleben die Devise, dass die persönliche Leistung das Einkommen bestimmt. Danach sind die tariflichen und ebenso die außertariflichen Einkommenssysteme gestrickt. Das Leistungsprinzip basiert auf der prinzipiellen Vergleichbarkeit von menschlicher Arbeit, von einzelnen Tätigkeiten. Die Spannweite, wie weit die Einkünfte etwa in einem Unternehmen oder in einer Branche unter Beachtung des Leistungsprinzips auseinanderklaffen dürfen, ist auch immer eine politische Frage, wobei Interessen, Kräfteverhältnisse etc. aufeinanderstoßen. Aber noch in den ausgetüfteltsten Eingruppierungs- und Beurteilungssystemen, so bei der in US-Konzernen beliebten jährlichen Suche nach *low performern* (vgl. Kap. 3), ist der Leistungsbegriff und damit die prinzipielle Vergleichbarkeit der Tätigkeiten die Grundlage.

Doch wie auch immer die Bandbreite zwischen den höchsten und den niedrigsten Löhnen und Gehältern in einer Organisation angesetzt wird: Man kann nicht mehr von »Leistungsgerechtigkeit« sprechen, wenn Vorstände Jahreseinkommen kassieren, die zwischen dem 50-Fachen und 1000-Fachen eines durchschnittlichen Arbeitseinkommens liegen. Mit dieser Gier haben die Vorstände der Dax-Konzerne und ihre noch geldhungrigeren Kollegen in den USA und Großbritannien den Leistungsbegriff zerstört. Nach einem Bericht des amerikanischen Institute for Policy Studies lag 2004 das Verhältnis von Vorstandsgehältern zum Durchschnittslohn eines Arbeiters bei 431 zu 1. Hätten sich die US-Mindestlöhne von 1990 bis 2004 ebenso entwickelt wie die Vorstandsbezüge, dann würde der gesetzliche Mindestlohn 23,03 US-Dollar statt 5,15 US-Dollar die Stunde betragen.

Seit Jahren haben gerade Konzernvorstände und von ihnen bezahlte Wissenschaftler und Politiker gepredigt, dass in Deutschland Schluss mit der Gleichmacherei sein sollte, dass Leistung sich wieder lohnen muss. Diese Debatten hatten von vornherein eine ideologische Schlagseite: Sie sollten nicht etwa eine Neubewertung der Arbeit anstoßen. Es ging nicht um eine Diskussion, was eigentlich in Zeiten des Internet noch schwere, belastende Arbeit ist – z. B. viele unbezahlte Überstunden in Kliniken oder Nacht- und Schichtdienst. Es ging den Eiferern im Arbeitgeberlager auch nicht um Leistung im Sinne von mehr oder weniger schwerer geistiger oder körperlicher Arbeit. Sondern es ging ihnen nur um die Leistung, die in Euro und Cent messbar ist. Das Leistungsprinzip wurde marktkonform gemacht. Der entscheidende Maßstab von Leistung ist heute der Erfolg im Wettbewerb, im Markt. Marktpreise können aber ins Unermessliche steigen oder auch fallen, es gibt keine eingebauten Stopp-Regeln. Das gilt für die Vorstandsbezüge ebenso wie für den Niedrigstlohn eines Leiharbeiters. Doch damit ist das Leistungsprinzip faktisch ausgehöhlt.

Der praktische Zweck dieser Debatten war der Abbau des Sozialstaates und eine massive Lohnsenkung bei der einfachen, gering qualifizierten Arbeit. Das Ganze hat durch Ausdehnung auf Bereiche mit bislang anderen Normen bekanntlich erfolgreich funktioniert. Das Bedürftigkeitsprinzip des Sozialstaats gilt inzwischen als leistungsfeindlich. Die Tatsache, dass auch bei Vollzeitarbeit viele Löhne heute nicht mehr zum Leben reichen, und die gegenwärtige Mindestlohndebatte belegen den Erfolg dieser Intervention mit sozialer Schieflage. Leistung gilt heute als Pflicht, ohne Leistung gibt es keine öffentlichen Leistungen mehr. Leistung ist zur Pflicht der Verlierer geworden.

Für die Gewinner im modernen Anlegerkapitalismus sind Leistungskategorien freilich nicht mehr relevant, wenn es um den eigenen Vorteil geht. Der Leistungsbegriff impliziert Vergleichbarkeit, setzt die eigene Leistung in Relation zur Leistung anderer. Doch jetzt sind Einzigartigkeit wie bei Stars, Selbstverantwortung und Eigeninitiative die neuen Leitbilder der gierigen Spitzenverdiener. Der Vorteil: Dabei gibt es keine Grenzen nach oben und auch keine Vergleichbarkeit.

Für die Vorstandsfürsten gelten heute wie für die Fürsten der Feudalzeit andere Normen als für das gemeine Volk. Dieser ökonomische Neo-Feudalismus paart sich mit einem Kult der demonstrativen Verschwendung, der Zurschaustellung verschwenderischen Reichtums. Es ist bezeichnend, dass die Normsysteme der Unterschicht und der Wirtschaftseliten sich im Starkult und in der Entkoppelung von persönlicher Leistung und Bezahlung decken. Das Ganze ist zutiefst unbürgerlich und geht gegen den Kern einer demokratischen Gesellschaft, in der jedermann gleich vor dem Gesetz ist und gleiche Chancen hat. Eine demokratische Gesellschaft kann das nicht akzeptieren.

Im Jahr 2007 haben die Vorstände der Dax-Unternehmen im Durchschnitt 17,5 Prozent mehr als im Vorjahr kassiert. Ob sie es verdient haben, ist eine ganz andere Frage. Die Bruttoeinkommen aus unselbständiger Arbeit sind 2007 um ganze 2,1 Prozent gestiegen. Damit setzt sich der Trend der Vorjahre weiter fort: Die Einkommen der Topmanager werden immer weiter von der allgemeinen Einkommensentwicklung entkoppelt. Vorstandsvergütungen kennen im Wesentlichen nur eine Richtung: nach oben. Vorstandsvergütungen steigen bei Erfolg – aber oft auch bei Misserfolg.

Offiziell sind die Vorstandsbezüge auch in Deutschland inzwischen zum großen Teil an den Geschäftserfolg gekoppelt.

Der fixe Vergütungsanteil ist meist kleiner als das Restpaket aus Bonus, Aktienoptionen etc., das erfolgsabhängig ist. Doch was ist Erfolg? Meist ist der Maßstab für den Geschäftserfolg sehr kurzfristig. Und oft werden die Maßstäbe im laufenden Rennen verändert – natürlich zugunsten des Vorstands. Das ist, als würde mitten im Fußballspiel einfach das Tor verkleinert werden.

Die US-Vorstände, Vorbilder für die deutschen Bosse, sind besonders kreativ. So hat der Vorstandschef der News Corporation eine Vereinbarung ausgehandelt, nach der er auch dann einen Bonus bekommt, wenn der ausgewiesene Gewinn pro Aktie fällt. Der Trick: Die Ziele für die Erreichung eines Bonus bestehen oft aus einer ganzen Liste von Kenngrößen, aus der der Aufsichtsrat oder der Personalausschuss je nach Bedarf und zum Wohle des Vorstands auswählen kann: Umsatz, Gewinn, Börsenkurs, Cashflow, Lagerbestand, Kapitalausgaben etc. So können die Vorstandsvergütungen bei Erfolg wie bei Misserfolg steigen.

Die Versicherungsgesellschaft Assurant in New York kann die Boni für die Vorstände außerordentlichen Ereignissen anpassen. Zu »außerordentlichen« Ereignissen gehören durchaus Geschäftsvorgänge wie »Akquisitionen und Geschäftsfeldverkäufe, Verfahrenskosten, Steuererstattungen, Veränderungen in der Rechnungslegung, Bewertung von Vermögensgegenständen, Restrukturierungen«. Im Jahr 2004 rechnete das Unternehmen bei der Ermittlung der Vorstandsboni die Verluste aufgrund von Hurrikan-Schäden an der US-Ostküste aus der Gewinnberechnung heraus. Ergebnis: Die Boni waren plötzlich viermal so hoch wie bei Einbeziehung der Schäden. Dagegen kann kein Aktionär den Wert seines Aktienportfolios durch Rausrechnung der Hurrikan-Schäden verbessern, und ganz sicher sind die Bezahlungen der Versicherungsangestellten aufgrund der Schadensfälle nicht gestiegen. Ein anderer Trick zur Bonus-Optimierung ist die optische Verbesserung des Ergebnisses der normalen Geschäftstätigkeit, indem zum Beispiel regelmäßige Vertriebs- und Verwaltungskosten einfach als Restrukturierungsaufwand verbucht werden.

Kaum zu fassen, aber wahr: Die Gier mancher Vorstände geht so weit, dass es auch schon einen Bonus bei Einhaltung der Gesetze und US-Börsenvorschriften gibt.

Ein freudiges Ereignis, was das persönliche Vermögen angeht, ist für Unternehmensvorstände in der Regel auch die Übernahme durch ein anderes Unternehmen. In Deutschland ist das lukrative Schicksal des früheren Mannesmann-Mobilfunk-Chefs Klaus Esser bestens bekannt, der nach der feindlichen Übernahme durch Vodafone 50 Millionen DM kassiert haben soll und heute als Partner des Finanzinvestors General Atlantic Firmen kauft und weiterverkauft. Vorstände lieben Übernahmen wegen der lukrativen Abfindungen. Sie können dabei richtig Kasse machen. Dank Change-of-Control-Klauseln in ihren Arbeitsverträgen bekommen sie eine Abfindung. Und wer »aus gutem Grund« seine alte Firma verlässt, bekommt weitere Millionen. Solche Klauseln in den Arbeitsverträgen sind auch den meisten Aufsichtsräten nicht bekannt, den Aktionären sowieso nicht.

Dazu kommen oft noch lukrative Zutaten. Zuerst die Abfindung, oft das dreifache Jahresgehalt plus Bonus. Dazu Ausübungsrechte auf Aktien. Dann mehrere Jahre Pensionszahlungen, Gesundheitsversorgung und der Barwert sonstiger Vergünstigungen wie Firmenjet, Golfclub, Büro und Sekretariat etc. – alles bar auf die Hand ausgezahlt. Und außerdem basieren die Rentenansprüche oft auf der hohen Abfindung.

Natürlich sind auf den Gesamtbetrag Steuern zu zahlen. Aber die meisten Kontrakte sehen vor, dass die Firma die Steuerzahlungen übernimmt. In den USA ist schon eine größere Übernahme gescheitert, weil die Kosten für die Steuerzahlungen der Vorstände 100 Millionen Euro übertrafen.

Wie raffgierige Banker die Finanzkrise verursacht haben

»Was haben sie geraucht?«, heißt es auf einem Titelblatt des US-Wirtschaftsmagazins *Fortune* im Herbst 2007. Darunter sind die Fotos der gefallenen Bankenkönige der Wall Street abgebildet – zusammen mit den Summen, die sie verzockt haben. Die Bankenkönige waren »high«, und mit ihnen die Heerscharen von angestellten Investmentbankern und Händlern in New York, London, Frankfurt etc. Sie waren auf der Droge Raffgier, wurden mit hohen Prämien belohnt und haben auf der Jagd nach dem schnellen Dollar oder Euro ganze Gesellschaften in Geiselhaft genommen.[54] Die können gar nicht anders, als das Bankensystem zu retten. Denn das Geldgewerbe nimmt in einer Marktwirtschaft eine besondere Rolle ein. Eine Krise in der Autobranche oder der Chemieindustrie ist eingrenzbar. Eine Erschütterung des Bankensystems aber trifft alle und kann sogar das politische Gefüge zum Einsturz bringen, wie 1929 und die Folgen bewiesen haben.

2006 bekamen die Exvorstände der Banken Merrill Lynch und Citigroup in den USA 48 Millionen bzw. 25,6 Millionen US-Dollar. Aber auch als der Firmenerfolg sich im Nachhinein als getürkt herausstellte, behielten sie das Geld. Dem Wirtschaftsdienst Bloomberg zufolge haben die Top-Investmentfirmen der Wall Street für 2007 an ihre Mitarbeiter 38 Milliarden US-Dollar an Boni gezahlt, die größte Bonussumme, die jemals den Besitzer wechselte. Folge: Auf der Jagd nach dem schnellen Geld wurden immer höhere Risiken eingegangen bis hin zum Betrug.

Auch für die Sachsen LB drehte ein Investmentbanker das große Rad. Er spekulierte mit Briefkastenfirmen in Irland, verdiente Millionen, setzte sich rechtzeitig ab und hinterließ den Steuerzahlern die Rechnung (*Capital* 24, 2007). 2007 saß die Sachsen LB auf über 30 Milliarden Euro an großteils unverkäuflichen Wertpapieren.

Da die irische Tochter der sächsischen Bank zu wenig Eigenkapital für das große Rad hatte, besorgte sich der Investmentbanker bei seinen Bossen in Leipzig eine »harte Patronatserklärung«, nach der die Landesbank dafür sorgt, dass ihre irische Tochter Sachsen LB Europe stets in der Lage ist, allen Verbindlichkeiten fristgerecht nachzukommen.

Ein Persilschein – gut für ein allerbestes Rating, denn im Ernstfall bürgt der Steuerzahler. Mit einem Trick sorgten die Bankjuristen dafür, dass die Geschäfte nicht über die Bücher der Sachsen LB Europe und der Sachsen LB liefen. Dafür war das Eigenkapital zu gering. Also wurden formell selbständige Briefkastenfirmen gegründet, deren Aktien ein Treuhänder über eine angeblich gemeinnützige Stiftung hielt. So tauchten die spekulativen Geschäfte nicht in den Büchern auf, ein klarer Verstoß gegen die Bilanzvorschriften, denen zufolge Beziehungen zu nahe stehenden Unternehmen berichtet werden müssen.

Aber die Spekulation konnte beginnen: Die Sachsen LB Europe kaufte von Investmentbanken langfristige forderungsbesicherte Wertpapiere. Die waren durch Pakete mit zigtausend Hypotheken unterschiedlicher Qualität und Fälligkeit besichert. Zur Refinanzierung verkaufte die Sachsen LB Europe wiederum Anleihen mit kurzer Laufzeit, die mit den forderungsbesicherten Wertpapieren unterlegt waren. Dazu kamen kurzfristige Kredite.

Der Gewinn liegt in der Zinsdifferenz zwischen Anleihen und kurzfristigen Krediten. Das Ganze basierte darauf, dass erstens die Wertpapiere tatsächlich werthaltig waren und dass zweitens Geld billig war. Aber die Papiere – mit Schrotthypotheken unterlegt – will heute keiner mehr haben. Und die Zeiten billigen Kredits sind vorbei.

Dabei war der Zusammenbruch des US-Häusermarktes lange vorhersehbar. Der US-Volkswirt und Nobelpreisträger Paul Krugman analysierte schon im August 2005: »Heute verdienen Amerikaner ihren Lebensunterhalt, indem sie sich gegenseitig ihre Häuser teurer verkaufen, die sie mit von den Chinesen geborgtem Geld bezahlt haben. Das ist irgendwie kein nachhaltiger Lebensstil.«

Raffgier und unermessliche Bereicherung stecken auch hinter dem Geschäft mit den Armen in den USA, denen für den Traum vom eigenen Haus überteuerte Hypotheken angedreht wurden, die sie niemals zurückzahlen konnten. Der frühere Chef des größten US-Hypothekenhändlers Countrywide Financial wurde noch 2007 als der Mann gepriesen, der auch armen Amerikanern zum eigenen Haus verhilft.

Countrywide Financial entwickelte ein cleveres Modell, wie man Leuten, die wenig haben, auch noch das letzte Hemd auszieht: Die Firma verkaufte meist teure und langfristig ungünstige Hypotheken mit besonders hohen Gebühren. Riskante Hypothekenprodukte – mit variablem Zins und die ersten zwei Jahre zins- und tilgungsfrei – gingen vorzugsweise an die Zielgruppe, die am wenigsten davon verstand. Die armen Kunden wurden über den Tisch gezogen.

Bei dieser Nummer hat vor allem der Boss von Countrywide, Angelo Mozilo, glänzend verdient. 2006 kassierte er sagenhafte 142 Millionen US-Dollar und war damit die Nummer sieben unter den bestbezahlten US-Vorständen. Während er dafür sorgte, dass ab Ende 2006 Countrywide eigene Aktien zurückkaufte und damit den Börsenkurs stabilisierte, machte er selbst Kasse: Bis August 2007 – kurz bevor bekannt wurde, wie tief Countrywide in der Subprime-Krise steckte – hatte er Countrywide-Aktien im Wert von 138 Millionen US-Dollar verkauft.

Warum Fondsmanager Millionen kassieren und weniger Steuern zahlen als ihre Putzfrau

Die im Turbokapitalismus als unternehmerischer Dienst an der Gesellschaft geadelte Raffgier der Reichen wird aktuell noch getoppt von den Königen der Private-Equity-Branche und der Hedgefonds, die die anlagesuchenden Reichtümer der Plutokraten aggressiv vermehren, dafür königliche Tantiemen einstreichen und in die Champions League der Superreichen aufsteigen.[55]

Wie viel Geld bei den Hedgefonds und in der Private-Equity-Branche gemacht wird, ist in der Regel nicht besonders transparent. Aber der Börsenprospekt der Fortress Investment Group, die 26 Milliarden US-Dollar durch die Ausgabe von Aktien kassieren will, gibt Auskunft. Fortress hat in Deutschland große Wohnungsbestände gekauft. Der Prospekt setzt den Wert der Firma bei 7,5 Milliarden US-Dollar an. Es werden keine individuellen Gehälter genannt. Aber Vermögensverwaltung ist offenbar außerordentlich profitabel, denn allein im ersten Halbjahr 2006 verdiente Fortress mit 500 Angestellten 88 Millionen US-Dollar bei einem Umsatz von 877 Millionen US-Dollar. Dazu kamen Gebühren für die von Fortress gemanagten Fonds in Höhe von 185 Millionen US-Dollar. Umgerechnet auf jeden Fortress-Beschäftigten sind das 673 000 US-Dollar auf Jahresbasis. Die von Fortress aufgelegten und gemanagten Private-Equity-Fonds machten 2006 38,8 Prozent Gewinn. Durch den Börsengang werden die fünf Prinzipale von Fortress, die durch die Entwicklung ihrer Fonds schon sehr reich sind, zu Milliardären. Sie haben 500 Millionen US-Dollar in den Fonds investiert. Wenn Fortress 10 Prozent der Anteile an die Börse bringt, bekommen sie zusammen 6,8 Milliarden US-Dollar.

2006 steckten die zwanzig höchstbezahlten Fondsmanager in den USA pro Person im Durchschnitt 658 Millionen US-Dollar in die Tasche. Allein die Vorstände von Private-Equity-Firmen, eine Gruppe von tausend oder wenigen tausend Individuen, haben von 2001 bis 2006 45 Milliarden US-Dollar einkassiert – pro Kopf zwischen 100 und 400 Millionen. Und 2006 verdienten die 25 Toppleute aus der Branche über 10 Milliarden US-Dollar, die mit 15 Prozent besteuert werden. Damit kassierten diese 25 zusammen dreimal so viel wie alle 80 000 Lehrer an den Schulen in New York City. Aber: Sie zahlen schätzungsweise nur die Hälfte oder ein Drittel des Steuersatzes, den ein Lehrer zahlt.

Die Branche der Finanzinvestoren ist fest in den Händen von Alpha-Tieren – auch in Deutschland. Unvorstellbar reich sind die Topmanager von Private-Equity-Gesellschaften, verglichen mit dem deutschen Durchschnittsverdiener. Allerdings nicht von Anfang an. Aber langfristig lohnt sich der Einsatz. Grundsätzlich bekommt ein Manager bei einem Private-Equity-Fonds ein Grundgehalt und einen erfolgsabhängigen Bonus. Diese Kosten bestreitet die Fondsgesellschaft aus der sogenannten Managementgebühr von 1,5 bis 2 Prozent der Fondssumme, die sie ihren Investoren für die Verwaltung der Gelder in Rechnung stellt. Bei den großen Fonds kommen da kräftige Summen zusammen. Der Finanzinvestor Carlyle beispielsweise, der in Deutschland unter anderem beim Autozulieferer Edscha investiert hat, dürfte bei knapp 60 Milliarden Dollar an verwalteten Geldern allein aus der Managementgebühr auf Einnahmen von mindestens 900 Millionen Dollar pro Jahr kommen – unabhängig vom Erfolg. Und trotz wachsenden Fondsvolumens blieben die Teams, die sich das Geld teilen, ungefähr gleich. Darüber hinaus werden die Private-Equity-Manager am Gewinn ihrer Investments beteiligt. Die Gewinnbeteiligung beträgt fast überall in der Branche 20 Prozent und wird nicht mit dem persönlichen Steuersatz der Fondsmanager besteuert, sondern wesentlich niedriger, nämlich wie eine spekulative Geldanlage nach dem sogenannten Halbeinkünfteverfahren. Dabei haben die Fondsmanager meist kein eigenes Geld investiert.

Der Streit um die persönliche Besteuerung der Manager von Hedgefonds und Private Equity ist in Großbritannien besonders heftig, und dabei gibt es auch selbstkritische Stimmen: Einer der Branchengrößen, der Chef der Private-Equity-Firma Apax, hatte in aller Offenheit erklärt, es sei nicht einzusehen, dass die persönlichen Gewinne aus ihren Investitionen niedriger besteuert werden als das Einkommen seiner Putzfrau. Hintergrund: Großbritannien ist mit dieser Sorte von Investoren bislang besonders großzügig. Sie müssen auf die Gewinne aus ihren Investitionen nur 10 Prozent an den Finanzminister abführen, während die meisten Briten mit einer Einkommensteuer von bis zu 40 Prozent belastet werden.

Auch in den USA hat der Kongress im Herbst 2007 einen Gesetzesvorschlag diskutiert, der das Ende für eine wenig bekannte Steuererleichterung für reiche Investoren, Private-Equity-Firmen und Hedgefonds bedeuten sollte. Diese konnten bislang ihre Steuerbescheide jährlich um Milliarden kürzen. Der Gesetzesvorschlag hätte den US-Steuerbehörden zwischen 4 und 6 Milliarden US-Dollar jährlich bringen können. Mit der Gesetzesinitiative sollten Steuersenkungen für die Masse der Bevölkerung finanziert werden oder ein staatliches Programm für die Krankenversicherung von Kindern oder die Ausweitung von Steuervergünstigungen für Ausbildung. Ein weiterer Gesetzesvorschlag sollte Private-Equity-Firmen wie Blackstone, die an die Börse gehen, höher besteuern. Nach dem Vorschlag sollten die Betreiber von Private Equity und von Hedgefonds künftig nicht mehr die niedrige Kapitaleinkünftesteuer von 15 Prozent zahlen, sondern den Spitzensteuersatz der Einkommenssteuer von 35 Prozent. Die Branche schrie auf und erklärte, dass die Profite aus den Investments wegen der damit verbundenen Risiken steuerlich begünstigt werden müssten. Aber in Wirklichkeit sind die Performance-Gebühren oder *carried interest*s für die Betreiber von Private Equity und von Hedgefonds Boni ohne jedes persönliche Risiko, weil sie so gut wie kein eigenes Geld investiert haben.

Begründet war der bisherige Steuervorteil damit, dass es sich bei den Einnahmen der privaten Finanzinvestoren um förderungswürdige Kapitalgewinne kleiner Partnerschaften handelt. Nach diesem Modell versuchen viele Länder, darunter auch Deutschland, Unternehmensgründungen zu fördern und

Risikokapital zu mobilisieren. Doch die großen Private-Equity-Firmen streichen Milliardengewinne ein und sind in ihrer Geschäftspolitik nicht mehr von Investmentbanken zu unterscheiden, die in den USA 35 Prozent Gewinnsteuern zahlen müssen. Diese US-Steuervergünstigung hat zur sagenhaften Vermehrung des Reichtums von Hedgefonds-Managern und den Vorständen von Private-Equity-Firmen beigetragen.

Henry R. Kravis, Milliardär, Gründer von Kohlberg Kravis Roberts (KKR), der ersten Heuschrecken-Firma, die zu Ruhm und viel Geld gelangte durch die profitable Zerlegung von Firmen, erschien im Juli 2007 höchstpersönlich in Washington, um die Gesetzesinitiative zu Fall zu bringen, durch die er plötzlich mehr als doppelt so viel Steuern zahlen müsste. Seine Argumente: Die Private-Equity-Firmen spielen eine zentrale Rolle für die Wirtschaft und tun Gutes, indem sie Firmen in Schwierigkeiten übernehmen. Deswegen genießt das unternehmerische Risiko weltweit eine steuerliche Vorzugsbehandlung gegenüber den Einkommen aus Arbeit. Wie Kravis ließen die Könige von Private Equity nicht nur ihre Lobbyisten und Juristen auf die Abgeordneten los, sondern pilgerten gleich selbst nach Washington: Es ging um ihre Milliarden. So erschien auch Stephen A. Schwartzman, Chef der Blackstone Gruppe, die in Deutschland unter anderem an der Telekom beteiligt ist, und David M. Rubenstein, Mitgründer der Carlyle Gruppe. Rubenstein arbeitete schon in der Carter-Regierung als außenpolitischer Berater. Kravis ist seit Jahrzehnten mit der Bush-Familie verbandelt.

Natürlich siegte die Raffgier. Im Herbst 2007 entschied der US-Senat, diese Gesetzesänderung fürs Erste nicht weiter zu verfolgen. Denn die Partner der Branche, die durch kreditfinanzierte Übernahmen von meist börsennotierten Firmen

Multimillionäre und Milliardäre geworden sind, und die Herren der Fonds sind große Kampagnenzahler für die US-Präsidentschaftswahlen. Im Präsidentschaftswahlkampf 2008 ist die Besteuerung der Fonds-Betreiber denn auch kein Thema mehr.

Wie Superreiche spenden: Nehmen ist seliger als Geben!

Wieder einmal kommt ein Trend aus den USA auch nach Deutschland: Man ist reich und spendet. In den USA spenden die Reichen mehr als je zuvor. Das florierende Gutmenschentum wird steuerlich reichlich belohnt. Und von den Steuersenkungen der Bush-Regierung haben vor allem die Superreichen profitiert. Gier lohnt sich auch auf diesem Feld. Finanziert mit den enormen Steuerersparnissen können sich die Reichen und Superreichen ihre eigenen Denkmäler in Form von Museen, Lehrstühlen, Colleges etc. setzen.

Auch das *Handelsblatt* berichtet am 5.6.2008 über den neuen Trend: »Wer es sich leisten kann, gründet heute seine eigene Wohltätigkeitsstiftung. Hilfsorganisationen profitieren vom Trend zur Philanthropie. 2006 spendeten die dreißig reichsten Privatpersonen in Großbritannien fast 2 Milliarden US-Dollar, dreimal so viel wie im Jahr zuvor. Darunter viele PE- und Hedgefonds-Manager. Wer mit großen Spendenaktionen von sich reden macht, vertreibt das lästige Image des kaltblütigen Spekulanten und der skrupellosen Heuschrecken.«

Manche Spender sehen in ihrem Werk einen größeren Vorteil für die Gemeinschaft, als wenn der Staat von den Reichen und Superreichen mehr Steuern kassiert und selbst investiert.

So erläuterte Elie Broad, ein US-Superreicher und Mäzen eines neuen Museums in Los Angeles, der *New York Times*: »Was smarte unternehmerische Philanthropen und ihre Stiftungen tun, bringt mehr für die Gesellschaft, als wenn die Regierung das Geld investieren würde.«

Aber in Wirklichkeit ist beispielsweise eine 30-Millionen-Euro-Stiftung an eine Konzerthalle oder an ein Museum keine Philanthropie, sondern eine feudale Krönung, mit der sich der Stifter verewigt. Denn der gesellschaftliche Nutzen durch die Philanthropie steht meist in keinem Verhältnis zu den Steuervorteilen für die Reichen. Außerdem sind steuersparende Spenden für Stadien oder Konzerthallen nicht immer im Interesse der Öffentlichkeit. Denn im Kern lässt die Gesellschaft mit den steuerbegünstigten Stiftungen Privatleute entscheiden, wie das Geld im Namen der Gemeinschaft investiert werden soll. Diese Entwicklung kündigt sich auch in Deutschland an.

In den USA gehen 75 Prozent aller Spenden von 50 Millionen US-Dollar und mehr an Universitäten, Privatstiftungen, Krankenhäuser und Kunstmuseen. Von den restlichen 25 Prozent entfällt die Hälfte auf die Bill and Melinda Gates Foundation. Deren Geld geht vor allem in Entwicklungsländer. Auch hier hat die amerikanische Öffentlichkeit faktisch einen Scheck über mehrere Milliarden US-Dollar an Auslandshilfe durch Privatpersonen unterschrieben.

Aber nur wenige Spenden in Höhe von 50 Millionen US-Dollar und mehr gehen an Institutionen, die den Armen in den USA helfen – an Obdachlose, Armenküchen oder die Krankenversorgung. Gerne wird an Institutionen wie Colleges, Universitäten etc. gespendet, die die Spender kennen. Aber welcher Superreiche kennt schon ein Obdachlosenasyl? Außerdem macht sich der Name des Spenders auch besser an einem Universitätsinstitut als an einem Obdachlosenasyl.

Ausgerechnet Warren Buffet, der legendäre US-Investor, hat das steuersparende US-Spendensystem kritisiert. Als er 30 Milliarden US-Dollar an die Gates Foundation spendete, erklärte er, dass alle Bürger in den USA ein ausreichendes Minimum zum Leben haben sollten. Er kritisierte die Sozialversicherung in den USA als unzureichend. Buffet betrachtet seine Schenkung nicht als steuerlich absetzbare Spende. Er besitzt noch nicht in Anrechnung gebrachte Steuervergünstigungen von vergangenen Spendenaktionen. Warren Buffet kritisierte auch, dass die Reichen in den USA ihre Spenden besser steuerlich geltend machen können als die Durchschnittsverdiener. Je höher die Einkommen, desto größer die Vergünstigungen bei Spenden. Diese beliefen sich 2006 auf 40 Milliarden US-Dollar. Kritiker sagen, dass diese Vergünstigungen gesellschaftliche Ungleichheit weiter fördern. Ein Beispiel: Eine Grundschule in Woodside in Kalifornien, einer Gegend mit einem mittleren Familieneinkommen von knapp 200 000 Dollar, bekam pro Schüler Spenden über 7000 US-Dollar. In Oakland, auf der anderen Seite der San Francisco Bay, wo das mittlere Familieneinkommen nur bei 44 000 Dollar lag, bekam die Grundschule 138 US-Dollar pro Schüler. Damit subventioniert die Regierung ein System, das die Ungleichheiten zwischen armen und reichen öffentlichen Schulen verstärkt.

Die Lüge von den Vorzügen der Deregulierung

»Wenn zwei Unternehmer zusammenstehen,
handelt es sich um eine Verschwörung gegen die Gesellschaft.«
ADAM SMITH

Der Angriff auf das VW-Gesetz: Alle Freiheit für die Investoren

Die »Monster« der Finanzkrise 2007 bis 2008 haben demonstriert, welch verheerende soziale Folgen es hat, wenn die unternehmerische Gewinnmaximierung, gepaart mit ungezügelter Raffgier, sich ungehemmt austoben kann. Große Unternehmen als Gewinnmaschinen, ihre Eigentümer und Topmanager genießen alle Freiheiten. Die Raffgier ist als Dienst an der Gesellschaft geadelt. Wenn es schiefgeht, werden ganze Gesellschaften in Geiselhaft genommen, und alle müssen zahlen. So geschehen in der aktuellen Finanzkrise. Der von den Regierungen praktizierte »Sozialismus für Milliardäre« – die Vergesellschaftung der Risiken nach der Privatisierung der Gewinne – untergräbt die Grundlagen demokratisch verfasster Gesellschaften.

Jetzt werden Forderungen nach mehr Staat und mehr Regulierung für den Finanzsektor diskutiert. Aber nicht nur der Finanzsektor ist das Problem. Der Trend zum Unternehmen als Gewinnmaschine ist in allen Branchen angekommen. Doch generell bleibt die Freiheit des Kapitals unangetastet und wird sogar noch ausgeweitet – zu Lasten der Freiheit und der Rechte der Bürger, wie jüngste Entwicklungen in Europa zeigen.

Unter Berufung auf den Schutz des freien Kapitalverkehrs in der Europäischen Union – gemeint ist die Freiheit der Investoren – geht die Europäische Kommission gegen das von der Bundesregierung geänderte VW-Gesetz vor. Dieses sichert auch in veränderter Form die Sperrminorität des Landes Niedersachsen mit einem Kapitalanteil von nur 20 Prozent. Auf diese Weise können Konzernbeschlüsse etwa über die Schließung von Werken oder die Verlagerung von Arbeitsplätzen blockiert werden. Die EU-Kommission argumentiert, das verletze die Freiheit des Kapitalverkehrs und die Rechte von Investoren. Denn für andere Aktiengesellschaften gilt nach dem Aktienrecht eine Sperrminorität von 25 Prozent. Nun war Volkswagen historisch kein »normales« Unternehmen. Denn das Naziregime hatte den Konzern aus geraubtem Gewerkschaftsvermögen, den Beiträgen der Gewerkschaftsmitglieder aufgebaut. Nach dem Zweiten Weltkrieg waren der Bund und das Land Niedersachsen bis zur Teilprivatisierung die alleinigen Eigentümer. Geblieben ist von der besonderen VW-Geschichte Niedersachsens eben der Kapitalanteil von 20 Prozent und das VW-Gesetz, das mit der Fixierung der Sperrminorität die Interessen der VW-Beschäftigten, aber darüber hinaus die ganzer Regionen absichern soll, womit es letztlich auch der Herkunft des VW-Kapitals Rechnung trägt.

Die Intervention der Europäischen Kommission im Namen des freien Kapitalverkehrs ist ein Paradebeispiel für das in der EU herrschende Dogma vom freien, möglichst unregulierten Markt. Denn im Namen der Freiheitsrechte der Investoren, in diesem Fall also der Porsche AG und ihrer Eigentümerfamilien, wird in die Freiheitsrechte von anderen eingegriffen. Die EU-Kommission geht gegen die Rechte der Beschäftigten und der Bürger Niedersachsens vor, denen formal die Anteile an VW gehören. Die durch keine Sperrminorität mehr gezügelte Freiheit der Porsche-Eigner aber kann etwa im Fall einer Werksschließung bei VW die Freiheitsrechte der dort Beschäftigten massiv einschränken. Grundrechte wie das Recht auf Arbeit oder auf persönliche Entfaltung würden dann verletzt. Die schrankenlose Freiheit für die Investoren bedeutet gleichzeitig die drastische Einschränkung grundlegender Rechte von Hunderttausenden. Was ganz modern als Deregulierung, als Beseitigung von Schranken für die Mehrheitsaktionäre daherkommt, ist jedoch auch eine Regulierung: eine massive Einschränkung für diejenigen, deren Existenz an diesem Unternehmen hängt.

Märkte basieren auf Regulierung

Die Intervention der EU-Kommission gegen das VW-Gesetz im Namen des freien Kapitalverkehrs demonstriert zugleich, dass es so etwas wie den freien Markt an sich nicht gibt. Die Existenz und das Funktionieren von Märkten basiert immer auf einer gesellschaftlichen Regulierung. Auch die sogenannte Deregulierung der Märkte, der uneingeschränkte, grenzenlose Waren- und Kapitalverkehr oder die Flexibilisierung der Arbeitsmärkte durch Aufweichen von Gesetzen und Tarifverträgen, ist eine Regulierung. Was die einen, die Arbeitgeber, als Abbau von Schranken und Auflagen begrüßen, bedeutet für den Arbeitnehmer meist zusätzliche Fesseln – etwa weil er einen zweiten Job annehmen muss.

Die Alternative ist eben nicht abstrakt: Regulierung oder Deregulierung. Die konkrete Frage ist immer, welche Interessen sich bei der Regulierung durchsetzen.

Märkte sind Geschöpfe von gesellschaftlichen Institutionen, von Staaten. Sie sorgen für eine stabile Währung, damit die Märkte funktionieren. Sie schaffen eine juristische Infrastruktur und ein Rechtssystem, damit die Verträge, die die Märkte ermöglichen, praktisch wirksam werden. Regierungen stellen ausgebildete Arbeitskräfte und die öffentliche Infrastruktur zur Verfügung, damit diese Arbeitskräfte auch zur Arbeit kommen können. Unternehmen, die auf dem Markt agieren, werden von der Polizei und der Feuerwehr geschützt. Sie kommunizieren über Telefon- und Datenverbindungen, deren öffentliches Wegerecht von der Regierung geschützt ist. Am allerwichtigsten: Die Spielregeln der Märkte werden von Regierungen definiert. Jeder Fußballfan weiß, dass Spiele ohne Regeln und Schiedsrichter nicht funktionieren.

Angeblich sorgt die unsichtbare Hand des Marktes dafür, dass von den Vorteilen der freien Märkte letztlich alle profitieren. Aber es existieren keine Märkte, die unabhängig von staatlicher Intervention wären. Was die Prediger der freien, unregulierten Märkte wirklich meinen, ist etwas anderes: Die Unternehmen sollen selbst entscheiden, wie viel sie für die Arbeitskraft zahlen wollen und *wie* sie ihre Geschäfte machen. Das ist destruktiv für nationale Volkswirtschaften und für internationale Wirtschaftsbeziehungen auf der Basis des wechselseitigen Vorteils.

Wenn die Unternehmen selbst entscheiden, wie viel sie für die Arbeitskraft zahlen wollen und wie sie Geschäfte machen, untergräbt das die Demokratie. Denn: Unternehmen existieren nur durch staatliche Autorität. Regierungen definieren die

Spielregeln für die Märkte. In einer Demokratie, einer Volks-
herrschaft, müssen diese Regeln dafür sorgen, dass die, die
ihren Geschäften nachgehen, in erster Linie das öffentliche
Wohlergehen maximieren. Sie müssen sich so verhalten, dass
sie Geld verdienen *und* für die öffentliche Wohlfahrt sorgen.

Die Kontroverse um die angeblich so freien Märkte und die
durch keinerlei staatliche Auflagen eingeschränkte unternehmerische Freiheit ist so alt wie der Kapitalismus. Es geht dabei
keineswegs etwa um eine typisch deutsche Regulierungswut
oder um den Erhalt des Sozialstaats. Schon 1816 schrieb der
amerikanische Präsident Thomas Jefferson, dass einige Leute
nicht wollen, dass der Staat die Rolle des Schiedsrichters im
Wirtschaftsleben übernimmt, dass der Staat Regeln definiert,
die die Arbeitnehmer schützen oder für den Schutz des öffentlichen Eigentums sorgen. »Solchen Leuten müssen wir erklären, dass sie woanders hingehen müssen, wenn sie Interessen
jenseits dieser Prinzipien und mit Gefahren für die Gesellschaft
verfolgen. Dass wir keine Bürger und noch weniger juristische
Personen (z. B. Unternehmen) auf dieser Basis wollen. Wir
sollten sie von unserem Territorium verbannen wie Personen
mit einer ansteckenden Krankheit.«[56]

EU-Gerichtshof:
Menschenrechte nur, wenn sie der Wirtschaft dienen

Auch die Rechtsprechung des Europäischen Gerichtshofs op-
fert grundlegende demokratische Rechte und damit das Wohl
der Gesellschaft dem Dogma des freien Marktes und den
Interessen weniger. Diese supranationale europäische Institution, die durch keine demokratischen Wahlen und durch keine

Kontrolle legitimiert ist, kassiert im Namen der unternehmerischen Freiheit das nationale Arbeitsrecht in den Staaten Europas und nivelliert es europaweit – und zwar nach unten. Das nationale Arbeitsrecht ist in den einzelnen EU-Staaten sehr unterschiedlich gestaltet. Es ist das Ergebnis von Kompromissen zwischen Parteien, Sozialpartnern etc. und ist durch die gewählten Parlamente demokratisch legitimiert.

Im konkreten Fall ging es um die europäische Entsenderichtlinie. Die sieht vor, dass für Arbeitnehmer, die im Rahmen von Dienstleistungsverträgen innerhalb der EU entsandt werden, die Mindestarbeitsbedingungen vor Ort gelten. In EU-Mitgliedsstaaten ohne gesetzliche Mindestlöhne – dazu gehören sowohl Schweden als auch Deutschland – gelten allgemeinverbindliche Tarifverträge. Eine lettische Firma bzw. ihre schwedische Tochterfirma hatte im konkreten Fall den Beitritt zu den allgemeinverbindlichen Tarifverträgen in Schweden verweigert. Sie wollte ihren lettischen Beschäftigten in Schweden nur Billiglöhne zahlen. Die schwedische Gewerkschaft blockierte ihre Baustellen, um einen Beitritt zum Tarifvertrag zu erzwingen.

Die schwedische Tochter der lettischen Firma ging in Konkurs und klagte auf Schadensersatz und auf Überprüfung der Rechtmäßigkeit der Blockade. Das schwedische Gericht leitete den Fall an den Europäischen Gerichtshof weiter. Im Kern ging es bei der Klage um den Vorrang der unternehmerischen Freiheit gegenüber national vereinbarten, in Gesetzen oder Tarifverträgen fixierten Standards für die Bezahlung der Arbeitskraft. Der Europäische Gerichtshof entschied im Namen der Dienstleistungsfreiheit gegen die schwedischen Gewerkschaften und die hohen, in Schweden gesellschaftlich akzeptierten Sozialstandards – und damit auch gegen die lettischen Bauarbeiter, denen höhere Löhne zugestanden hätten. »Der Europäische Gerichtshof EuGH ist schon lange der Auffassung, dass keine nationale Rechtsprechung dem Imperium der wirtschaftlichen Freiheiten, die der EU-Vertrag garantiert, entkommen darf.«[57] Auch die *Deutsche Richterzeitung* kritisiert die demokratiefeindlichen Entscheidungen der europäischen Richter.

Darüber hinaus stellt der Europäische Gerichtshof auch die Menschenwürde in Frage. Sie gilt für die Richter nicht absolut, ohne Abstriche: »Allerdings hat der Gerichtshof entschieden, dass die Ausübung der Grundrechte, nämlich der Meinungs- und Versammlungsfreiheit sowie der Menschenwürde, nicht außerhalb des Anwendungsbereichs der Bestimmungen des (EU-)Vertrages liegt und dass sie mit den Erfordernissen der hinsichtlich durch den Vertrag geschützten Rechte (insbesondere der Niederlassungsfreiheit von Unternehmen) in Einklang gebracht werden und dem Verhältnismäßigkeitsgrundsatz entsprechen muss.«[58]

Im Klartext: Für den Europäischen Gerichtshof ist es also eine Ermessensfrage, wie weit die Menschenwürde im konkreten Konflikt mit dem unternehmerischen Interesse und den Ansprüchen des freien Kapitalverkehrs gegebenenfalls eingeschränkt werden muss.

Der Europäische Gerichtshof handelt wie Richter in einem absolutistischen Staat. Er trifft gesetzesähnliche Entscheidungen, die mit demokratischen Gesetzgebungsprozessen nichts zu tun haben. Dahinter verbirgt sich ein schleichender Systemwandel der bislang noch demokratisch legitimierten und kontrollierten Institutionen und Prozesse. Wir erfahren und kennen unter dem Begriff »Staat« bislang die Ebenen Kommune, Land und Bund und die Gewaltenteilung zwischen Gesetzgebung, Exekutive und Gerichten.

Aber die Bedeutung dieser Institutionen für das tägliche Leben und die Wohlfahrt der Bürger wird immer geringer. Unter dem Druck eines global agierenden Ökonomismus und entsprechender Managementdoktrinen, die in der EU über supranationale Richtlinien und Verordnungen in die Nationalstaaten und deren Rechtssysteme eingeschleust werden, wird die demokratische Kontrolle im Rahmen des Nationalstaates außer Kraft gesetzt.

Mit der Idee der Aufklärung, der Garantie der größtmöglichen Freiheit der Individuen, hat das nichts mehr zu tun. Sie wird preisgegeben zugunsten unternehmerischer Interessen. Die amerikanische und die französische Revolution kannten kein schlankes Unternehmen Staat, das die Solidarleistungen und die Individualrechte dem Spiel der unsichtbaren Hand des Marktes überlässt.

Es ist mehr das gesellschaftliche Modell Chinas, das hinter den gesellschaftspolitischen Vorstellungen der EU-Kommission und des Europäischen Gerichtshofs steht: Institutionen ohne demokratische Kontrolle, dafür möglichst hohe Effizienz, die Ökonomisierung aller Bereiche der Gesellschaft, aber Menschenrechte und Menschenwürde nur, soweit sie nicht die wirtschaftlichen Interessen stören.

Marktwirtschaft nur, wenn der Profit steigt

Nach den Lehrbüchern ist der freie Markt unfehlbar richtig. In der Theorie konzentriert er alle verfügbaren Informationen. Er sorgt deshalb über die Preise, die im Wesentlichen akkurat sind, für die richtige Steuerung der Produktionsfaktoren Arbeit und Kapital, für den Ausgleich von Angebot und Nachfrage.

Investoren disziplinieren Betrüger am Markt. So ist letztlich allen gedient.

Aber nach dem Markt rufen die Unternehmen nur, wenn es ihnen in den Kram passt. Am liebsten möchten sie für ihr Geschäft das Monopol, das Oligopol oder das Kartell. Das reduziert die Konkurrenz und steigert die Gewinne. Der freie Markt ist für die Sonntagsreden, für das Domestizieren der Arbeitskräfte und der Bevölkerung. Für das eigene Geschäft gelten andere Regeln. Tatsächlich ist die Konkurrenz der Kapitale vielfach außer Kraft gesetzt. Das belegen schon die Zahlen: In den USA ist der Anteil der Finanzdienstleister an den gesamten Unternehmensgewinnen laut *Economist* in den letzten zwanzig Jahren von 10 auf 40 Prozent gestiegen. Dabei tragen sie nur 15 Prozent zur Wertschöpfung bei und stellen gerade 5 Prozent der Arbeitsplätze. Diese groteske Verzerrung, diese Profitumverteilung zwischen den Wirtschaftszweigen demonstriert die Macht einer einzigen Branche, die ihre monopolistische Schlüsselstellung als »Schmiermittellieferant« für die gesamte Wirtschaft maximal ausgereizt hat. Natürlich spiegeln die Zahlen auch die spekulative Aufblähung des deregulierten Finanzsektors. Die Spekulation hat aber ihrerseits den Trend zugunsten der Geldkoffer der Finanzindustrie verstärkt.

Dass die Konkurrenz, der Markt nicht nach dem Lehrbuch funktioniert, zeigt auch die Entwicklung der Gewinne im Verhältnis zu den Lohneinkommen. In den letzten 25 Jahren sind die Profite in allen industrialisierten Ländern ständig gewachsen, der Lohnanteil am Bruttoinlandsprodukt ist gleichzeitig dramatisch gefallen. Und das, obwohl nicht alle ökonomischen und alle Sozialsysteme gleich sind und in manchen Ländern die soziale Ungleichheit und die Spaltung unter den abhängig Beschäftigten besonders stark gewachsen sind.

Für diesen globalen Trend werden viele Faktoren angeführt: die schwächere Verhandlungsmacht der Gewerkschaften; die modernen Technologien, die Digitalisierung und das Internet; die Lohnkonkurrenz aus den Niedriglohnländern.

Aber diese Entwicklung – permanent steigende Profite, immer niedrigere Löhne – ist nicht zwangsläufig, entspricht nicht den Regeln des Marktes. Nach Lehrbuch sollten niedrigere Lohnkosten – also die Kosten des einen Produktionsfaktors – auch zu niedrigeren Preisen und damit zu niedrigeren Profiten führen.

Das ist offensichtlich aber nicht der Fall. An konjunkturellen Faktoren kann es auch nicht liegen. Denn die gleichen sich innerhalb von 25 Jahren an. Aber die Profite haben sich ständig weiter aufgebläht. Offensichtlich hat die unsichtbare Hand des Marktes die Ressourcen nicht mehr richtig alloziert. Die Ursachen für die ständig gestiegenen Profite sind Monopole, Oligopole, zu wenig Wettbewerb, Kartelle. Nach dem Lehrbuch ist das eine schwere Krankheit des Kapitalismus. Er hat Fett angesetzt, zu viel Fett, das die Spekulationen der Finanzindustrie angeheizt hat.

Die Marktwirtschaft nach Bedarf gilt auch für deutsche und andere Konzerne, die in Indien, China, Vietnam und anderswo von der billigen Arbeitskraft und den praktisch nicht durchgesetzten Umwelt- und Sozialstandards profitieren. Das nutzt den Aktionären. Nicht eingehaltene Sozialstandards und der geringe Schutz für die Betroffenen halten die Produktionskosten niedrig. Ob in einer eigenen Fabrik oder durch Zulieferer produziert: Billigproduktion in Fernost, teurer Verkauf im Westen – eine Lizenz zum Gelddrucken. Vom Preis eines Turnschuhs etwa macht das Gehalt der Näherin nur 0,4 Prozent aus. So bleibt ein satter Gewinn.

Dort, wo die Arbeiter sich wehren und ihre Marktmacht ausspielen, indem sie streiken, zieht das Management die Reißleine und holt die Polizei. So geschehen bei der Fabrik von Friwo in Shenzhen im südchinesischen Perlflussdelta nahe Hongkong. Das Unternehmen gehörte bis vor kurzem über die Delton AG Holding in Bad Homburg dem deutschen Milliardär und Erben Stefan Quandt. Friwo produziert unter anderem Ladegeräte für die Handy-Branche und kontrolliert nach eigenen Angaben ein Viertel des Weltmarkts. Die Friwo-Beschäftigten verlangten höhere Löhne und die Bezahlung der vielen unbezahlten Überstunden. Letzteres ist in China Gesetz.

Das Unternehmen redete sich gegenüber den Zeitungen damit heraus, es könne keine höheren Löhne zahlen, weil der regionale Mindestlohn noch nicht angehoben sei. Das ist absurd: Warum kann ein Unternehmer wie der Milliardärserbe Quandt keine marktgerechten höheren Löhne zahlen, nur weil der staatliche Mindestlohn noch nicht angehoben ist?

Groß ist inzwischen auch das Lamento deutscher Arbeitgeber in China über die steigenden Löhne angesichts des zunehmenden Mangels an Arbeitskräften. So in Taicang in der Nähe von Shanghai, wo Hunderte deutsche Unternehmen sich gegenseitig die Arbeitskräfte abjagen. Zwischen 20 und 100 Prozent mehr können die Arbeiter inzwischen verlangen, wenn sie über die Straße zur Konkurrenz gehen. Deutsche Mittelständler fühlen sich erpresst. Indien und China, heißt es, seien inzwischen zu teuer. Indische Ingenieure würden fast schon Löhne auf osteuropäischem Niveau verlangen. Fließbandarbeiter in China kosteten inzwischen so viel, dass die Firmengewinne spürbar schrumpften. Neue Billigstandorte müssten also her, dort, wo die Menschen sich mit 40 Euro im Monat begnügen.

Deregulierung mit der Kettensäge:
Wie ungezügelte Raffgier
die Finanzmärkte zerstört hat

Wenn heute eine Bank eine Hypothek vergibt, behält sie diese nicht mehr in ihren Büchern. Sie verkauft sie schnellstens an Finanzingenieure, die die Hypothek aufschneiden, neu verpacken und weiterverkaufen. Das läuft genauso wie bei der Fleischerei im Supermarkt, wo große Fleischstücke zerlegt, neu verpackt und wieder verkauft werden. Dieses Geschäft basiert auf Vertrauen. Der Kunde weiß nichts über die Rinder, deren Körperteile in sein Steakpaket eingegangen sind. Die Kunden müssen dem Supermarkt glauben, dass das Fleisch Bio- oder Premiumqualität hat.

Genauso wenig wussten die Investoren in der ganzen Welt, von der früheren Sachsen LB bis nach China, über die US-Hypotheken minderer Bonität, die zerlegt und püriert und zu Hypotheken-besicherten Wertpapieren neu verpackt wurden. Sie mussten sich auf die Ratingagenturen verlassen, die versicherten, dass diese Papiere eine erstklassige Anlage sind. Aber das Vertrauen der Investoren wurde missbraucht, weil die Ratingagenturen von den Finanzingenieuren bezahlt wurden, die die Hypotheken verwertet und verteilt hatten. Noch toller trieben es manche Hedgefonds: Sie sammelten ganz viel Geld ein, borgten sich noch viel mehr und kauften damit Wertpapiere, deren Wert sie ebenso gleich selbst einschätzten wie die Profitabilität der Investments. Das Motto: »Wir sind profitabel, weil wir das sagen.« Nebenbei rechtfertigte die angeblich hohe Profitabilität die Millionenvergütungen für die Fondsmanager.

Märkte funktionieren nicht ohne Vertrauen. Und das Vertrauen basiert wiederum auf Regeln, auf Kontrolle. Das gilt für

Internet-Auktionen ebenso wie für die Finanzmärkte oder den Kauf von Maschinen und Anlagen. Wenn das Vertrauen nicht mehr da ist, weil die Regeln versagt haben, ausgehebelt wurden oder gar nicht existierten, dann funktionieren die Märkte nicht mehr. Genau das ist in der Finanzkrise passiert: Die Banken haben sich gegenseitig kein Geld mehr geliehen, weil sie einander misstrauten, wie viele faule Kredite, wie viel unentdeckten »Giftmüll« die anderen in ihren Büchern hatten.

Dazu konnte es kommen, weil die staatliche Aufsicht und Regulierung der Finanzbranche in allen Industrieländern im Namen der Freiheit des Marktes zurückgefahren wurde – auch mit der Motorsäge: Bei einer Pressekonferenz 2003 in Washington verkündeten die Vertreter von vier der fünf für die Finanzaufsicht zuständigen US-Regulierungsbehörden die weitere Deregulierung der Finanzindustrie und zerschnitten demonstrativ mit Baumscheren einen Stapel Papiere mit Vorschriften für das Bankwesen. Der anwesende Vertreter der US-Sparkassenaufsicht benutzte gleich eine Motorsäge. Mit von der Partie bei der Pressekonferenz waren Lobbyisten der Finanzbranche, die wahrscheinlich jahrelang auf diesen Moment hingearbeitet hatten, aber kein Vertreter von Verbraucherverbänden. Zwei Monate später setzten die US-Regulierungsbehörden auch die Gesetze der US-Bundesstaaten außer Kraft, die die Verbraucher gegen wucherische Kreditvergabe schützten. Das Unheil nahm seinen Lauf, die nunmehr ungezügelte Raffgier konnte triumphieren.

Hinter dem weltweiten Zusammenbruch der Finanzmärkte steht eine Laissez-faire-Ideologie, der Glaube an die Selbstheilungskräfte des Marktes, der Glaube, dass der Staat immer das Problem, aber niemals die Lösung ist, der Glaube, dass Regulierung immer schlecht ist. Das alles war wie ein Experiment zum Test der radikalen Theorien der Deregulierer. Aber die Annahme, dass unregulierte Finanzmärkte schon für sich selber sorgen, hat sich als ebenso falsch erwiesen wie die Behauptung, dass die Deregulicrung die Strom- oder Wasserpreise senken würde. Die deregulierten Strom- und Gasversorger in Deutschland kassieren durch ihre faktische Monopolstellung und ihre Kontrolle über die Netze fast die höchsten Energiepreise in der EU und finanzieren damit ihre weltweite Expansion. Die deregulierte und demnächst teilprivatisierte Bahn setzt ihre monopolistischen Praktiken fort, während der öffentliche Versorgungsauftrag mit preisgünstiger Mobilität für alle Bürger immer mehr auf der Strecke bleibt.

Die ideologische Verblendung der Verfechter unregulierter Märkte hat indes eine lange Tradition. Schon 1963 schrieb Alan Greenspan in einem Aufsatz[59], die Vorstellung, dass Unternehmer ohne Regulierung »gefährliche Nahrungsmittel und Arzneien, betrügerische Anlagepapiere und schäbige Häuser verkaufen würden, sei ein ›kollektivistischer‹ Mythos. (…) Es ist im ureigensten Interesse jedes Geschäftsmanns, einen Ruf für ehrliche Geschäfte, für ein Qualitätsprodukt zu haben.«

Globalisierer zerstören die offene Welt

Wie der italienische Historiker Giorgio Ruffolo schreibt, ist die aktuelle Globalisierung in ihrer Dimension und ihrer Intensität unvergleichbar mit den bisherigen Wellen der Globalisierung in der Geschichte.[60] Die industrielle Revolution erfasste 100 Millionen Männer und Frauen. Die jetzige Globalisierung erfasst zwei Milliarden erwerbsfähige Menschen. Davon gehen eine halbe Milliarde Menschen einer gesicherten Beschäftigung nach, einhalb Milliarden arbeiten in prekären Verhältnissen.

Es gab einmal verbreitete Zustimmung zu den Wohltaten des freien Handels. Aber das war einmal. Immer mehr Menschen in den Industrieländern glauben inzwischen, dass der Freihandel schlecht sei. Es ist nicht mehr so einfach, vom Segen der Globalisierung zu schwärmen, wenn sich nach einer OECD-Untersuchung in achtzehn von zwanzig Mitgliedsstaaten der OECD zwischen 1995 und 2005 die Einkommensverteilung verschlechtert hat, wenn immer mehr Einkommen sich in den Taschen von immer weniger Haushalten konzentrieren. Die Bundesrepublik gehört zu den fünf Ländern mit dem stärksten Anstieg der Ungleichheit. Vom starken Wachstum der Weltwirtschaft haben in den meisten Industrieländern nicht alle, sondern nur einige wenige profitiert. Der Anteil der Einkommen der reichsten 1 Prozent aller Haushalte am Volkseinkommen stieg in den USA von Mitte der achtziger Jahre bis Mitte dieses Jahrzehnts von 10 auf 21 Prozent, in Großbritannien von 7 auf 13 Prozent und in Deutschland von 6 auf 9 Prozent.[61]

Die Globalisierungsgewinner haben es mit ihrer Raffgier geschafft, die unbestreitbaren Gewinne aus diesem Prozess weitgehend selbst einzustreichen. Eine politische Idee, eine gesellschaftliche Regulierung, die alle an den Vorteilen der Globalisierung teilhaben lässt, die für die Abfederung der Arbeitsplatzverluste und für die massive Qualifizierung der Betroffenen sorgt, gibt es nicht. Die »Monster« der Finanzmärkte können sich ungehindert austoben.

Unter diesen Umständen ist es müßig, die angeblichen Wohltaten der Globalisierung herauszustellen. Was zählt, ist die Tatsache, dass sie bei der Mehrheit in Deutschland oder anderswo materiell gar nicht ankommen. Um ein Argument des US-Ökonomen und Nobelpreisträgers Paul Samuelson aufzugreifen: Wenn bei Aldi die Lebensmittel und Gebrauchsgüter 20 Prozent billiger geworden sind, reicht das nicht unbedingt, um die Lohnverluste aus der Globalisierung auszugleichen. Außerdem ist es auch unter Ökonomen längst unstrittig, dass einzelne Personen- und Beschäftigtengruppen, ganze Branchen, Regionen und Länder durch die Globalisierung verlieren können.

Nur in der Wiederherstellung der Demokratie, in der Durchsetzung der Interessen der Mehrheit gegen die Machtmonopole der Unternehmen und der Investoren liegt die Chance, dass die Globalisierung nicht scheitert.

Dazu gehören in der aktuellen Finanzkrise Gesetze, die endlich die Steueroasen austrocknen und damit zockenden Fonds und Bankern das Handwerk legen. Gesetze, die Finanztransaktionen so besteuern, dass kurzfristige Spekulationen sehr teuer werden. Gesetze, die verhindern, dass Konzerne interne Verrechnungspreise zur globalen Steueroptimierung nutzen können oder wegen Subventionen Arbeitsplätze transferieren. Und dazu gehört auch eine Regulierung, die die Haftung der Unternehmen verschärft sowie die Unternehmensaufsicht und die Mitbestimmung ausdehnt und nicht einschränkt.

Anmerkungen

1 Unternehmen als Gewinnmaschinen

1 International Financial Services, IFSL Research: *Banking 2008*, London, Februar 2008. Zitiert nach isw-Report 75: *Finanzkapital*, München 2008.

2 Die alljährlich vom *Handelsblatt* veröffentlichten Daten beruhen auf Untersuchungen von Professor Dr. Karlheinz Küting vom Institut für Wirtschaftsprüfung (IWP) in Saarbrücken; http://www.iwp.uni-sb.de/home/allgemein/.

3 George Soros: *Die Krise des globalen Kapitalismus*, Fischer, Frankfurt 2000.

4 Zitiert nach: Conrad Schuhler: *Fred Schmid: Von Cash zum Crash*, isw-report 68, 2008 und Garnreiter, Mayer, Schmid, Schuhler: isw-report 75: *Finanzkapital*, München 2008.

5 Stephan Schulmeister: »Die manisch-depressiven Schwankungen auf den Finanzmärkten. Was macht die ›unsichtbare Hand‹«?, in: *WSI-Mitteilungen* 12, 2007. Siehe auch: www.Stephan.schulmeister.wifo.ac.at

6 Isw-Wirtschaftsinfo 41: *Bilanz 2007 – Ausblick 2008*, S. 17, München 2008.

7 Schulmeister, a. a. O.

8 Die Presse hat über die Methoden des Vorstands von Continental, der sich bei der Renditejagd auch über gerade geschlossene Verträge mit den Gewerkschaften hinwegsetzte, wiederholt berichtet. Ausführlich u. a. in der *metallzeitung* 2, 2008.

9 Deutsche Bank Research: *Aktuelle Themen*, Nr. 298, August 2004.

2. Zahlen lügen nicht

10 Arthur S. Levitt am 29.9.1998 in seiner Rede »The numbers game'« an der New York University anlässlich der Eröffnung des Center for Law and Business; deutsche Übersetzung in der Zeitschrift: *Betriebsberater*, 1998, S. 2544 ff.

11 Siehe Kapitel 5: Die große Steuerlüge

12 Der texanische Energiekonzern Enron handelte mit Energiekontrakten, mit Termingeschäften, in denen Gas- oder Stromlieferungen zu einem bestimmten Datum zu einem vereinbarten Preis verkauft wurden. Um das Geschäft auf dem Papier anzukurbeln, machte Enron Verträge mit sich selbst, mit eigens gegründeten »Offshore«-Gesellschaften in Steuerparadiesen, die aber nicht im Konzernabschluss auftauchten. Die fiktiven Einnahmen verschönerten natürlich die Bilanz, während die Schulden der anonymen Konzerntöchter nicht in der Bilanz auftauchten. Zeitweilig gehörte Enron zu den größten Unternehmen der Welt. 2001 platzte die Blase, im Dezember 2001 war Enron insolvent. Der frühere Enron-Chef Jeffrey Skilling wurde später zu 24 Jahren Gefängnis verurteilt. Der texanische Energiekonzern Dynegy betreibt Kraftwerke und produziert Kohle und Erdgas. Wie Enron verlegte sich auch Dynegy auf den spekulativen Energiehandel: Zusammen mit Enron und anderen Energiekonzernen war Dynegy angeklagt, die Stromkrise 2000 bis 2001 in Kalifornien durch Preisspekulationen verursacht zu haben. Die amerikanische Kabel-TV-Gesellschaft Adelphia ging in Insolvenz, nachdem der Unternehmensgründer John Rigas und sein Sohn das Unternehmen systematisch ausgeplündert hatten. Adelphia hatte Kredite an die Rigas-Familie von insgesamt 2,3 Milliarden Dollar garantiert. John Rigas wurde 2005 zu fünfzehn Jahren Gefängnisstrafe verurteilt, sein Sohn, der frühere Adelphia-Finanzchef, erhielt zwanzig Jahre. Worldcom war eines der größten Telekommunikationsunternehmen der Welt. Über die Worldcom-Netze ging ein großer Teil des Internet-Traffic. 2002 ging das Unternehmen in Insolvenz. Es wurden insgesamt Fehlbuchungen von 11 Milliarden US-Dollar durch die Börsenaufsicht aufgedeckt. Der Firmengründer und Unternehmenschef Bernard Ebbers wurde zu 25 Jahren Gefängnis verurteilt.

13 Siehe dazu u. a.: *Mitbestimmung* 12, 2005: Interview mit Dr. Werner Gleissner, Chef der FutureValue Group AG.

14 Eckhard Hein, Till van Treeck: »Finanzmarktorientierung – ein Investitions- und Wachstumshemmnis?«, in: *IMK Report,* 26, Januar 2008.

15 Siehe Kapitel 6: Die Lüge von der Kontrolle über Vorstände und Banken

3. Die Lügen der Berater und die Profitinteressen der Wirtschaftsprüfer

16 Neil Glass, Petra Pyka: *Die große Abzocke: Die skandalösen Praktiken der Unternehmensberater*, Frankfurt 2006; Thomas Leif: *Beraten und verkauft. McKinsey & Co. – der große Bluff der Unternehmensberater*, München 2008 (Taschenbuchausgabe); David Craig: *Rip-off!: The Scandalous Inside Story of the Management Consulting Money Machine*, London 2005.

17 Das ist die Bewertung von John Penker in seinem Buch: *Going Off the Rails: Global Capitalism and the Crisis of Legitimacy*, Wiley, Chichester 2003.

18 Zitiert nach dem CNN-Transkript der mündlichen Anhörung: http://transcripts.cnn.com/TRANSCRIPTS/0201/24/se.03.html.

19 Anthony Sampson: *Who Runs This Place? The Anatomy of Britain in the 21st Century*, London 2005.

20 *Manager Magazin,* Nr. 5, 2008.

21 So ein Bericht von *Spiegel Online* vom 25.5.2008. Im Internet unter: http://www.spiegel.de/wirtschaft/0,1518,554146,00.html.

22 Hier zitiert nach der Mitschrift aus einem Deming-Seminar in den USA im Jahr 1995. W. Edwards Demings Buch *Out of the Crisis* (2000) gibt einen Überblick auch über seine Kritik an der gängigen Leistungsbeurteilung.

4. Die große Verlagerungslüge

23 Ein typisches Beispiel für die Weltverbesserer von McKinsey ist der Aufsatz von Heino Fassbender: »Europe's productivity challenge«, in: *McKinsey Quarterly*, 2007, Number 2.

24 Nach einer eigenen Befragung im früheren Shanghaier Handy-Werk

von Siemens im Dezember 2004. Lohnkostenanteil für die Fertigung im Werk in Kamp-Lintfort nach einer Untersuchung von Ernst & Young.

25 http://www.manager-magazin.de/unternehmen/artikel/ 0,2828,529481,00.html.

26 Ulrich Voskamp, Volker Wittke: »Radikales Offshoring und seine Risiken. Das Exempel der Handy-Branche«, in: *Mitteilungen aus dem SOFI* (Soziologisches Forschungsinstitut Göttingen), April 2008.

27 Im Englischen heißen sie *contract manufacturer*, EMS (*electronic manufacturing services*) oder ODM (*original design manufacturer*).

28 »Design Is a Commodity«; Interview in: *Business Week Online*, 21.3.2005.

29 Zahlen nach *Business Week*, 11.8.2008 und ältere Ausgaben.

5. Die große Steuerlüge

30 http://www.jarass.com/Steuer/C/BT-Finanzausschuss

31 Lorenz Jarass, Gustav M. Obermair: *Geheimnisse der Unternehmensteuern. Steigende Dividenden, sinkendes Steueraufkommen*, Marburg 2005.

32 Daten u. a. nach: Statistisches Bundesamt, www.destatis.de; Bundesfinanzministerium www.bundesfinanzministerium; Claus Schäfer: *Die Verteilung der Steuerlast in Deutschland*, Analyse für die Friedrich-Ebert-Stiftung, Bonn 1998, elektronisch unter: http://library.fes.de/fulltext/stabsabteilung/00214.htm.

33 Seit 2008 können die Firmen nicht mehr unbeschränkt Kreditzinsen verrechnen. Bislang konnten global agierende Unternehmen durch Kapitalzuführung aus dem Ausland in Deutschland steuerlich abzugsfähige Zinsen entstehen lassen, während Zinseinkünfte bei den niedriger besteuerten Auslandsgesellschaften anfielen.

34 Statistisches Bundesamt: »Pressemitteilung Nr. 15« vom 15.01.2008.

35 Zitiert nach *Spiegel* 46, 2004, unter: http: wissen.spiegel.de/wissen/ dokument/dokument.html.

36 Lorenz Jarass: »Schieflage durch Privilegien«, Beitrag in der Beilage der Zeitschrift *Das Parlament*, 11.2.2008.

37 Lorenz Jarass nach: http://www.suedwest-aktiv.de/, 26.10.2007.

38 Kavaljit Singh: »The Growing Abuse Of Transfer Pricing By TNCs«, 28. Mai 2007, in: Countercurrents.org.

6. Die Lüge von der Kontrolle über Vorstände und Banker

39 Zitiert nach: Anthony Sampson: *Who Runs This Place? The Anatomy of Britain in the 21st Century*, London 2004.

40 htttp://www.spreeeblick.com/2007/09/06/siemens-mobile-wie-man-eine-firma-in-den-untergang-führt/. Die Kommentare zu dem Blog sind inzwischen geschlossen.

41 Das haben verschiedene mit dem Thema Mobilfunk-Lizenzen vertraute Personen bestätigt. Dass Siemens die für das Handy-Geschäft wesentlichen Patente nicht an BenQ übertragen, sondern behalten hat, ist auch Thema in Gerichtsverfahren nach der BenQ-Pleite.

42 Zahlen nach: Leo Mayer, Conrad Schuhler: *isw-Report* Nr. 66, München 2007.

43 Die folgende Diskussion über das amerikanische Modell von Corporate Governance lehnt sich an den Aufsatz von Wolfgang Streeck an: »Heldenhafte Annahmen über gute Unternehmensführung«, in: *Mitbestimmung* 4, 2008: Streeck ist Direktor am Max-Planck-Institut für Gesellschaftsforschung in Köln.

7. Schrankenlose Gewinne – beschränkte Haftung

44 Milton Friedman, in: »The Social Responsibilty of Business is to Increase its Profits«, in: *New York Times Magazine*, 1970.

45 Die Neufassung der OECD-Grundsätze der Corporate Governance von 2004 ist verfügbar unter: http://oecd.org/dataoecd/57/19/32159487.pdf.

46 Unter: http://www.riverkeeper.org.

47 OECD: Behind the Corporate Vei: Using Corporate Entities for Illicit Purposes, Novermber 2001.

48 Die Vorschläge orientieren sich an: Stephanie Blankenburg, Dan Plesch: »Corporate Rights and Responsibilities: Restoring Legal Accountability«, 2007, in: www.opendemocracy.net/articles.

49 Tom Hartmann: *Unequal Protection: The Rise of Corporate Dominance and the Theft of Human Rights,* Rodale Press 2002.

50 Robert Reich: *Superkapitalimus. Wie die Wirtschaft unsere Demokratie untergräbt,* Campus, Frankfurt 2008. Zitiert nach: *Frankfurter Allgemeine Sonntagszeitung.*

51 Benjamin Barber: »End of Democracy? How privatization corrupts res publica«, Rede am 31.10.2003 im Willy-Brandt-Haus Berlin.

8. Raffgier und Bereicherung

52 Der aktuelle *World Wealth Report* 2008 ist zu finden unter: http://www. capgemini.com/m/de/tl/World_Wealth_Reprot_2008.pdf. Der *World Wealth Report* 2007 unter: http://www.ml.com/media/79882.pdf.

53 Ajay Kapur u. a.: »Citigroup Global Markets«, *Industry Note,* 16.10.2005.

54 Wolfgang Kaden: »Legt die Bonus-Banker an die Kette«, in: *Spiegel Online,* http.:/www.spiegel.de/wirtschaft/0,1518,542107,00.html.

55 Sarah Anderson: »Don't cry for the Hedge Fonds managers«, www. alternet.org.

9. Die Lüge von den Vorzügen der Deregulierung

56 Zitiert nach: Tom Hartmann: *Unequal Protection: The Rise of Corporate Dominance and the Theft of Human Rights,* 2002, Übersetzung W,M.

57 Clemens Pornschlegel, in: *Süddeutsche Zeitung,* 23.5.2008. Das Urteil des EU-Gerichtshofs ist zu finden unter: http://curia.europa.eu/de/actu/communiniques/cp07/aff/cp070098de.pdf.

58 Alain Supiot, »La Revue de M.A.U.S.S.«, zit. nach Pornschlegel, a. a. O.

59 Zitiert nach: Paul Krugman: »Blindly Into the Bubble«, *New York Times,* 21.12.2007.

60 Giorgio Ruffolo: *Il capitalismo ha i secoli contati,* Einaudi, Mailand 2008.

61 OECD: *Growing Unequal? Income Distribution and Poverty in OECD Countries,* Paris, Oktober 2008.

Robert Griesbeck

Unser Wald muss moderner werden

Eine Fabel von der schönen neuen Zeit

Im Alten Wald wusste man lange nichts von den Problemen, denen die Welt zu Beginn des 21. Jahrhunderts gegenübersteht. Glücklich und zufrieden lebten die Tiere vor sich hin. Doch dann kam die neue Zeit, und plötzlich war das Gute schlecht, und das Schlechte sollte gut sein: Gestern waren Wölfe noch blutrünstige Killer – jetzt arbeiten sie als Headhunter; gestern lernten die Jungtiere von den alten – jetzt folgt eine Schulreform auf die andere. Dieser tiefgreifende Umbruch kehrt im Alten Wald das Unterste zuoberst: Die Tiere gründen Parteien und erheben Steuern, sie lernen Arbeitslosigkeit und den Medienwahn kennen, werden Unternehmensberater und Immobilienhaie.

Eine augenzwinkernde Parabel auf unsere echten
und vermeintlichen Probleme –
schöner kann man sich die Welt nicht erklären lassen!

Droemer

Albrecht Müller

Machtwahn

Wie eine mittelmäßige Führungselite
uns zugrunde richtet

Unsere Eliten sind unteres Mittelmaß, und sie sind rücksichtslos zerstörerisch. In seiner scharfsichtigen und provokanten Analyse beschreibt Albrecht Müller, wie das Netzwerk des Mittelmaßes funktioniert, er benennt die Verantwortlichen, enthüllt ihre Motive und belegt die Strategie, der sie folgen. Damit wir wissen, mit wem wir es zu tun haben.

»Müller scheut sich nicht, Ross und Reiter
der Interessenverflechtungen von Politik, Wirtschaft,
Medien und Wissenschaft zu benennen.«
dpa

»Ein eindringlicher Aufruf, den politischen,
wirtschaftlichen, wissenschaftlichen und journalistischen
Eliten auf die Finger zu schauen.«
Frankfurter Rundschau

Knaur Taschenbuch Verlag